"WUXIN" KETANG JIAOXUEFA

"五心"课堂教学法

主 编 武传跃

副主编 周红娟 孙 涛

江苏大学出版社
JIANGSU UNIVERSITY PRESS

镇 江

图书在版编目(CIP)数据

"五心"课堂教学法 / 武传跃主编. — 镇江:江
苏大学出版社,2021.8
ISBN 978-7-5684-1580-4

Ⅰ. ①五… Ⅱ. ①武… Ⅲ. ①课堂教学-教学研究-
小学 Ⅳ. ①G623.202

中国版本图书馆 CIP 数据核字(2020)第 270425 号

"五心"课堂教学法
"Wuxin" Ketang Jiaoxuefa

主　　编/武传跃
副 主 编/周红娟　孙　涛
责任编辑/夏　冰
出版发行/江苏大学出版社
地　　址/江苏省镇江市梦溪园巷 30 号(邮编:212003)
电　　话/0511-84446464(传真)
网　　址/http://press.ujs.edu.cn
排　　版/镇江市江东印刷有限责任公司
印　　刷/江苏凤凰数码印务有限公司
开　　本/710 mm×1 000 mm　1/16
印　　张/16.25
字　　数/280 千字
版　　次/2021 年 8 月第 1 版
印　　次/2021 年 8 月第 1 次印刷
书　　号/ISBN 978-7-5684-1580-4
定　　价/48.00 元

如有印装质量问题请与本社营销部联系(电话:0511-84440882)

本书编委会

主　　编：武传跃

副主编：周红娟　孙　涛

编　　委：(按姓氏笔画排序)

仲其明　孙方友　孙丙成　吴晓斌

张　岩　张丽霞　陈显露　林光雷

周　盛　赵东东　唐重阳　桑锦丽

蒋　峰　魏　双

目　录

◆ **综合篇** 199

此心安处"乐"之堂

——"五心"课堂教学法的思考与实践综述

武传跃

"教育兴则国家兴，教育强则国家强。"一流国家需要一流教育，一流教育成就一流国家。教育决定着我们的今天，也决定着我们的未来。教育是提高人民综合素质、促进人的全面发展的重要途径，是社会进步的重要基石，是中华民族伟大复兴新征程中具有战略性意义的宏伟事业和重要任务。

立德树人是教育的宗旨之一，体现为学校教育要为人民服务，为建设新时代有中国特色的社会主义服务，为党和人民培养社会主义事业的建设者和接班人。

社会对学校教育的切身感受是对教育工作者和学校管理者的一个直接评判。承接"教书育人""立德树人"重要使命的各级学校教育工作者要始终不忘"办人民满意的教育"的使命担当，不断思考，不断创新，以提升教育水平和聚焦学生的全面发展为教育教学理念，通过不断努力和不断完善，使"立德树人"的根本任务在课堂教学过程中得到全面落实。

在小学课程改革进一步深入，以及新课程标准（以下简称"新课标"）和新教材对小学教学的理念与方法不断提出新要求的背景下，我们将中华优秀传统文化的思想精髓与小学课堂教学理念进行融合思考，围绕"让学生在快乐中学习"开展了"五心"课堂教学改革的积极探索和教学尝试，取得了较好的效果，同时教学经验得以积累。

一、"乐学"理念——"五心"教学法的思想根脉

（一）"乐学"是东西方教学思想的共识

倡导"乐学"，中国古已有之。早在几千年前，我国古代思想家、教育家孔子就提倡以乐育情，提出了"乐学"思想，即所谓"知之者不如好之

者，好之者不如乐之者"。明代哲人王艮在其《乐学歌》中写道："乐是乐此学，学是学此乐。不乐不是学，不学不是乐。"这既点明了"学"的本质，又强调了"乐"的根基是学，揭示了乐与学互为因果的关系。

西方近代教育理论的奠基者、教育学家夸美纽斯认为，"课堂应当是快乐的场所"。成功的课堂教学方式，应该是学生在快乐中学习并因学习而快乐。同样，教师也会因为学生的快乐学习而感到愉悦。英国教育家斯宾塞于1854年提出了"快乐教育"的思想。斯宾塞认为，如果学习能给学生带来精神上的满足和快乐的话，那么即使无人督促，学生也能自学不辍。这种理论符合青少年的心理发展规律，由此引发的一系列教学改革实践在国外受到师生的普遍欢迎。

可见，让学生在快乐中学习，在快乐中生活，古今中外有关"乐学"的教学理念具有显然的一致性。这一理念符合学生成长成才的培养规律，既能促进学生作为"人"的全面发展，又能提高学校教育的教学效率。

(二)"乐学"的核心不是"玩学"

"乐学"的"乐"源自哪里？"乐学"的命题有着深厚的内涵和理论基础。德国心理学家雷恩哈德·皮克伦（Reinhard Pekrun）提出"学业情绪"的主张，他认为，学业情绪是学生在课堂、课后、考试等学习情境中所体验到的各种复杂的情绪，如在学习过程中享受到的愉悦感、由成功带来的自豪感、失败导致的羞愧感、对考试的焦虑感、预期学习失败导致的沮丧感等。皮克伦为我们揭开了"乐学"的真谛，当学生感到学习对他们来说非常重要，而且他们能控制自己的行为去努力学习并能通过自己的努力和智慧获得令人满意的成果时，他们才会体验到真正的快乐。

可见，"快乐"可以来自学生无忧无虑的身心放松（如开心地玩耍、做游戏等），但对于处在学习情境和学习过程中的孩子来说，"乐学"情绪其实来自于学习过程中所获得的"自我成功"与"他人尊重"的切身体验所带来的内心"快乐"，即处于学校教育阶段的孩子们通过自我意识和主动力量获取知识、得到认可的愉悦的学习感受。

"乐学"的核心不是娱乐式学习（即所谓的"玩学"），也不是单纯的"减负减压"。今天，一些校园里常见的利用现代教育技术带来教学中的感官刺激，或者"在玩中学"（实际是一味地轻松玩耍活动）的教学方法，具有短暂性，并非我们所倡导的"乐学"，原因是它们并不具备稳定的和长远的"学""乐"的内生机制，不能给学生带来"我学习我快乐，我快乐我成长"的内心稳定和长远的幸福感。"乐学"理念的深厚内涵本质上体现的是一种"尊重自我—主动学习—自我成功—获得尊重"的不断循环、不断向上的内心态度和思想境界，是影响和引导受教育者成长发展的一种积极的生活态度和价值观念。

（三）"乐学"的本质在于激发学习潜能

"乐学"教育理念强调学生的自我体验和自主意识，体验学习的乐趣，感受成长的满足，进而产生向上的追求欲望和动力，这也与马斯洛需求层次理论有着思想上的共鸣。因此，"乐学"本质上是对学习者内在的学习意识进行唤醒，进一步引导和放大，由表层的感觉、兴趣激发内心对学习过程的渴望，并进一步上升为一种稳定的学习上的自我满足和知识能力上的追求欲。

"乐学"的本质就是认识、发现和激发学生的学习兴趣及内在潜力，这就要求教师具有启发孩子的主动精神和唤醒意识，在课堂教育中不仅仅要着眼于知识传授，更要强调以学生愉悦的获得感体验来稳定孩子的兴致情绪，激发其对课堂学习的渴望和内在潜力。学生面临着"成长的烦恼"，教育的宗旨并不是让学生承受学习过程中的紧张、挫折、焦虑甚至是失败。每个学生都有自己的能力倾向和个性特征，教育者应帮助学生发现属于他们自身的力量。内心潜能的激发会使每个学生都能获得成功的体验，使学生更加肯定自己，让他们学会自强和自律。

可见，"乐学"的终极目标落实到了发展人的潜能和树立自我实现观念上，即现代教育观所倡导的"让每一个生命个体快乐、幸福，比传授知识技能更重要"，亦即人的价值生命高于人的智慧生命。

（四）"乐学"理念的现实价值与实践意义

学习是伴随每个人一辈子的自我修炼过程，个体在学习的过程中不断汲取利于生命成长的养料，这就是现代教育观所谓的"教育的目的是人的终身发展和人的终身幸福"。而为了达到终身学习、终身幸福的目标，教育者必须在学校教育的起初就要让学生（孩子）感受到学习所带来的快乐。

然而，现实生活中的"成长的烦恼"通过各种思想形态演变为一种学习的压力，并形成了一种潜在的和普遍存在的"教育焦虑"，这种现象已经严重干扰了学习者和教育者围绕"人的成长"的价值追求，甚至偏离了教育的目的。正是在这种焦虑背景下，今天我们探究"乐学"理念的积极意义和现实价值才凸显出来。使每个学生都能感受到自身的力量和价值，都能在学习中体会到愉快、自豪和希望，才是教育的真谛。

乐学之巅是学乐，乐学是状态，学乐是境界。学校以"快乐成长，寓教于乐，乐学善思"为目标，回归"乐学"理念。师生共同努力创建一种返璞归真、原生态的绿色教学课堂，在"乐学"校园中教学相长、乐趣共生，这应该才是教育在当今时代的积极意义所在。

二、"五心"思想——"乐学"理念的多维度教育"心学"解读

"种树者必培其根，种德者必养其心"，小学教育是基础教育，教学应当从"心"出发，教育者应有教育"心学"的思想意识，以此反思传统课堂教学的不足。从"心"探究"成长的烦恼"和"学习的焦虑"，将"乐学"教育理念融入科学教育思想当中，产生移情效应、信任效应、感染效应，多维度激活"乐学"的内生机制，实现知识和思想的教学迁移。

对"乐学"教育理念的解读具有多重性，马克思主义的全面发展理论、教育学的主体学习理论、心理学的需要发展理论等都是理解"乐学"和认识课堂教学的科学工具。为此，我们从共情、激趣、探究、热心、悟学的角度对课堂教学模式进行了思考，尝试将"乐学"理念融入其中并感受共鸣。

（一）师生共情，安心候学——"乐学"课堂的基本铺垫

人本主义创始人罗杰斯提出了"共情"的概念，包括三个层次的含义，即体验他人的内心情感与思想、把握和理解问题的实质、把自己的共情传达并影响对方。教育中的"共情"实际上强调了以人为本，以学生为本进行角色转换，运用"共情"技巧深度陪伴、激发、促进学生的有效学习，共同成长。

我国著名的教育家、文学家叶圣陶先生一生致力于教育事业的发展，在20世纪40年代的教育理论中就有对教师共情的指导。他在《如果我当教师》中说："我如果当小学教师，决不将投到学校里来的儿童认作讨厌的小家伙、惹得人心烦的小魔王；无论聪明的、愚蠢的、干净的、肮脏的，我都要称他们为'小朋友'。那不是假意殷勤，仅仅浮在嘴唇边，油腔滑调地喊一声；而是出于忠诚，真心认他们作朋友，真心愿意作他们的朋友的亲切表示。小朋友的长成和进步是我的欢快；小朋友的羸弱和拙钝是我的忧虑。有了欢快，我将永远保持它；有了忧虑，我将设法消除它。"这些教学理念其实就是师生"共情"。

师生"共情"就如《基础教育课程改革纲要（试行）》所要求的，教师应尊重学生的人格和个体差异，创设能引导不同学生主动参与的教育环境，激发学生的学习积极性。因此，教师在上课前就要营造良好的课堂氛

围（合适的教育环境），为"乐学"课堂做好前期的铺垫。师生共情能够唤醒学生的主体意识，发展学生的主体能力，让学生做好与学习活动相关的预备性反应（包括生理的和心理的），让课堂散发出不可复制的、独特的生命活力。

（二）激趣质疑，动心入学——"乐学"课堂的活力之源

义务教育、学校新课程改革尽管全面推行多年，课堂教学氛围及教学效果虽然有所变化，但对学生的评价方式仍以分数为重。教师、家长关注的都是学生的学业能力，从而对其进行机械重复的训练，这些因素使得学生学业负担过重，学生难以感受到学习的快乐而对学习缺乏兴趣，学习动力不足、课堂气氛不够活跃导致教学的效率不高，这不仅不是"乐学"，而且偏离了教育者的初心。

兴趣是一种追求的欲望，是人们做事的一种自激动力，人们只有对事情感兴趣才会有强大的动力去做。因此，激发学生的学习兴趣，让学生成为课堂的主人，把学习当成快乐的事情，这是课程改革的核心理念之一。正如苏联著名教育家苏霍姆林斯基所说："所有智力方面的工作都要依赖于兴趣。"教育心理学告诉我们，兴趣有一种求知的倾向性，人们对感兴趣的事物总会主动，愉快地去追求、尝试和体验。兴趣是最好的老师，"乐学"课堂应尊重学生的个体差异，鼓励学生选择适合自己的学习方式，即以人为本的学生观，其中的重要环节就是激发学生学习兴趣。

当前课程改革提倡回归"人的生命化教育"，激趣就是实现学生主体地位的有效手段。科学研究已经证实，兴趣提升能够使学生更有意愿积极参与教学全过程，学生更容易关注、学会并记住引起自己情感共鸣或自己感兴趣的知识。学习兴趣越大，对学习材料的情感反应越积极，记忆效果就越好，思考也就越深入，课堂教学的效率就越高。

因此，激发兴趣可以有效唤起学生的求知欲望，强化学生个体的自觉学习的内驱力，充分释放他们的潜能和才华，增强他们的正向能量，让每个人都可以体验成功的快乐，从而培养他们积极的情感态度。更重要的是，这种"乐学"课堂所内生出的学习活力具有稳定的持久性，是学生学习的动力之源。

（三）主动探究，静心自学——"乐学"课堂的深层滋养

奥苏伯尔的"有意义学习理论"认为：创设问题情境，能够引发学生产生认知需要，产生一种"我要学习"的心理倾向。教学中以问题情境创设作为基础，激发"我要学习"的欲望走向更为深入的主动探究和自我探

究的学习模式,这将使"乐学"课堂进入一个更高的层次。

主动探究以问题为中心,不断让学生提出问题、感知问题、解决问题,充分发挥了学生的主体作用。学生通过自主探究,不仅能主动获取及掌握新知识,而且更容易获得更深刻的"乐学"体验。

以学生为中心,通过解决问题来学习,基于问题解决来建构知识,这符合建构主义学习理论的思维逻辑。学生是有思想、有感情、有独立人格的个体,教师是学生主动探究的帮助者、促进者,这与人本主义教学观有着共同的思想基础。"静而后能安,安而后能虑,虑而后能得。"只有先静下来,才能心安,心安才能深思熟虑,思考才能有所得。水静极则形象明,心静极则智慧生。

(四)合作交流,热心研学——"乐学"课堂的建构路径

课堂教学是一个群体互动的学习过程,如果说"激趣"着眼于学生个体的内心激发的话,"乐学"课堂看到的则是超乎个体内心世界的群体"热心"。苏霍姆林斯基在《给教师的建议》里说:"在每一个年轻的心灵里,都存放着求知好学、渴望知识的火药,只有教师的思想才有可能去点燃它。"由此可见,成功的课堂教学不仅要对学生个体"激趣",还要能够调动全体学生学习的"热心"。学生浓厚的学习兴趣,还有教学时教师与学生、学生与学生之间的共同探索、交流互动中所必需的"热心",是"乐学"课堂形成的要素。

用建构主义的观点来看,课堂教学的效果如何,关注的是学生学得如何。知识不是传递的,教师教学传递的只是信息,知识必须通过学生的主动建构才能获得。也就是说,学习是学习者自己的事情,谁也不能代替。有效的教学应体现为教师能调动课堂中的学习"热心",这样学生才能对知识进行主动地建构。因此,以"合作交流,热心研学"的课堂氛围构建"乐学"课堂,正是我们对"乐学"思想的一个路径解读。

(五)拓展应用,入心悟学——"乐学"课堂的边界扩展

实现知识学习迁移,是课堂教学的目的,也是"乐学"所倡导的。自然主义教育思想主张让儿童自己在实践中锻炼观察力、求知欲、创造力,积累学习经验。以杜威为代表的进步主义教育思想更加关注儿童,提出"儿童中心论"、实验"活动课程"等。瑞士的皮亚杰和美国的布鲁纳从学生"学"的角度研究教育问题,提出了"发现学习"理论,强调学习方式的改变,力图实现所有课程的整合。但当我们把"探究性""创造性""发现"等视为人的本性时,可以观察到学生综合素养的发展往往超乎了知识

学习迁移的范畴,是通过学生超出课堂教学的"悟学"实现的。

贾德的"概括化(类化)迁移理论"认为,若一个人对他的经验进行了概括,那么从一个情境到另一个情境的迁移是可以完成的。因此,有些学者认为顿悟关系是获得迁移的一般训练的真正手段。我国古代学者虽没有明确提出"学习迁移"的概念,却最早发现了迁移现象,并自觉运用于教学和学习实践。如"温故而知新""举一反三""闻一知十""触类旁通""由此及彼"等。著名科学家钱学森认为,教育最终的机理在于思维过程的训练。教学的"拓展迁移"往往是突破时间和空间限制的"迁移",是学生在老师调动下进行发散性、创造性思维的教学迁移。

"乐学"理念的课堂教学应以课本为纲而又高于课本,注重学生获得知识的过程,转变教师以"讲课"为主的教学行为。不再把教材作为"圣经"进行解读,而是引导学生走进课堂教学的新境界,在"顿悟"中拓展课堂教学的深度和宽度。因此,"悟学"是值得我们认真思考和尝试的教改方向。

三、"五心"课堂教学法的基本内涵

基于对"乐学"理念的"五心"思想探究,我校在教学实践中坚持"教中研、研中教",不断探索、完善教学模式,根据教学时序提出了"五心"课堂教学法的改革思路,努力将"乐学"理念落实于教学实践,使学生真正成为学习的主人、课堂的"乐学者"。

(一)师生共情,安心候学

"师生共情,安心候学"是"五心"课堂教学的第一个环节,是指在正式上课前,在确保学生安全的前提下,教师利用身边资源调整学生身心,激发学生进入最佳的学习状态。罗杰斯提出的共情也叫同感、神入、同理心。师生双方只有在情感共鸣的基础上,才能进入安心候学的积极状态。要达到这种最佳的学习准备状态,就需要教师能够从内心尊重和关爱学生。教师如果具备了共情能力,也就具备了进入学生心灵世界的能力,这将有助于构建"师生共情"的和谐关系。

1. 课前心理引导是基础

"师生共情"的外部特征就是和谐的师生关系。教师用最饱满的状态、最真诚的笑容、最细心的目光去面对教室中每一位学生,了解学生的内心世界,发现其中的异常,接纳学生并给予他们最大的支持。因此,在"安心"环节要激发出学生参与课堂活动的最佳状态,唤醒学生成长的内驱力和内在人格的自觉,进而培养他们的社会责任感,促进学生全面发展,真正做到积极心理学所说的发现学生、解放学生、发展学生。

在"五心"课堂中，教师应将所有的负面情绪丢在门外，用最佳的情绪、状态、微笑面对教室中每一位学生，利用课前两至三分钟的安心环节，和学生聊学习、聊生活、聊爱好，把自己的爱传递给每一位学生。正所谓"安其学而亲其师，乐其友而信其道"，当教师真正地从心底关爱学生时，学生才会和教师"共情"，消除师生间的距离感，慢慢接近老师、爱听老师的课，开始从被动接受向主动接受转变，营造和谐、有序、充满活力的安心候学氛围，为展开全面的课堂教学做好课前导入的心理准备。

教师和学生都是独立个体，有着不同的感受，这种感受是一种真实的客观存在。在调整、引导学生候学状态的同时，学生的信任也使教师感到欣慰和愉悦，促使师生互相尊重和思想协调一致，这是每次课堂教学的首要任务，也是"乐学"课堂"五心"教学理念"师生共情，安心候学"环节的真正价值所在。

2. 师生共情的基本途径

小学教学必须严格遵守候课制度，候课是课堂教学不可缺少的重要环节。我校的候课制度规定前后两节课的老师要执行交接班制，确保教室始终有老师在，在校学生任何时候需要老师，老师就在身边。"师生共情，安心候学"环节是候课制度的延续性保障，是课前准备和正式进入课堂教学的连接桥梁。

教师如何充分挖掘这两三分钟的价值，引导学生以最佳的心理状态进入课堂学习呢？我们强调在"师生共情，安心候学"环节打开孩子们的心扉，走进孩子们的内心世界，让孩子们从内心深处接受老师，理解老师是他们的合作者、支持者、帮助者。师生互相尊重，彼此是可以交流交心的朋友。

在"师生共情，安心候学"环节中，师生交流是最基本的方法。要强调师生交流的艺术性，凡是有利于学生学习的都可以交流。可以和学生聊一聊本节课将要学习的内容，也可以做一些能够吸引孩子的或与本节课相关的小游戏。在与学生的谈话中要引导学生把无关学习的心思放在一边，尊重课堂而收拢心神，专心致志且愉快地投身到课堂，做到"人在课堂，心在课堂"。尊重课堂是课前"安心"的基本要求，低年级的孩子往往不懂什么叫"尊重"，这就需要教师寻机进行解读教育，渐渐地让孩子懂得用心去理解他人，进而养成良好的课前习惯。

在"安心"过程中，教师的目光要关注到教室里每一个学生，及时发现精神状态不佳的学生，弄清楚是家庭原因还是身体原因，抑或同学相处等其他原因。及时把教师的关爱传递给每一位学生，必要的师生谈话还可延续到课后的家访。"安心"环节就是要让师生在情感上产生共鸣，让学生主动接近老师，主动关注自己的学习。

在常规的课堂教学中，教师要利用课前环节做好知识准备，让学生回顾上一节课学习的主要知识，提示这些知识与本节课教学的关系，做到"温故知新"。在常规课时，教师可以根据学生的需求随机应变。例如，上完了一节活泼有趣的音乐课，老师可以在下一节课前建议学生喝点温水润嗓；上完一节大汗淋漓的体育课，不急于开始下一节课，要组织学生适当休息，给孩子们一定的缓冲时间平复心绪。

如遇到教学公开课，学生突然面对众多陌生观摩人员，难免会产生紧张感或者东张西望的好奇心，老师必须利用安心环节及时化解学生的心理负担，坦诚地介绍观摩老师，鼓励孩子们表现出最优秀的一面，将负面情绪调整为积极的心态，让教师和学生都能放松自如地面对环境改变，这也有助于提高师生的心理素质。

在不影响正常教学的情况下，"师生共情，安心候学"环节也可以走出教室，充分利用校园的环境文化资源，正所谓"要看银山拍天浪，开窗放入大江来"。我校在校园环境建设与布置时就有了充分的考虑，在绿树环绕、景色迷人的校园中，各类人文微景观错落分布，形成了独具特色的"此心安处乐之堂"的校园文化资源。例如，在讲授古诗词课文时，可在课前带领学生到"国学长廊"了解人物生平和作品；在古典名著阅读课时，可以在校园内找到可借鉴的校园文化小品；若是讲到写景文章，便可以利用校园里丰富的植物物种近距离观察、拍摄、记录；科学课可以利用校园的科技素材，激发学生的科学意识；课前校园小调查、小采访能丰富道德与法治课的教学形式。

各科老师还要结合本课程的特点，优化安心策略，设置与课程相关的活动，丰富"师生共情，安心候学"的内涵。例如，猜谜语调动学生的积极性；读图锻炼学生的表达能力；欣赏音乐舒缓学生的身心；看视频片段升华学生的情感价值观；讲故事锻炼孩子专心听讲的能力；背诵古诗积累学生的知识；自我介绍帮助学生实现自我突破；口算抢答提升学生的计算技能；实验展示激发学生的探究热情；小笑话能拉近师生距离；做小游戏可以快速抓住学生的兴奋点；做手指操使学生凝心从而规范课堂秩序……在实践中，教师要大胆创新、勇于尝试、灵活使用、及时总结，切忌盲目跟风，应发挥教师主导作用并真正以学生为主体，同时要注意不能喧宾夺主占用教学主体时间。

（二）激趣质疑，动心入学

人若对物生感，则先动其心，然动其念，后动其行；然继有所感，动其心，动其念，动其行……一而再，再而三，轮转向前，生生不息。先动其心，后动其行。当学生心灵被触动时，自然有感而发。动心的目的是学，是成长。动心激趣就是要让学生在师生交往的情境中受到激发，产生学习兴趣，即对学习动心。尊重人的内部自然，使生命得到激扬，这是教育的"根"。

动心是指学生对学习产生浓厚的兴趣和探究欲望，或产生认知冲突，急切想主动探究答案、解决问题的状态。而要达到这种状态，就需要教师充分地调动学生内在的主动性，即引起学生质疑，激发探究和学习的兴趣。学是内因，教是外因，教只有通过学才能起到作用。教师的主要责任不在于教，而在于引起学生情感共鸣，帮助学生学。在教学中，要改变传统的教学模式，教师要发挥引领作用，激发学生的学习兴趣，引发学生动情参与，还课堂于学生。学生在受到启发、质疑、解疑的过程中所获得的独特的体验，就是他们学习的快乐；独立思考、深度思考的有效教学情境能让学生迸发智慧、引发联想，激发他们的灵感，使教学目标和任务内化成学生的内在动机，从而获得"四两拨千斤"的教学效果。"问渠那得清如许，为有源头活水来。"课堂需要"动心"，因为课堂这池春水需要用心吹起涟漪，它是流动的、活泼的；课堂教学需要学生的"动心"，因为只有"动心"才能激发学习的动力，才会有创造。

1. 激趣——心花始放，悄然入学

良好的开端是成功的一半，课堂教学也是如此。新课内容的导入，在课堂教学中是教学乐章的前奏，是开端，是师生情感共鸣的第一音符。

孔子说："知之者不如好之者，好之者不如乐之者。"他把"乐"看作最高境界，生动说明了兴趣在学习中的关键作用。兴趣是学习成功的秘诀，兴趣对学生学习的好坏有直接影响。让学生积极参与学习过程，必须创造条件培养兴趣，一旦学生的兴趣被激发出来，教学就会取得事半功倍之效。有趣的教学情境可以激发学习兴趣，"一波未平，一波又起"使学生在课堂教学中始终保持浓厚的学习兴趣，学生有了兴趣，才会自觉地花时间、下功夫、动脑筋、积极地学，并且乐在其中。

好奇心强、求知欲旺是小学生的一个重要心理特点，但小学生存在专注力不够、活泼好动、吃苦思想准备不足的现象。为此，教师在讲课时要善于用生动的语言、恰当的比喻、直观的演示、形象的画图、启发性的提问等变化多样的激励方法，吸引和集中学生的注意力。据统计，在人际交流中有65%以上的信息通过身体语言传达，所以教学中还要多些肢体语言，做到声情并茂。

苏霍姆林斯基指出："兴趣并不在于认识一眼就能看见的东西，而在于认识深藏的奥秘。"心理学研究表明，学习任务为中等难度时，人的学习动机最强。太难或者太易，动机水平都会降低。因而教学设问的难度要适中，让学生"跳一跳能摘到果子"，才会激起学生的学习兴趣。教学过程本身就是一个不断刺激、不断前进的过程，教师应根据学生的心理特点，尽可能选择构思巧妙、富有创新又能怡情动心的教学材料。如此带给学生的不仅是知识，还有乐趣；不仅有方法，还有学习动力，让学生变为真正的"乐之者"。

"教学是一种独具特色的表演艺术"，教师风趣幽默的讲解、富有感情的朗诵、漂亮美观的板书、潇洒动人的风姿或一幅美丽的绘画、一首美妙的乐曲都可以激发学生学习新课的兴趣；教师一个亲切的微笑、一句激励的话语、一个幽默的动作都可以让学生体会到成功的甜蜜……这些激趣导入方法也不是孤立存在的，教师应综合运用多种方法获得最佳的教学效果。"课伊始，情亦投，趣亦生"，教师创设的巧妙情境，使课堂如沐春风般进入一种美妙的境界——心花始放，悄然入学。

2. 质疑——花开可吟，动心课堂

苏霍姆林斯基曾说："求知欲、好奇心——这是人的永恒的、不可改变的特性。"学生学习兴趣的产生往往始于疑问，始于认知冲突。陶行知先生曾说过："好的先生不是教书，不是教学生，乃是教学生学。"心理学研究表明，质疑式的教学有利于发散思维、创新思维的发展。"思维自惊奇和疑问开始。"小学生具有好奇、好问的探究心理，教师要抓住他们思维活动中的这一特点，只要学生产生了疑问，便可因势利导。教师必须要善于巧设悬念，充分调动学生的想象力和创造力，以质疑激学，使学生在高昂的求知欲望中探求知识，引发其学习知识的兴趣，充分激起他们主动学习的热情。

古人云"学起于思，思源于疑"，而"好奇之心，人皆有之"。质疑是点燃学生思维探索的火种，学生学习的过程就是发现问题、提出问题、分析问题、解决问题的过程。教师要重视引导学生在思考中发现问题、提出问题。教学时，教师要设计一些有价值的问题导入新课，培养学生质疑的兴趣，以趣生疑，使学生积极参与"释疑"活动，调动学生的学习积极性、主动性，自觉地在学中问、在问中学。"学贵知疑，小疑则小进，大疑则大进。疑者，觉悟之机也。"心理学研究表明，当学习材料与学生的生活经验相联系时，学生对学习最感兴趣，也会觉得内容亲切，易于接受与理解。利用学生好奇、好胜、好玩、好动、好问的心理，教师从学生身边的事物出发，看似无痕，实则有意，以学生为主体，设计形式多样的课堂设问，激发学生质疑问难。学生从无疑到有疑，随着思考的加深、感受的加深，情感的体验也在不断地生成。

"水尝无华，相荡乃成涟漪；石本无火，相击而发灵光。"没有问题，思维就成为无源之水、无本之木。爱因斯坦说过："提出一个问题往往比解决一个问题更为重要，因为解决一个问题或许是一个数学上或实验上的技巧。而提出新的问题、新的可能性，从新的角度去看旧问题，却需要创造性的想象力，而且标志着科学的真正进步。"问题一旦被发现，就是一个学习的机会，激趣质疑，教学就要培养学生的质疑精神，发现问题，然后解决问题。在教学中，教师要鼓励学生大胆质疑，进行有效导入教学，引导学生质疑，使学生养成热爱思考、乐于质疑的良好习惯。质疑为他们打开一扇通向高效学习的大门。

《礼记·大学》有言："致知在格物，物格而后知至。"要培养学生格物致知的精神，即通过探究事物的原理获得真知，激发学生在质疑中培养探究的欲望和自主学习的能力，引领学生真正做到格物致知。学生是质疑的主体，教师要善于启发学生积极思考，多给学生话语权，多给学生机会，允许他们出错，为他们创设轻松、愉快的课堂氛围，使学生在"疑"中生奇，在"疑"中生趣，从而不断激发学生的学习动机，调动学生的学习积极性。当学生兴味盎然地投入学习中时，学习就变成了一种享受，精神之花犹可吟，动心课堂已形成。

（三）主动探究，静心自学

"学习任何知识的最佳途径是由学生自己去发现，因为这种发现，理解最深，也最容易掌握其中的规律、性质和联系。"新课程强调学生学习方式的改革，改革的核心和灵魂是培养和发展学生的主体性，促进学生快乐活泼地自主发展。有效培养学生的主动参与意识，提高学生的自我学习能力是课改对各学科教学的要求，也是学生健全发展过程不可缺少的部分，更是考查高效课堂是否实现的标准之一。教育家布鲁纳曾说过："知识的获得是一个主动的过程，学习者不应是信息的被动接受者，而应是知识获取的主动参与者。"课堂教学中，教师要改变教学观念，引导学生由被动接受知识到主动探究知识，由学会"知识"到学会"学习"，使学生在经历学习活动的过程中理解知识、掌握技能、感悟思想、积累经验。"主动探究"强调以生本思想为基础，以学生终身发展为目标，在教师指导下，学生主动学习、独立思考、自主探究，探究的目光更多指向了知识、能力的形成过程和发展过程。其特点在于以学生为中心，充分发挥学生的主体作用，进而形成探索未知世界的积极态度。

学习知识需要自主性。在具有自主性的课堂环境中，学生会更有兴趣和责任感，会主动投入其中并配合课堂教学的展开。在被动受控的课堂环境中，学生会缺乏个人认同感，会认为是在受老师摆布而感到乏味。美国心理学家卡尔·罗杰斯曾说："自由程度愈高的学习，身心投入的程度就愈高。"因此，教师应让学生意识到自己有能力解决问题，并创造条件让学生体会主动探究的乐趣。教师要把目标陈述清楚，给予学生合适的时间，赋予他们掌控自己学习的权利。让学生自主学习是组织教学活动的基本理念，教师要重视教会学生学习，保护学生的探索精神、创新思维，倡导学生主动探究，要给学生创造一个自主学习的空间，要从前台退到后台，担起导演和策划者的责任，帮助学生确定学习目标、学习内容，选择适合他们自己的学习方法。

学习能力的提高需要教师专业的引领，需要围绕目标确定问题进行探究学习。主动探究是对教学目标的引导，而静心自学则是主动探究的更高层次。静心自学这里主要是指学生"课内预先主动"学习，是在学生已产出内在需要的状态下，有预习的基础，明确本节课要学习的主要内容，并在细化出来的"学习提纲"的帮助下，对课时重点内容的"先"学。静能养心，静能生慧。静心是一种气质，一种修养，一种境界，也是东方的智慧之一。人读书越多，见识越广，越是气质高雅，静得下心。诸葛亮说："夫君子之行，静以修身，俭以养德。"学习需要静心，静心首先意味着专注，所谓"专注"，就是集中精力，全神贯注。一位优秀的学生往往能够集中自己的时间、精力和智慧去做事情，从而最大限度地调动自己的积极性、主动性和创造性，努力实现自己的目标。

著名教育家魏书生说："只要将'静心'二字贯穿于学习中，你就能成功。"学生只有静下心来，才能充分发挥自己的主观能动性，才能主动地进行探究学习，静心是培养学生创新精神和实践能力的重要途径，对终身学习同样有促进作用。教师自身也要静心思考,重视自学辅导,把课堂的主动权还给学生,激发学生的表达欲望,促进学生进行学习交流表达。通过一系列的课堂活动,引导学生做学习的主人,让学生在静心的探究中乐学、善思,训练他们的综合语言运用能力,培养他们的自主学习能力和思维能力。倾听学生的意愿,鼓励他们,给予他们充分的自主性进行自我决策。主动探究,静心自学,要尊重学生的主体地位。教师要通过有意义的组织、引导、点拨等形式,使学生从内心发展需要忘我地参与到课堂教学中。教师应特别有意识地"留白",让学生自主思考,此时教师"无为",学生才更"有为"。

(四)合作交流,热心研学

"五心"课堂教学理念倡导让学生学会主动学习,课堂中学生展现出来的主动性在此被称为"热心"。在"主动探究,静心入学"之后,课堂已俨然为学习的热情所充盈,师生开展合作教学,在交流中学习,在研学中成长,课堂就具备了"合作交流,热心研学"的环节基础。美国心理学家卡尔·罗杰斯认为,教师在教学过程中的作用仅仅是一个"侍者",并把教师形象地比喻为"音叉",教师应和学生的内心需求共鸣。他专门为教师起了一个名字——促进者。教学的最核心任务不仅是把既有的知识表现出来,传递给学生,更重要的任务是激发学生原有的生活、知识经验和兴趣,为学生提供机会,让他们在课堂的对话、交流、讨论中发现新事物,促进其"快乐成长"。在教学过程中,如果学生能够主动展现相互对话、相互讨论、相互交流的欲望,那么热心研学就成为相互促进、相互提高的自然而然的学习状态。激发和保持课堂"热心",这既不同于传统教学仅以教师为主的"满堂灌"教学法,也不同于放任学生自发学习的"放羊式"教学法,它要求学生在教师鼓励和组织下对学习提纲中的问题开展系统思考,进行讨论、交流,以便达到共同掌握的目的。交流互动式的"热心"研学主要是指各小组互相讨论、释疑、提出问题的教学过程,它有利于促进学生的智力发展和个性教化,有利于创设课堂积极的学习氛围,提高课堂教学效率,同时还能"暴露"学情,可以有效地帮助教师找准教学的切入点。

1. 在尊重个体差异的基础上激发"热心"

世界上没有完全相同的两片树叶,也没有完全相同的两个人。以人为本的教育就是注重学生的个体差异的教育,教育不能只关注"尖子生"而忽略了其他学生的发展。心理学的理论告诉我们,每个学生内心都有着天然的积极向上的学习"热情"。课堂教育应面向全体学生,关注每一个个体，既要关注那些可能成为"家"的少数，也不能忽视那些成为"匠"的大多数，这是尊重学生主体性和对学生"热心"的保护。因此，教师在教学中要承认差异、尊重差异、研究差异，从每个学生的角度去思考如何引导学生、激发学生学习的"热心"。建构主义教学理论强烈主张，在教学活动中要从学习者个体出发，真正把学习者主体能动性的发挥放在教学活动与学习活动的首位。现代教育主张因人施教、率性而教的个性教育，个体的充分发展是促进整体全面发展的前提和基础。只有在教学中做到真正地尊重学生，以学生为中心，把学习者看作一个发展的、能动的个体，才能在课堂教学中调动学生学习的"热心"。

人民教育家陶行知先生说："真教育是心心相印的活动。"要调动学生学习的"热心"，师生关系一定是民主、平等的。理想的课堂应该是"鼓舞人心的"，理想的课堂应呈现合作进取的教学氛围。理想的、充满"热心"的课堂应当充满师生共同成长的生命气息，教师爱其生而启其智，学生亲其师而信其道，师生感情融洽，有心灵交汇，学生以积极的态度对待老师，以"热心"的态度对待学习。

教师在授课时应针对学科的特点及学生的实际状况，设计有效的教学方式调动学生"热心"研学，切实提高课堂教学质量。课堂上一幅形象的画面、一组动听的声音、一段动态的场景、一段生动的背景材料等，往往可以诱发认知内驱力，使学生对自己的认知对象产生强烈的热情。要想让学生在课堂学习上达到"热心"状态，除了开课之初的"激趣"环节，教师还要以自身的热情引导学生，充分调动学生主动合作交流的意识，以尊重个性、激发个体"热心"，即所谓的教学的艺术不仅在于传授本领，更在于激励、唤醒与鼓舞，使学生热心地投入学习中。

2. 小组学习促进合作交流

新课标倡导"自主、合作、探究"的学习方式，改变传统的教师讲、学生听的灌输式的教学模式。我校在日常教学中按照"组内异质、组间同质"的原则，根据学生的学习水平、交往技能、性别比例等因素合理搭配，把学生分成若干个学习小组。在课堂教学中以小组为单位，根据教学内容进行有目的、有组织的交流和讨论。学习小组在展开学习活动时，由组长对小组活动进行组织和分工，发言要有先后次序，根据学生个性特点调动其参与讨论的热情，在交流讨论时尽量引导不爱讲话的学生先说、多说，当一人发言时其他成员必须认真倾听，别人讲完后再发表自己的观点，做好记录。

小组形式的学习活动实现了学生在共同目标下的学习分工，为每个学生提供了参与的机会，形成了主动参与、互帮互促的学习情境。这样的研学合作，既充分激发了每个学生的"热心"，又在小组间的学习竞争中培养了学生的竞争意识与合作精神，有助于因材施教，给每个学生提供自主研学、展示自我的机会，实现了个体积极求学、集体相互促进的教学目标，让每个学生的智力和素质都得到自由发展。

3. 让热心合作与研学成为习惯

小组合作学习是课堂教学中的重要环节，学生自主学习的同时还要相互配合，教师要进行教学引导，更加有针对性、更加细致地安排教学活动。德国哲学家、心理学家、科学教育学的奠基人约翰·弗里德里希·赫尔巴特说："教学应当贯穿在学生的兴趣之中，使学生的兴趣在教学的每一阶段都能连贯地表现为注意、等待、研究和行动。"教师应该认真研究学生的个性和心理，寻找知识与兴趣的切入点，以此调动学生学习的"热心"，促进学生由"要我学"向"我要学"转变，直至进入"我爱学"。

学生一旦对课堂"热心"，这就会形成一种态度——认真，"认真"品质对于学生成长的重要性毋庸置疑。学生因为对课堂"热心"，就会建立对学习的正向的感觉，那就是有乐趣、有挑战、有成长，自然就会产生学习的恒久稳定的内驱力。人们常说："久练成习惯，习惯成自然。"久而久之，"热心"就演变为习惯，学生越有良好的学习习惯，越可能体验到学习的成功，其学习的积极性就越高。叶圣陶先生说过："教育是什么？往简单方面说只需一句话，就是培养良好的习惯。"教师要努力创设教学情境，让"合作交流、热心研学"成为课堂讲授与学生学习的良好习惯。

（五）拓展应用，入心悟学

课堂教学的最后环节就是要落实知识应用和能力训练的相互结合，实现"学以致用"的根本目的。学生回顾教学中发现问题、分析问题和解决问题的全过程，归纳学习内容，梳理思维流程，提炼学习方法。在此基础上，通过练习，入心感悟，强化对知识的理解及运用，使知识内化成自己的能力。通过入心悟学，以发散思维实现知识的发展延伸，最终拓展学生的认知视野和知识面。

在"合作交流，热心研学"后，"入心悟学"是实现课堂知识向学习能力迁移的训练，是学生通过实践、分析、归纳等思维活动，获得收获、探求新知，实现知识升华和能力提升，情感得到"乐学"愉悦体验的关键环节。

美国著名教育家杜威曾说:"教育在理智方面的任务是形成清醒的、细心的、透彻的思维习惯。"语言既是交流的工具,也是思维的工具。学生在小组合作交流后对所学知识进一步思考、加工、整理,并对知识应用开展思考和训练,经过"加工"的知识由此感悟、内化,形成学生自身的知识积累和人文素养。"入心悟学"使学生在迁移中巩固了知识,在应用中思考了知识,在悟学中内化了知识。相对于拘泥于一隅孤立地处理教学内容的课堂形式,"拓展应用,入心悟学"的环节对训练学生思维的广度和灵活度,对提高学生综合运用知识解决问题的能力有至关重要的影响。

教师是课堂教学的组织者和引领者,要吃透教材,找准衔接口,有的放矢,让有效的教学"迁移",润物细无声般地适时融入教学的各个环节中。安排适度、适量、适情的教学训练,可以引导学生"悟学",在不经意间突破教学重、难点,活跃学生的思维,提高其学习能力。实践证明,适度且有效的"入心悟学"能真正扩大课堂教学的外延,深化教学内涵,拓宽学生的视野范围,引导学生纵向思考问题,使学习成为积极探索未知领域的过程,切实提高学生的学习能力。

四、从"五心"到"五心+"——"五心"课堂教学法的全面提升

近年来,紧紧围绕"乐"学理念打造"乐学"课堂,沭阳县人民路小学在全面开展"五心"课堂教学法的实践中,获得了较为成熟的经验范式。这主要表现为建立了较为稳定的教学活动架构和活动程序,在整体把握教学活动和融合各教学要素的前提下确保教学灵活性和可操作性。在几年的教学实践中,"乐学"教学理念的深入又使得"五心"课堂教学法的内涵得到不断扩展和补充,并融入当下"办人民满意的教育"的新教育理念,与时俱进,实现课堂教学从"五心"向"五心+"的多方位全面提升。

(一)课堂教学层面的"学心"提升

"五心"课堂教学法的实践给课堂教学带来了由外及里的深层改变,这种改变产生于学生的内心,表现为激发了学生的好奇心、树立了学生的自信心、培养了学生的责任心。

一是"五心"课堂教学在"师生共情,安心候学"环节创设与教学内容密切相关的情境,环境刺激使学生对教学内容产生强烈的好奇心;"激趣质疑"适当增加教学内容的意外性,同样也引发学生的好奇心;"主动探究,静心自学"环节恰当利用与学生经验的认识冲突,进一步激发他们的

好奇心；"合作交流，热心研学""拓展应用，入心悟学"的教学复杂性，通常比简单教学更具挑战性，对学生的好奇心具有激励性作用。学生好奇心的成功激发实际上也是"五心"课堂教学效果的内在提升。

二是"五心"课堂教学树立了学生的学习自信心。学习自信心是学生走向成功的重要精神支柱，学生学习精神状态的提振离不开自信心的支持。"五心"课堂丰富的情境创设和运用，使得课堂教学中学生个性、特长充分彰显，这让学生在身临其境参与教学中充分展现个人魅力，并感受学习的快乐，学生的阅读能力、表达能力、沟通能力等综合学习能力的提升，都在学习自信心的强化过程中得以实现。

三是"五心"课堂培养了学生的责任心。责任心是一种自觉地把分内的事做好的人格特质，是由内心产生的价值感和使命感。对小学生来说，责任心首先就是对自己负责，包括对自己的生命负责，热爱自己的生命，必须学会保护自己；对自己的行为负责，明白自己的行为会带来的后果，对过失行为要承担责任；对自己的学习负责，有良好的学习态度，认真按时完成作业，养成良好的学习习惯。"五心"课堂从"爱"的教育和"良心"教育的角度实现对学生的内在品质的塑造，是课堂教学由知识教育的内涵向"人"的教育的扩展和提升，这也是"五心"课堂向"五心+"教育的全面跃升。

（二）教师层面的"师心"提升

教师是"五心"课堂教学改革的实施者和推广者，也是课堂实践的主导者。沭阳县人民路小学"五心"课堂教学实践对广大教师也是一个自我思考、自我提升的过程，这就是教师要牢记育人使命，不忘"初心"；爱岗敬业，传道授业要具有"匠心"；关爱学生，立德树人，为师者要有"良心"。

让学生在快乐中学习，在学习中成长，这是"五心"课堂教学的目标，也是"办人们满意的教育"的基本要求，教师的"五心"教学理念离不开教书育人、立德树人的育人使命这个"初心"指导，需要加上一颗不忘教育宗旨、牢记教师使命的"初心"。

"五心"课堂要充分提升育人效果，不能停留在程式化的语文、数学、科学等学科化的简单的课堂教学变革中，而是要将知识、技能、文化元素在科目教学中进行渗透和贯穿，特别是要将中华优秀文化融入课堂，这要求教师要具有工匠精神，以建立匠心独运的"五心"课堂实现教学质量的提升。

教师应时刻牢记自身的职责，提醒自己教育不同于物质生产，教育的对象是人，学生不是试验品，是不允许重来一次的。从事教育的人必须具备起码的良知，要有"良心"。教师从事的是受社会尊敬同时又被寄予厚望的"良心工作"，一方面教师站在离孩子心灵最近的地方，要为人师表，以自身的品德形象引导学生；另一方面，教师要从心灵上给孩子以学习成长的力量，同时让他们获得成长的快乐。因此，教师的"良心"就是以教学良知和课堂关爱让自己获得其他形式无法比拟的成就感。

（三）学生层面的"童心"提升

教师是课堂的主导，学生是课堂的灵魂，素质教育是以学生为主体的教育。围绕"培养社会主义建设者和接班人"的核心目标，关于"培养什么人、怎样培养人、为谁培养人"这一根本性教育目标，为沭阳县人民路小学的"五心"教学实践指明了方向。

我们将"爱党爱国"的红色思想通过丰富的教学手段融进"五心"课堂之中，根植在所有学生心中，让学生切实认识到爱国是一个人的立德之源、立功之本。从小关注价值养成，让孩子知道"人生的扣子一开始就要扣好"，从小要有崇高理想和远大志向，为实现中华民族伟大复兴的中国梦时刻准备着。正反两方面的教育要让学生从小就要意识到，失去"红色"基因的教育就是失败的教育。学校结合党史学习教育，开展"五心"课堂与"红心"课堂的融合。在低年级段班级聚焦建党百年人物，以"寻、晒、颂、听"的方式，呈现人物形象，让学生感受建党精神的伟大；在中年级段班级开展"行走红色江岸"的研学活动，带领学生寻访县内外红色教育场馆，当小小讲解员，讲好研学故事；在高年级段则立足讲述建党百年征程中的重要事件。从学生层面上讲，童心向党、童心爱国、童心知史的思想引导为"五心"课堂教学法加上了一颗鲜艳的"红心"。

沭阳县人民路小学"五心"课堂教学法从"五心"向"五心+"的全面提升，不是在课堂中毫无意义地"添加"，而是与时俱进的教学思想的进一步丰富和提升。不断思考和完善课堂教学的内容和方法，使我们的"五心"课堂教学理念在"五心+"的循环中不断提升，是广大教育工作者的追求和使命。

安心篇

心安有妙招，高深不莫测

沭阳县人民路小学　钱露露

　　低年级语文课堂教学应该融入更多的趣味性，让学生欢欢喜喜地学、饶有趣味地练、高高兴兴地品尝成功的喜悦，这样才能事半功倍地提高课堂教学效率。苏霍姆林斯基说过："在每一个年轻的心灵里，都存放着求知好学、渴望知识的火药，只有教师的思想才有可能去点燃它。"激发学生的兴趣就是点燃渴望知识火药的导火索。因此，课堂教学中，我们首先要设法激发学生的兴趣，点燃他们的求知欲，使他们积极主动地参与课堂学习。这也是安心环节设计的初衷。

　　我校低年级语文课堂安心环节的教学设计，符合低年级学生的实际和年龄特点，因课标要求、教学目标、教材内容的不同，安心的方法可灵动、丰富、有趣。

一、谜语激趣式安心，让学生"活"起来

　　谜语在中华民族传统文化中占有重要地位，《红楼梦》《西游记》《三国演义》《镜花缘》等古典文学作品里都有许多精彩的谜语，为刻画人物形象、推动情节发展起到重要的作用。

　　在基础教育阶段，语文教材往往利用猜谜语的方式激发学生学习的好奇心和探究精神。如部编版小学语文一年级《画》这一课："远看山有色，近听水无声。春去花还在，人来鸟不惊。"此外，各册课本中多个"语文园地"都设计有猜谜游戏活动。

　　语文学科尤其应该运用好谜语这个语言文字游戏，在教学活动中借助谜语以增添情趣、活跃课堂，增强学生对语言文字的敏感性，激发学生的想象力和探究精神，加深师生对祖国语言文字的感情。教师在编制谜语的过程中，通过揣摩教材，设计谜面和谜底，推测学生的思维过程，可以增进师生双向交流，激发使用教材的创意，形成自己的教学个性和教学特色。

　　一年级学生对新奇有趣的谜语情有独钟。教学中，我们在认真解读教

材的基础上，不妨设计一些有趣的谜语将其带进课堂，从而点燃学生心中智慧的火花，激发他们的学习兴趣和热情。如在教学《乌鸦喝水》一课前，教师先让学生猜一则谜语"身穿黑袍子，长个丑样子，从小爱妈妈，成天叫哇哇"，让学生猜猜这是什么鸟，并和这只鸟打招呼。随后，师生一起欣赏"乌鸦"的图片，教师告诉孩子们，这只乌鸦很聪明，要和孩子们比比谁的课文读得好。这个安心的设计为学生营造了一种轻松和谐的学习氛围。这样一些谜语，指向性明确，与课文关系密切，一经提出，学生马上积极思考，或翻查课本，表现出强烈的好奇心和竞争意识，或是对课文内容产生兴趣，或是对谜底看法不同，课堂气氛一下子就活跃了起来。教师在这个基础上因势利导，很容易把学生带进学习中。同时，这些谜语还有助于知识融会贯通。在教师编制谜语的同时，也可以鼓励学生参与制作谜语，学生由此表现出非常活跃的求异思维，对提高语文素养的好处是显而易见的。

二、总结旧知式安心，让学生"动"起来

总结旧知的设计有利于让学生明白前后知识的联系与区别，揭示了教学的重点和难点，对前后联系密切的知识教学具有温故知新的作用。《义务教育语文课程标准》提出：要在语文学习过程中，掌握最基本的语文学习方法，在实践中学习、运用语文。因此，教师作为学生学习的指导者，课前创设有效的教学情境，改变以教师为主体的传统教学模式，让学生成为教学活动的主体，教师起着主导作用，需要引领学生把旧知识内化为自己的知识，并能举一反三。如在教学"识字五"一课前，教师先让学生说说这一单元认识的聪明的人和动物都有谁，他们都做了哪些聪明的事？学生马上进入回顾、总结归纳旧知的积极状态，跃跃欲试，一只只小手高高举起，小嘴巴一张一合，和同学一起分享各自的收获。学生总结归纳旧知后，教师随即表扬：我们班的小朋友也很聪明，今天我们比一比谁能把这些智慧果摘回家呢？我们遇到困难又该怎么办？随后，结合本单元的总目标引出：只要肯动脑筋，就有解决问题的办法。接着出示"识字五"，明确学习要求，进入新课的学习。

三、多媒体图片式安心，让学生"笑"起来

在小学语文教材中，几乎每篇课文都配有一幅或多幅插图，它是教科书不可或缺的组成部分。随着教科书的改革，插图也有了越来越多的功能，

不再只是单纯地配合知识，而是有了提供资源信息的功能，并开始成为知识的一部分。再者，这种图文并茂的教材编排，符合小学生的年龄特点，有利于提高小学生学习语文的兴趣，促进其更好地理解课文内容。在教学工作实践中，我充分利用插图这一生动的资源，培养学生理解、观察、想象和语言表达等方面的能力。充分发挥了插图的独到作用，让它为教学服务。

小学生语言能力有限，口头表达过于简单或错乱无序，要训练学生的语言表达能力，教师可充分利用插图这一直观教学资源。如教学《小壁虎借尾巴》这一课，该课以连环画的形式呈现，课文中没有注音，连生字也没有注音，目的是让学生借助图画或其他手段自主识字或阅读。为此，教学时我充分利用插图（连环画）这一直观手段，首先将图片呈现在黑板上，让同学们仔细观察图中动物，然后对图中共有的一只小动物——小壁虎做简单介绍之后，让学生再认真观察图画，指导学生的观察方法、观察顺序等。接着让学生对每一幅图的内容做简单描述，之后按图画的顺序把它连成一个小故事。在这个环节中，我以评优胜的方法让学生们分组编排并讲述小故事，这样既加深了学生对课文内容的理解，又锻炼了其语言表达能力。

语文就是生活，课堂就是小社会，在新课改理念下"五心"课堂教学安心环节设计得非常科学。利用好这个环节可形象、直观地激发学生的表达欲，使学生情绪高涨地进入角色，愉快地学习新知识，还可以培养学生辨别真、善、美的能力，充分体现了新课标所提倡的"在轻松的氛围中学习"这一理念。

有的教师在设计教学的时候，忽略了小孩子爱活动这一天性，用说教的形式直接授课，会使学生觉得枯燥乏味。尽管教师在讲台上讲得声嘶力竭，个别学生仍然充耳不闻，一无所获，导致教学效果较差。苏霍姆林斯基曾说过："在人的心灵深处，都有一种根深蒂固的需要，那就是希望自己是一个发现者、研究者、探索者。而在儿童的精神世界中，这种需要特别强烈。"所以在教学活动中，教师要及时为学生创造空间，使之能够自己探索知识。爱因斯坦说："兴趣和爱好是获取知识的动力。"在儿童阶段，兴趣与爱好便是他们最好的老师。教材中的一幅幅生动有趣的插图是激起学生兴趣的重要因素。随着科技的发展，课堂教学也进入多媒体式，这种音像结合的课堂更能刺激感官，调动情感，使孩子们积极参与学习。

在教学中，安心环节的设计要结合每个年级学生的年龄特点，结合我们的生活实际，采用直观的图片，通过对比启发学生自由表达，进而明确课文大意，培养学生观察、比较及归纳的学习技能，培养学生辨别是非的能力，从而指导自己今后的行为。

四、经典故事式安心，让学生"乐"起来

讲故事是大人小孩都喜闻乐见的娱乐形式，它包罗万象，能开拓人们的视野，让人们展开想象的翅膀。对于语文教学而言，没有故事的课堂是缺少活力的。听传说、讲故事更是一年级学生喜闻乐见的形式，这是由孩子生理、心理的特点所决定的。上课开始，一则美丽的传说、一个动人的故事，会让他们很快安静下来，注意力高度集中，教师就可以把握住有利时机，指导学生学习。如在教学《手捧空花盆的孩子》一课前，老师可以讲列宁小时候打碎花瓶的故事。随后，老师引出另一个诚实的孩子给大家认识，他手捧空花盆来了，他叫雄日，你们想和他交朋友吗？（想）那我们去看看雄日的诚实表现在哪里？随着故事的讲述，引领着学生的思维充分做好上课的准备，同时将学生的好奇心化为浓厚的学习兴趣，就会达到事半功倍的效果。也可以抓住社会热点，及时传递正能量，引导学生自主点评，培养其正确价值观，提升其语文表达能力，如最美司机吴斌、最美教师张丽莉、最美乡村教师何存光的故事等。总之，讲故事式的安心教学方式在语文教学中是一种有趣、有效的教育形式，是一种宝贵的教学资源，是我们老师必须掌握的一种教学手段。巧用故事、活用故事，我们的语文课就会活起来。

五、童话寓言式安心，让学生"趣"起来

一年级学生阅历浅、好奇心强、富于幻想，喜爱图文并茂的童话故事书，喜欢把自然界的一切事物当成人，他们不但乐于去读童话故事书，而且乐于讲给人听。童话以生动精彩的情节，富于艺术魅力的语言，磁铁般深深地吸引着他们。因此，教师应针对儿童的特点，把童话语言引进课堂。

除此之外，还有图画式安心、开门见山式安心、实验式安心、音乐歌曲式安心、交流名著阅读式安心等。语文课的安心方法多种多样，形式不拘一格。每一节新课安心环节的设计都有其精妙之处，教师应注意知识性、趣味性、启发性和灵活性的统一，让学生进入积极的心理状态，提高上课效率。学生把学习看成是一种乐趣，教学质量的提高也就有了充分保证。

师生共情达意，安心候学有方

——刍议"师生共情"下的"安心候学"

沭阳县人民路小学　吴艳香

近几年，我校提出并完善了"五心"的课堂教学流程理念，"师生共情，安心候学"作为这一理念的第一个环节有着举足轻重的作用。课前短短的几分钟是一段宝贵的时间，学生和老师作为课堂的重要参与者，可以在这段时间里达成和谐、融洽的师生关系，以"师生共情"的状态来"安心候学"。"共情"是心理学的重要概念，也叫"同感""移情""同理心"，共情被视为优秀教师的重要品质之一。做到师生共情，是老师的态度，更是一种能力。著名的教育学家苏霍姆林斯基说："不了解孩子——不了解他们的智力发展，他们的思维、兴趣、爱好、才能、禀赋、倾向——就谈不上教育。"因此，能和学生共情自然会让我们更好地了解学生。共情能力要求老师摆脱自我中心，关注学生并把自己放在学生的处境中来感受他们的喜怒哀乐，感受越准确、越深入，共情的层次就越高。俗话说，"良好的开端是成功的一半"。由此可见，"师生共情，安心候学"这一环节尤为重要，利用好课前几分钟的时间，不但能起到画龙点睛、启迪思维的作用，更能激发学生的学习兴趣和求知欲，使他们充分发挥主观能动性，提高学习效率，取得事半功倍的效果。

首先，这一环节要有趣味性。列夫·托尔斯泰说："成功的教学所需要的不是强制，而是激发学生的兴趣。"著名的心理学家布鲁纳也认为："学习的最好刺激乃是对所学教材本身发生兴趣。"站在心理学的角度上，我们不难看出，在事物的认知过程中，人们会产生良好的情绪，即兴趣。小学英语老师应激发学生学习英语的兴趣，点燃他们学习英语的热情，使他们养成良好的学习习惯，能够进行简单的口语交流。当学生对学习有浓厚的兴趣时，就会有强烈的好奇心和求知欲，这能使他们安下心来，注意力更加集中和持久，学习能力也能够迅速提高。

其次，这一环节要有针对性。新课之前，教师需要对教学的对象进行了解，并且需要对教授的内容进行充分的考虑，而并非处于教学内容之外。所以，这一部分可以是教学内容的补充，也可以是教学内容的组成部分。这一切，都应该从教学内容的科学性出发。苏霍姆林斯基说："教育工作的实践使我们深信，每个学生的个性都是不同的，而要培养一代新人的任务，首先要开发每个学生的这种差异性、独立性和创造性。"由此可见，这一部分的设计还需要针对学生的个体差异，让学生产生一种迫切的心情，吸引学生的注意力，引领学生逐步进入学习状态。与学生共情方能明白学生的需求所在，有针对性的"安心"，方可使学生"心安"。

最后，这一环节要有新颖性。对于新时期的学生，特别是对小学生而言，新的信息和事物更容易使他们产生好奇心。所以这一部分的设计新颖，必然能够吸引学生的注意力，让他们"安心"跟随老师进入对新知的探索阶段。

人的思维不是凭空产生的，需要借助于情境的刺激。为了让学生尽快进入"安心"状态，尤其需要注意在这一阶段营造轻松愉快的学习氛围。课堂氛围如何，直接影响着学生的学习热情和求知欲。老师要以满腔热情全身心地投入课堂教学，仪表要端正、精神要饱满、表情要轻松、目光要亲切、态度要和蔼、语言要简洁流利，这样才能有效地感染学生。新课标要求教师是课堂的主导，在整个过程中应充当着导演的角色，学生通过教师的指令进行活动，才能安心地进入新的课程学习中。为了当好这个"导演"，让学生尽快"安心"，我在教学中设计并采用了以下方法。

一、创设情境，引起共情，安心候学

教育学意义上的"情境"一词最早出现在西方教育学家、心理学家杜威的论著中。20世纪60年代，我国教育界也将情境教学推广应用。随着新课标重视语言的实践应用训练，情境教学也被广泛应用于课堂实践中。情境创设就是根据实际需要设置情境，国内学者研究给出的定义是：教师根据教材和学生的具体情况，以教学目标为依据，精心创设特殊环境。小学英语的教学目标，是要学生在掌握语言基本结构的前提下获得听、说、读、写的基本技能，并用英语进行简单的交际。而交际是人们在特定场景中的交往过程，时间、地点、人物和事件就成为语言产生的背景。情境创设也是英语课堂中经常用到的教学方法，具有形象性和代表性。课前情境创设得好能让学生快速安心地进入课堂。

二、复习、预习，引发共情，安心候学

1. 在讲授新课之前引导学生复习之前所学的知识。在这一过程中，教师利用已经学过的知识甚至是回想学这些知识的情景来充分调动学生的积极性，这样既可以帮助学生回忆旧的知识，又可以让学生安心进入本节课的学习。这个方法尤其适用于单元内部或是衔接比较紧密的单元之间。

2. 课前布置预习。课堂开始前，教师通过有针对性的提问来检查预习，让学生不知不觉地进入学习状态。小学时期的预习，主要是以教材内容为主，为新知识做好铺垫。提问新课的知识让学生回答后，老师结合新课程进行更深层的提问，以便进入"激趣质疑，动心入学"环节。这个方法有利于培养学生的自学能力，让学生养成良好的学习习惯。

三、Free talk，引发共情，安心候学

Free talk 可以发生在师生之间或是学生之间，话题可以是天气、日期、习惯、喜好……教师利用学生所讲内容，适时引入主题。如在讲授五年级上册课文 Unit 7 At weekends 时，以问候为导入，然后问个别学生"What do you like doing?"，当有学生说出看电影、野餐等活动时，再问"When do you watch film?"，并提示对方可以用中文来回答，从而引出"At weekends"这个话题。这种方法在实施过程中，特别是学生对话的过程中，需要老师及时引领，以免偏离主题。

四、直观感知，引发共情，安心候学

捷克教育家夸美纽斯说："一切知识都是从感官的知觉开始的。"对于小学生而言，形象直观的图片比任何其他的东西都更容易接受。因此，可以在呈现实物图片和学生一起欣赏的过程中，让学生描述图片或是发表观点，以进入学习状态。多媒体技术能够进行形象直观的呈现，图、文、声、影并茂会给老师和孩子们带来感官上的冲击，容易引起共鸣。如我在讲授四年级下册 Unit 5 Seasons 这一课时，先用多媒体呈现一些春夏秋冬的图片：春天新发芽的树枝、夏天孩子们快乐地戏水、秋天色彩缤纷的落叶、冬天美丽的雪景……学生很快就会共鸣，进入本节课的学习状态。

五、共唱儿歌，引发共情，安心候学

小学生生性活泼，爱唱、爱动、爱玩，很容易被欢快的旋律、有趣的

儿歌所吸引。课前找到与本节课内容相关的英文歌曲或是 Chant 类的音频视频资料，播放几遍尝试让学生跟唱，由共唱而共情，接下来的课堂气氛也会变得很活跃。如教授数字的时候可以用 *Ten little Indians*，教授一周七天的时候可以用 *Days of a week*，等等。活泼轻快的旋律、朗朗上口的歌词，极易让学生跟着一起哼唱。这种方法能及时把学生从课间离散的自由思维状态引导到恰当的学习气氛中。这个方法要注意选用有针对性的歌曲，运用好不仅有利于学习知识，更会让课堂充满乐趣，与我们校园的乐文化不谋而合。

六、展示技能，引发共情，安心候学

让部分学生展示技能，其他学生简单描述和评价这种技能，从而进入对新课的探索。如在教授四年级上册 Unit 4 I can play basketball 前，可以让学生简单展示跑、跳、打篮球、踢足球等一些技能，引导学生说出新句型"I can run." "I can jump." "I can play basketball." "I can play football."等。在教授四年级下册 Unit 4 Drawing in the park 的时候，我让几个学生在黑板上现场画一些树、花、小山、小河等来假设一个公园，学生们会好奇：这是要干吗呢？这样学生们的注意力就都被吸引过来了，这就进入了候学状态。其实，这同时也是一种情境的创设。这种方法，除了能让学生尽快进入新课的学习，还能很好地培养部分孩子的自信心，可谓一举两得。

引发师生共情，让学生安心候学的方法还有很多，在实际的操作过程中，需要注意配合，交叉运用，并尝试不同的方法，否则就起不到激发学生兴趣、引人入胜的作用。

以上是我对"五心"教学模式中的第一个环节"师生共情，安心候学"在操作过程中的一些理解和实践。通过这段时间的学习和探索，我深刻地体会到，"五心"教学模式还有着无穷无尽的空间等着我们一线老师去开拓、创造，以后我也会以更高的热情继续投入不断的学习和实践中，为高效的"五心"课堂贡献自己的智慧。

小学生数学课堂课前"安心"环节设计策略谈

沭阳县人民路小学　庄　权

研究表明，影响小学生学习效率的重要因素之一是注意力。小学生自律性不高，在课间休息时大都会过度放松，课前的几分钟，部分学生仍对课间活动中的趣事回味无穷，如果老师没有及时对孩子的状态进行调整，会对整节课的课堂效率产生负面影响。所以，老师应结合学情，提前进入课堂，通过交流、小活动等多种形式，引导学生安心进入课堂。

正所谓"亲其师，信其道"，教师通过课前的交流活动，拉近与学生的距离，使学生安心地进入课堂学习，显得尤为重要。

一、设计课前故事，使学生安心入学

课前，教师可以利用学生在日常生活中感兴趣的话题或者故事展开教学，学生安心后再自然地引导出本课的知识要点。如在四年级数学"乘法分配律"的课堂学习中，教师可以利用幽默的故事引入新知识。数学老师看到学生课本上写着"火（1+2+3）"，惊奇地问学生："为什么要这样写自己的名字？"学生微笑地解释道："我的名字叫火炎焱，这是我对乘法分配律的运用。"预习过乘法分配律的学生哈哈大笑起来，其他同学的好奇心和求知欲被调动起来，接下来，孩子们便安心地进入课堂，老师顺理成章地进行课堂教学。

二、设计课前练习，使学生安心入学

课堂上学生敢说、敢问、敢质疑、敢评价是学生学习主动性的体现，可以有效地提高课堂效率。激发学生的学习主动性，除了课中的引导外，还需要课前的训练与培养。老师可以通过课前精心地引导，使学生敢于表达、乐于表达并安心表达。

对于学习过小数乘除法的五年级学生，我们可以在一段时间内利用课前几分钟的时间设置一些简单的概念性问题，口算或笔算，让学生对各个问题进行汇报。我们在教学过程中发现许多学生在小数乘除口算过程中容易出错,因此这样的课前练习既能提高学生的积极性,也能让后进生觉得数学并不那么难,只要细心一点就可以有所进步,从而增强他们学好数学的信心。

三、设计课前活动,使学生安心入学

由于课间活动刚刚结束,学生们还没有从课间的状态走出来,教室里甚至还是吵吵嚷嚷的,怎样把学生的注意力全部集中到老师这里来,从而安心地进入课堂教学,设计一些学生感兴趣的小活动是一个不错的选择。

如我们可以设计一个猜谜语的游戏,这样学生要想猜出正确答案,就必须认真听老师的谜面,然后老师再不动声色地抛出一个与本课内容有关的谜语让学生猜,学生猜完以后,老师就可以自然地引出课堂学习内容,学生也能安心地进入课堂学习。

一节好的数学课,其课堂应该是教师和学生心与心的交流,而不是老师一味地讲,学生一味地听。要想学生和老师真心、真情地交流,学生必先安心,不能带着负担进入课堂。人本主义创始人罗杰斯提出了共情的概念,倡导学生和老师在交流中产生情感上和行动上的共鸣。只有构建和谐的、共情的师生关系,学生才能毫无顾忌、毫无保留、安心从容地交流与思考。

心若安，何处不桃源

沭阳县人民路小学　杜桃梅

语文课堂教学中教师带领学生安心候学，如果以生动有趣、别开生面的场景将学生吸引到课堂上，那么就可以激发学生的求知欲望和学习兴趣，也就能更好地调动学生学习的积极性。人们常说"好的开头是成功的一半"，课堂上也是这个道理。

"安心候学"旨在安定学生的情绪。正如著名语文特级教师于漪所说："开讲，犹如文章的'凤头'，小巧玲珑，它能在极短的时间内，安定学生的情绪，诱发学生与课文学习相应的感情，激起学生学习的兴趣，让他们带着强烈的求知欲、孜孜以求的心理进入学习的情境中。"

部编版教材的选文既有广度又有深度，既有经典性文章又有创新性文章，既强化整体性又凸显学生的阶段性发展。我们在语文教学中，要将每单元的人文主题与语文要素相结合，构建语文课堂的框架。

下面将我自己认为比较精彩的安心方法介绍如下：

一、用图片安心，刺激视觉感受

美国心理学家布鲁纳说："学习的最好刺激乃是对学习材料的兴趣。"《义务教育语文课程标准》指出：要拓展语文学习的内容、形式和渠道，使学生在广阔的空间里学语文、用语文，丰富知识、提高能力。刚开始上课，不少学生的情绪、思维还停留在课间十分钟的休息状态，为了让学生能全身心地投入学习，可以采用图片的方式来定向刺激、渲染氛围，让学生带着好奇心开始学习之旅。

五年级上册第一单元"万物有灵"，作者借事物抒发情感，课文中大量描写所述对象，或赞美，或怀念，都能引起学生情感的共鸣。我在教学《白鹭》第一课时的时候，通过各种美丽的图片将学生引入佳境。

师："孩子们，老师上课之前给你们挑选了一些白鹭生活的图片，看这几幅图。"

生："哇！好美！"

生："那幅跟书上的好像。"

生："比画还要美……"

图画中白鹭或静立、或低飞、或垂钓、或翔于山前，都能让学生连连发出称赞声，他们也明白白鹭的美，白鹭是名副其实的如诗如歌。所以，学生初读课文时，感情酝酿得比较好，赞美之情溢于言表，喜爱之情油然而生，这就是视觉带来的直接的心理感受。

再如，在教学《桂花雨》第一课时的时候，我向学生展示了静态的桂花、飘落的桂花、课本上摇桂花等图片，让他们用自己的语言说说看到的图片内容，如桂花的特点（形态、色泽）。

生："盛开的桂花。"

生："纷纷飘落的桂花。"

生："摇桂花。"

生："山坡上成片的桂花。"

用他们都能做到的方式吸引他们的注意力，一下子拉近了学生和课本之间的距离，他们读课文都流利多了，好像人人都沐浴在桂花雨中，好像人人都能感受到"摇花乐"。

二、谈背景安心，加深心理感受

苏轼有云"博观而约取，厚积而薄发"。长时间地准备、积累，才有可能大有作为。一节完整的课不只是学习课本内容，课前、课后有待延伸，介绍语文课的写作背景会让课文的学习简单化。

很多课文的写作时间距离现在久远，所以很多学生不能完全把握文章主旨，需要老师在上课伊始就来解疑释惑，以免学生在读文章的时候疑惑重重。例如，在新授《搭石》时这样介绍：刘章爷爷出生在河北的一个山村。三十年前，他到大城市工作，当他看到人们抢着挤公共汽车的时候，看到人们无序地横穿马路的时候，心里便幽幽地想起家乡潺潺的小溪，想到家乡人走搭石的情景，他觉得搭石上有美、有情、有爱。于是，1980 年他写出了散文《搭石》，把他家乡的善良村民、淳朴民风呈现在我们眼前。学生在读文章时，就会觉得格外亲切。

再如，在新授《示儿》和《题临安邸》的时候，向学生介绍自北宋灭亡后南宋朝廷的昏庸无能、达官贵人醉生梦死的生活，爱国志士们用文字抨击朝廷腐朽，书写着自己的爱国之志。学生一下子明白了诗歌的主题。

三、用问题安心，激发求知欲望

"为学患无疑，疑则有进"，在教学中恰当地运用课题，针对课题提问，可以有效地把学生的思维拉入课堂。如在教学《什么比猎豹的速度更快》第二课时的时候，让学生结合课文标题，可以提出一些问题。有的学生提问"猎豹跑的速度有多快"，有的学生提问"有哪些动物比猎豹跑得速度快"，还有的学生提问"文中列举了哪些动物和猎豹比速度"，等等。这既有利于学生回顾文本，又有利于学生发挥想象，引导他们思考课本之外的问题。

又如，在教学《将相和》第一课时的时候，让学生说说"将"指的谁、"相"指的谁、"和"是什么意思、"不和"的原因是什么。文章虽然很长，但引导学生厘清文章思路，有利于提高学生的阅读速度，进而很好地完成本单元的教学目标。

四、以交谈安心，拉近师生距离

语言交流是人类沟通的最基本手段，可以用交谈的方式让他们对课堂产生亲切感，激发他们学习的欲望，让他们在最短的时间内融入课文。

例如，"火烧圆明园"的历史离孩子们比较久远，当在新授《圆明园的毁灭》第一课时的时候，首先引出我们国家近期在抗击新冠肺炎疫情方面取得的成就，今天的中国让我们骄傲。然而，在1860年10月却发生了一件让我们感到耻辱的大事，你们知道发生了什么吗？学生答："圆明园的毁灭。"接着要求学生把预习课文的心情带入课题中，好好读一读课题。学生把焦点放在了毁灭上，求知的欲望冉冉升起。老师在与学生交流的过程中及时地把握学生的思想动态，进而顺利地完成情感、态度、价值观的教学目标。

教学反思

第斯多惠指出："教学的艺术不在于传授本领，而在于激励、唤醒、鼓舞。"在语文教学中，仅靠课前的安心提高学生的注意力是不够的，还要靠老师用各种手段技能唤起学生对课堂的感知。"五心"课堂理念着眼小学生身心发展特点，打造高效课堂，促进教学相长，已经获得累累硕果，期待沭阳县人民路小学的课堂教学发展得根深叶茂！

搭建共情桥梁，通往内心安宁

沭阳县人民路小学　孙梦娇

"良好的开端是成功的一半。"课堂上如何进行候学对学生的学习状态有着非常大的影响，也与一节课的成功与否有着千丝万缕的联系。如果老师课堂伊始就把学生的注意力、兴趣和积极性都调动起来，课堂的效果肯定会事半功倍，或者有意想不到的效果。如何让学生快速地进入上英语课的状态呢？演讲、唱歌、播新闻、猜谜语、绕口令、趣配音、师生交谈等安心方式不仅可以让学生采用不同的方式展示自己、培养信心，还可以吸引学生的注意力，营造轻松愉快的课堂氛围，让学生以饱满的精神状态进入课堂学习，极大地提高课堂的趣味性和实效性。

案例背景

有些时候课刚上几分钟就有孩子举手说："Miss Sun，我要上厕所。""为什么下课不去？""我忘了。""下课应该先上厕所，再玩。快去快回。"望着他离去的背影，又看到桌子上一片狼藉，老师暗自摇头。

低年级的大部分孩子思维敏捷，但是好动、自制力极差。下课铃声一响，他们就径直起身准备跑出教室，去外面进行各种游戏活动，往往等到上课铃响了才想起去上厕所，课前准备很少能主动完成。班上这样的同学有好几个，我批评教育过好几次，但效果都不太理想，该怎么帮助他们呢？

问题分析

部分低年级学生自控力差，还没养成良好的学习习惯，他们不会去想什么叫"课前准备""该怎么准备"。经常是上课了，看见老师进来了，才知道拿出什么书来；写字了，才用卷笔刀卷起铅笔来。这一拿一卷，不知道浪费了多少时间，所以常使教学内容难在预设的时间内完成。作为低年级的班主任，帮助学生养成课前做好准备的好习惯就显得格外重要。我联系实际，认真思考，采取了以下措施。

📚 采取措施

（一）正面启发

低年级学生模仿性强、可塑性大、辨别是非能力差。我从正面启发诱导："如果做好课前准备会带来哪些好处？"并进行课前准备的示范，规范其行为，从而调动他们积极主动地、自觉地按照老师提出的要求去做，逐步形成良好的学习习惯。朝会课上，让学生了解做好课前准备的好处，以及怎样做好课前准备。有时，可以创设一个情境：现在下课了，下一节课是英语课，你该怎么做准备工作？课上可能要做题，你还要准备些什么文具……在如同游戏的训练中，学生明白了什么是"候学"；然后进行实际操作，反复演练，让学生做到又快又好。

（二）树立榜样，促进课前准备习惯的养成

榜样的力量是无穷的，对于爱上进、好模仿的低年级学生而言更是如此。低年级学生喜欢得到老师的表扬和肯定，会以他所喜欢、所佩服的人为模仿榜样。而我们树立的榜样又来自学生这个群体本身，因而对学生具有很强的说服力和感染力。所以，我们在班里评选"候学模范"，鼓励大家向他们学习。一次，上课前，我找到一位学生，希望他能把当天的课前准备做好并成为大家学习的榜样。第一节课下课时，我用眼神提醒他做好课前准备。放学时，他果然被评为了当天的"候学之星"。后来我还安排他当候学监督员，监督其他同学的课前准备情况，于是他做课前准备的积极性更高了。

（三）轮流管理，让学生的课桌井然有序

为了培养学生的管理能力，也为了让每一个孩子都能养成做好课前准备的良好习惯，我让候学监督员和值日生轮流管理。上课铃响后，轮到管理任务的学生和候学监督员一起迅速检查同学是否已准备好课堂上需要的学习用品，以及是否已摆放整齐，如发现有未准备妥善的，就去提醒他。其实，他们在提醒同学的同时就是再一次告诉自己该如何做好课前准备，这样，他们以后也会更加强化自己的言行，养成良好的习惯。

（四）问候提示语

下课了，美妙的音乐铃声响起，学生的心早已经飞到外面去了，哪还会想起什么"课前准备"有没有做。于是，我就让学生们在"老师再见"

这句话的后面,加上一句话——"请做好课前准备"。一说完这句话,学生们就坐下来做课前准备工作了。其实,有时候他们并不是不愿意做,而是真的没有想到。经这样一提醒,基本上就没人忘记了。

(五)制定一定的奖罚制度

教师在每节课开始之时仔细观察,表扬、鼓励做得好的个人及小组。比如说,可以给做得好的个人奖励一个笑脸,给做得好的小组记一分,等积累到一定数量的笑脸或一定的分数后,再给学生更高层次的奖励并评出模范小明星,进行大力宣传。低年级的学生喜欢这种激励方式,因此学生会慢慢养成良好的习惯。对于一些贪玩的学生,可以对他做出一些小小的惩罚,如扣除小组积分等。经过一两次的惩罚,他也会吸取教训的。渐渐地,大部分学生的行为得到了强化,他们会做得越来越好。

课堂案例

教材内容:译林版小学英语 3B Unit 4 Where's the bird?

本节课主要教授 Unit 4 Where's the bird? 本单元主要围绕寻找小鸟的过程,学习 under、on、in、behind、desk、bird、chair 等英语单词,通过复习以前学过的 in、on 引入本单元 Story time,要求学生能在一定情境下用"Where's...?" 和方位词进行简单的交谈及表达赞美之意。

背景分析

三年级的学生经常等上课铃声响了才匆匆忙忙往教室里跑,跑到教室就气喘吁吁地坐在座位上眼巴巴地望着,人坐在教室里心却还在外面。这时候,老师可以用跟学生谈心的方式或玩游戏、唱歌等学生比较感兴趣的方式吸引他们的注意力。

案例分析

在教授 Unit 4 Where's the bird? 第一课时的时候,先用小猪佩奇的声音来吸引学生的注意力,然后用猫、狗、鸡、鸭的声音让学生模仿,再出现鸟的叫声,最后邀请学生跟老师一起唱 *Where's the bird?* 老师先播放歌曲,问学生喜不喜欢这首歌曲,然后老师带着学生用手势表示歌词内容,学生边唱边学做动作,这时候学生有了兴趣;老师再次播放歌曲,带领学生加上动作一起唱,手、脚、浑身都动起来了,学生渐渐地进入了上课状态。老师开始和学生进行 Free talk。

T：Good morning, boys and girls.

S：Good morning.

T：Is that a book?

S：No, it isn't.

T：Is this a pencil case?

S：Yes, it is.

师生间以"Is this/that...?"及其答语"Yes, it is. /No, it isn't."进行自由问答。

T：What's in the pencil case? Can you guess?

S：...

学生用自己所知的词汇来进行猜测,从对神秘物品的竞猜中调动学生的积极性。

为了丰富课前演讲内容,形式多样地调动学生兴趣,我除了让学生进行演讲,还鼓励学生采用角色扮演、双人对话、讲故事等形式。随着课前展示活动的成熟,我们鼓励并帮助"学困生"也积极参与其中,于是猜谜语、绕口令、顺口溜、英文谚语等相对容易的展示形式让曾经的"学困生"也获得了掌声与自信。此外,更让我吃惊的是Julian的英文歌,因为之前知道他会一点,对英文歌曲比较感兴趣,所以鼓励他利用这两分钟给大家来一场小型的个人演唱会。上台那天他还专门穿了件黑色小皮衣,歌唱得也不错,虽然不是完整版的,但歌曲里面的句子、词汇都很丰富,想必是下了些功夫的,为此我特地表扬了他一番。

为了让孩子们的展示更加实用,后来我把课前演讲的题目限定为课本相关的热点话题,而对于基础差的孩子,可以适当降低标准,以鼓励为主,帮助他们重新树立信心。

高效课堂，心安领航

沐阳县人民路小学　王　娇

案例背景

《义务教育美术课程标准》指出："兴趣是学习美术的基本动力之一。应充分发挥美术教学特有的魅力，使课程内容与不同年龄阶段学生的情意和认知特征相适应，以活泼多样的课程内容呈现形式和教学方式，激发学生的学习兴趣，并使这种兴趣转化成持久的情感态度。应将美术课程内容与学生的生活经验紧密联系在一起，强调知识和技能在帮助学生美化生活方面的作用，使学生在实际生活中领悟美术的独特价值。"

爱因斯坦说："兴趣是最好的老师。"新课程理念下的课堂教学不再是教师的"说教"，而是学生在教师指导、组织下进行积极主动的学习，亲自去实践、去体验，感悟到所学知识的来龙去脉，使学生获得学习体验的快乐，激发其求知兴趣。

"师生共情，安心候学"作为"五心"教学模式的第一个环节，指教师利用讲课前的几分钟时间为沟通师生情感、活跃课堂气氛而设计的课前准备，常见的是即兴式谈话。课前谈话是教学前为了解学生和教学环境而进行的有效的师生情感沟通。它可以促使学生尽快投入学习状态、丰富教师课堂智慧、激发学生求知欲等。在课前谈话中，由于师生双方处于平等交流的地位，谈话的方式又不拘一格，所以教师的一问一答、一言一行，往往能最大限度地吸引学生的注意力，由此激发学生学习的热情。因此，课前谈话作为课堂教学的起始环节，直接影响到一堂课教学的质量。

"激趣质疑，动心入学"环节是在一个新的教学内容或活动开始时运用建立教学情境的方式来激发学生兴趣，使其目标明确，把握学习重点。这一环节是课堂成功的重要环节，俗话说，"良好的开端是成功的一半"。设计这一环节时有以下要求：针对性、启发性、流畅性、趣味性。

"主动探究，静心自学"环节是在教师的组织和指导下，学生在学习时主动地观察事物、发现问题、提出假设或猜想，通过分析、思考等活动，积极地理解和构建知识，从中找出规律，形成新的知识体系的过程。布鲁纳的建构主义学习理论指出，学生的学习是"主动建构"的过程，新《义务教育美术课程标准》亦指出，学生的学习是主动的，教师"填鸭式"的被动教学模式应该被摒弃。

"合作交流，热心研学"是教师提出问题后，将学生分成3~5人为一组的小组进行交流讨论，教师引导学生总结小组讨论的结果，帮助学生解决问题。这一环节的重点是"合作研学"。合作学习是新课程改革所倡导的一种有效的学习方式，在激发学生学习的主动性方面起着积极的作用。开展小组合作学习必须注意以下几点：科学分组、群体协作、把时间留给学生。合作学习之前，要让学生明确合作学习的目标、方法、步骤和任务分工，知道学什么、怎样学、达到什么标准；合作学习时，要有充足的时间，让学生放开手脚，充分地去读书、感悟、理解、争论及发现；合作学习之后，要及时评价，不仅仅要评价学习效果，更要注重对小组合作学习的过程进行评价，真正让合作学习落到实处。

"拓展应用，入心悟学"是课堂上的最后一个环节，当然也是必不可少的教学环节。在传统教学的课堂上，教师容易忽视课后的拓展延伸，往往只是布置课后作业，这种设计不仅不利于学生的学习，甚至会起反作用。新课程教学的有效拓展设计要求教师要做到多元设计、精心安排。

📚 情境描述

为了我校美术组的优课评比，我特别准备了苏少版二年级上册"虾和蟹"这一课。在"师生共情，安心候学"这一环节，我设计了两种备选方案：一种是在课前两三分钟的时间里，通过和学生口头交谈的方式，达到"安心"，即"语言直观"的教学方法；一种是直接将虾和蟹带到课堂上，即"实物直观"的教学方法。为了选择最佳方案，我通过查阅相关资料，请教一些有经验的老师后，最终选择"实物直观"的教学方法。实物直观法给人以真实感、亲切感，它比语言直观法更有利于激发学生的学习兴趣和调动其学习的积极性。

在设计"拓展应用，入心悟学"这一环节时，也出现了两种思路：一种是回归生活，让学生课后去水族馆、海洋馆参观，了解更多的海洋生物，或者去农家池塘、路边小河看一看，观赏真实的虾和蟹，以此拓宽学生的视野；另一种是教师呈现手工、泥工等其他材料制作的虾和蟹，让学生了解除了可以用绘画的方式表现虾和蟹，还可以巧妙地利用身边的材料来制作。考虑到要为下一课"虾和蟹（二）"的学习作铺垫，我最终选择了第一种思路，从生活中导入，又回归生活，激发学生发现美、创造美的乐趣，鼓励学生拓宽视野，乐于创新。

经过反复研磨，最终"虾和蟹"的"五心"教学案例呈现如下：

（一）师生共情，安心候学

多媒体播放轻音乐候课（舒缓学生课下疯玩后燥热的内心）

师： 看到你们红通通的脸啊，老师知道，课下你们肯定和朋友玩得非常开心！上课了，不能和朋友继续玩了，是不是有些不开心啊？

生：（有的回答"是"，有的回答"不是"）

师： 今天这节课，老师请了两个新朋友跟大家一起玩，你们一定很喜欢。（拿出准备好的瓷罐子放在投影仪的下面，大屏幕上出现一只螃蟹和一只龙虾）

生惊呼，课堂纪律有些混乱。

师适时控制： 同学们，小一点声音哦，这两位朋友到了新的环境还有些不适应，你们吵闹的话会吓到它们的。闭上小嘴巴，睁大眼睛，和它们交个朋友吧！

课堂恢复良好秩序。

师： 同学们，你们之前有没有见过它们呀？老师想听一听你们和龙虾、螃蟹之间的一两件小趣事呢！

生1： 小的时候喜欢用面团到池塘里钓龙虾。

生2： 被龙虾钳过手指。

生3： 最喜欢吃妈妈做的螃蟹。

……

生惊呼。（投影仪上出现了龙虾和螃蟹挥舞着大钳子"打架"的画面）

师： 真可谓"一山不容二虎"啊，同学们，猜猜最后谁会赢？

生1： 龙虾，看它钳子多坚硬！

生2： 螃蟹，看它身子占了主场地！

……

最终螃蟹进入龙虾领域，龙虾收回钳子静立在原地。

师生一起鼓掌：哈哈！恭喜螃蟹大哥获得胜利！

师： 这场"战役"中，螃蟹和龙虾都用到的"武器"是什么？

生： 钳子。

师：螃蟹和龙虾还有很多相似的地方呢，我们一起去了解吧！

学生在这课前的几分钟时间里，调动了多种感官参与，兴趣达到最大化，这时开始这堂课的教学，事半功倍。

（二）激趣质疑，动心入学

根据上一环节带来的热度，顺势趁热打铁。

师：刚才我们看到的螃蟹和龙虾打架时用到的"武器"是什么呀？

生：钳子。

师：你们有没有被它们的钳子钳到过呀？钳到会是什么感觉呀？哪位同学想上来摸一摸？

生上来尝试用手触摸，并说一说自己的感觉。

师相机揭示课题。（贴出标题："虾和蟹"）

（三）主动探究，静心自学

师：今天来的这两个好朋友，它们身上有很多相似的地方，你们找到了吗？

师引导从外壳、身体、足、眼睛几个方面观察。

生自主学习，汇报学习结果。

师结合学生的回答，总结龙虾和螃蟹的相似之处。

师：朋友之间一定有相似的地方互相吸引，但也有很多不同的地方，这样才能达到互补。请同学们说说瓷罐子里的龙虾和螃蟹有什么不同的地方呢？

师引导从身体形状、尾巴、触须几个方面观察。

师总结龙虾和螃蟹的特征，为下一步的绘画创作做准备。

（四）合作交流，热心研学

师：观察了这么久，大家一定想要用手中的画笔画一画它们了，请同学们拿出纸，用炭笔或油画棒画出你最感兴趣的一处特征。

将学生的即兴作业贴到黑板上的展示区域。

通过学生自评、互评，指出作品的优点及需要改进的地方。

师利用多媒体出示齐白石的虾蟹画，引导学生交流、讨论大师画作的线条及墨色变化。

师出示范画，请学生上台为之着色。

师：这些绚丽的色彩不是凭空想象出来的，跟老师一起去虾和蟹的世界看一看吧。

多媒体出示虾、蟹图片。

欣赏同龄学生笔下的虾、蟹。

师出示作业要求,学生进行创作。

评价作业,从造型、质感、色彩等方面评价。

(五)拓展应用,入心悟学

师:同学们,今天我们见到的虾和蟹,它们在我们的生活中处处可见。请同学们利用周末的时间去农家池塘里、小河里看一看,那里的虾、蟹着实生动有趣。当然,放假的时候,还可以让爸爸妈妈带你们去水族馆、海洋馆,看一看更多的海洋生物,它们和虾、蟹都是好朋友!

下节课我们和虾、蟹的故事还将继续!

教学反思

课开始前三分钟,有的教师不是组织课堂,就是讲评作业,不是导入新课学习新知,就是复习旧知。这很难吸引学生的注意力,更不符合"五心"的"师生共情,安心候学"境界。针对"安心"环节,我有以下几点反思:

(一)"安心"环节要与学生共情

苏霍姆林斯基说:"如果教师不想办法使学生产生求知的激情,而急于传授知识,只能使学生产生冷漠的态度,使不动感情的脑力劳动带来疲劳。"将本节课的教学对象直接呈现在课堂上,这极大地激发了学生的好奇心和求知欲,也为后续教学带来了便利。

(二)"安心"环节要有指向性

"师生共情,安心候学"这一环节是为本节课服务的,是上课的预热阶段,要根据具体的学情巧妙安排,而不是随意设置,用教师的智慧和高超的教学艺术引发学生情感上的共鸣,以达到教学的最高境界。所以即使其形式多种多样,也要能和课堂教学相结合。课前的谈话紧紧围绕"虾和蟹"展开,在激发兴趣的前提下也是让学生接收到"这节课即将要学习什么"这一讯息。

(三)"安心"环节要"随机应变"

"安心"环节本质上是师生即兴谈话环节,它不是一成不变的,教师设计好的流程会随着当时的环境等一些因素而产生变化,这就需要教师有足够的教育机智。教师应该做个语言学习的有心人,要抓好一节课的课前几分钟，让"安心"这一环节由"刻意雕刻"逐渐过渡到"自然挥洒"，使其成为课堂教学的一道亮丽的风景线。"安心"环节中，龙虾和螃蟹挥舞着钳子"打架"使得课堂秩序有些混乱，我并没有用提高音量来制止学生的谈论，而是适时地抓住这一时机，让学生猜胜负，把学生的注意力牢牢锁定在龙虾和螃蟹的身上，让学生充分观察它们，也为接下来的教学赚足了兴趣。

（四）"安心"环节要有开放性

"安心"环节设置的话题要有较强的开放性，有利于人人参与。如果话题是封闭的、非此即彼的，那么孩子们三言两语就谈完了，这也是不成功的谈话。因此，话题要开放，要引发孩子们人人参与。我在上"虾和蟹"这一课时引导学生围绕"童年趣事"这个话题展开，让每个学生都有话可说，做到了人人参与。让学生做好充足的准备，是教师设计"师生共情，安心候学"环节的着眼点。

与有肝胆人共事，从无字句处读书

（沭阳县人民路小学校园文化小品之溪说名著）

师生共情，安心候学

——浅谈小学数学课堂如何让学生安心候学

沭阳县人民路小学　杨　刚

"为了每一位学生的发展"是新课程改革的核心理念，科学地设计小学数学课堂教学，体现学生的主体地位，调动学生学习的积极性，使学生乐学、会学，逐步提高学生的综合素养，是全面推进素质教育的关键。在新课程理念的指引下，我校立足自身的校园"乐"文化和学生身心发展的规律，以及相关教育教学规律，构建了"五心"教学模式。下面我将结合名教师的教学案例谈谈我对"师生共情，安心候学"环节的认识。

共情也叫同感、神入、同理心，是人本主义创始人罗杰斯提出的。安心候学是指师生双方在引起情感共鸣的基础上，进入等待学习的积极状态。要达到这种状态，就需要教师能够从心灵上尊重和关爱学生。教师如果具备了共情能力，就具备了进入学生心灵世界的能力，将有助于构建和谐的师生关系。

一、情感铺垫，敞开心扉

"五心"课堂就是要建立新型的、和谐的师生关系，因此学校设计了"师生共情，安心候学"这一环节。这一环节要求教师将所有的负面情绪丢在门外，用最饱满的状态和最热情的笑容面对教室中的每一位学生；利用课前两至三分钟的安心环节，和学生聊学习、聊生活、聊爱好，把自己的爱传递给每一位学生。正所谓"亲其师，信其道"，当教师真正地从心底关爱学生时，学生才会和我们在心理和情感上产生共鸣，慢慢接近我们、爱听我们的课，使学生从被动接受教育转化为主动接受教育。

教学案例

我校孙方友校长是宿迁市著名教师，曾多次获省级优质课评比一等奖。

2019 年 5 月，他执教一节校级公开课，执教的内容是苏教版小学数学四年级上册"认识射线、直线和角"。由于上课的学生是第一次在阶梯教室上公开课，而且下面大约有 50 名老师听课，孙校长又是第一次给他们班上课，所以学生刚进阶梯教室时，显得有些局促不安，部分学生东张西望。这时候如果复习旧知，或者创设情境导入，肯定达不到预期的效果。身经百战的孙校长是这样演绎"师生共情，安心候学"环节的。

"孩子们好，大家是第一次到阶梯教室上课吗？"

"是的。"

"同学们看一下，有这么多老师听我们上课。有谁知道我为什么选你们班的同学到这里上公开课吗？大胆地猜一猜。"

"因为我们班的同学优秀，所以选我们班。"

"这位同学猜得不错，是的，我听好多老师都评价说，我们班孩子上课听讲最认真，发言也最积极。我刚刚看了一下，发现我们班不是所有同学都来了，我想今天来的同学肯定是我们班的班主任精挑细选出来的，是最优秀的同学。谁说一说，今天课堂上我们应该怎么做？"

"认真听讲。""大声回答问题。""坐姿要端正。""举手要规范。"

"孩子们说得非常好，期待大家这节课精彩的表现。大家现在准备好上课了吗？"

"准备好了！"

孙校长能够感受学生因为多种原因而紧张的心理，课前与学生进行共情交流，发自内心地去鼓励学生、赞扬学生，这有助于消除师生间的距离感，使学生充满自信，从而对孙校长充满信任和好感，让师生在相互依存、相互理解中打开合作的大门。本节课上，学生非常放松，而且积极踊跃，孙校长引出的问题学生好几次给出了新奇的答案，让听课老师有些惊讶，不禁感慨道：真不愧是名师！

二、方式多样，异曲同工

在"师生共情，安心候学"环节中，教师的态度一定要真诚，要认真专注地倾听学生诉说，让学生感受到教师能理解他的真实感受，这样学生才会与教师真心交流。反之，学生就不可能敞开心扉，和教师的交流就会言不由衷，这也是学生不愿沟通的原因之一。

操作这一环节有什么固定模式吗？俗话说"教无定法"，对不同的学生和教材，教学方法应该是灵活多样的，而不应该是一成不变的。这一环节可以是互相介绍，如所见所闻、家庭趣事、兴趣爱好；也可以是个人学习情况，如最近一段时间在学习方面的收获、难点、疑问等。有时候还可以联系本节课要学习的内容，有侧重地选择聊天话题，为接下来展开全面的课堂教学做好准备。

教学案例

2018年6月，宿迁市实验小学举办了"名师大讲堂"活动，其中一节课的执教者是江苏省海安市城南实验小学校长许卫兵，2008年他被评为江苏省小学数学特级教师。那次活动中，他执教的内容是苏教版四年级上册"可能性"。活动伊始，他亲切地和学生聊天。

"我看到孩子们感觉特别温暖，就像老朋友一样。同学们好！"

"许老师好！"

"许老师应该是第三次到我们宿迁市实验小学了，第一次是到我们学校来上一节公开课，但是不是我们班，第二次是今年的4月份，到我们实验小学来学习创文的经验，这次是第三次了，不过和你们见面还是第一次。第一次和大家见面，我给大家带来了一样东西，这是什么呢？"

"数学魔术——猜牌。"

"魔术，同学们肯定都见过，你们见过数学魔术吗？"

"没见过。"

"数学魔术就是用数学知识来玩。下面请大家当观众，我来当魔术师。你们的任务很简单，我手里有9张牌，你们从中任意挑一张并记住它，然后放到牌里打乱。我把9张牌分成3堆，每堆3张，观众再次确认挑选的牌，如果这堆里有，你们就点头，如果没有，你们就摇头。接下来我把9张牌合起来，再分成3堆，每堆3张，观众再次确认挑选的牌，如果这堆里有，你们就点头，如果没有，你们就摇头。最后我把9张牌合起来，就能把大家选的那张牌挑出来。大家是不是很想玩？"

"想玩。"

"如果许老师玩成功了，我只想要一样东西——5秒钟掌声。下面请这位女生挑一张牌，然后拿着这张牌在教室跑一圈让同学们看清楚，你挑牌和跑的时候许老师转过身去不看。下面开始！"

"同学们都看清楚了吗？请这位女生把牌打乱，我不看。"

（许老师把牌分成3堆，让学生确认在哪堆里。之后，把牌再分成3堆，让学生确认在哪堆里）

"孩子们，我已经知道是哪张了，现在我们边翻牌边说一句口诀：一定就是它。"

（许老师一张张翻牌，学生一字字说口诀，找出了女生挑的那张牌，学生开心地笑了。班级里响起了热烈的掌声）

"谢谢大家！这个游戏既简单又好玩，大家想学吗？学完今天这节课，大家都会明白其中的道理。大家现在对今天这节课的内容是不是非常期待？大家准备好了吗？准备好了我们就上课。"

在设计这一环节的时候，许校长考虑到他是第一次给这个班的孩子上课，再加上地域差异，又是面向众多老师上课，学生可能会紧张，导致发言不积极，课堂效果不理想。所以在"师生共情，安心候学"环节，他先是和学生拉近关系，接着跟学生玩了一个数学魔术——猜牌。许校长和学生玩魔术不仅仅是为了换取孩子们的开怀一笑，他联系到下面的教学内容是"可能性"，这样的设计可谓一石二鸟，巧妙至极。这样的设计既可以帮助学生安心候学，又为接下来研究"可能性"吊足了学生的胃口，真不愧是江苏省特级教师！

三、声情并茂，演绎快乐

"师生共情，安心候学"环节除了在内容上要精心设计外，教师还要有恰当的肢体语言。共情强调"语言信息和非语言信息的一致性"，所谓的非语言信息，就是肢体语言。在和学生交流时，教师的面部表情、眼神及态度都有可能对学生是否和你说真话起到暗示作用。所以教师一定要注意自己的肢体语言对学生起到的积极的暗示作用（如专注地倾听、感同身受的面部表情、恰当地抚摸学生的头部等），只有这样，学生才会向我们吐露心声。

一切都是为了每一位学生的个性化心智发展，这是教育人性化的选择趋向，这要求教师充分尊重学生的当下需要，与学生进行共情交流，这有助于消除师生间的距离感，使师生在相互依存、相互理解中打开合作的大门。"师生共情，安心候学"有利于创造和谐、有序、充满活力的课堂教育气氛，真正地给予小学生数学核心素养发展的机会。

心安思定，课始慧开

沐阳县人民路小学　方茹茹

"师生共情，安心候学"是指教师和学生能够引起情感共鸣，在此基础上，积极等待学习。要想达到这种状态，教师必须有很强的共情能力，要带着无限的热情和关爱去对待学生，师生的共情可以让学生感受到课堂的温度。教育的共情要求教师做到接纳、尊重学生的情绪和行为，倾听、尊重学生的意愿，把自己化身为班级的"平等首席"，成为学生心中的"大朋友"。

本文基于"五心"教学理念之"师生共情，安心候学"这一环节，对以下名教师的教学案例进行分析。

一、知识建构，主动学习

特级教师于永正在教学《杨氏之子》这篇课文时，他首先让学生看自己的表情（做笑容满面状），问孩子们从表情中看出了什么？接着做表情紧张状，问孩子们现在是什么表情，又看出了什么？于老师告诉同学们今天有很多老师来听课，上课的时候，他们如果不积极发言，自己就会更紧张，希望同学们积极举手回答问题，别让自己紧张。最后告诉学生表情是会说话的，所以我们要"察言观色"！

于老师先让学生观察他的表情，从表情入手，学会"察言观色"，其实是在为表情朗读作铺垫。带着表情朗读是有感情朗读的要素之一，"情之所至，为之动容"说的就是这个道理。在上课之前和学生这样交流，不仅能够帮助学生把注意力全部集中到课堂上来，让学生在上课之前真正达到"安心"的状态，而且拉近了学生和教师之间的距离，显得和谐自然，达到共情的状态，同时，于老师告诉同学们要学会"察言观色"，于细微之处取胜。其实这也是本篇课文的教学目标之一，在课前的谈话中就暗示学生本篇课文的教学目标，让学生有目标地学习。由此可见，营造课堂氛围，真正让学生做到"安心候学"是十分重要的。在这种课堂氛围中，学生的身心得到了完全的放松，同时又潜移默化地接受了新知识。

在这样的课前谈话中，于老师是把自己和孩子放在同一水平上相互认识，就像朋友一般。建构主义理论认为，学生是知识意义的主动建构者，而不是外界刺激的被动接受者。学生只有通过自己的切身体验、合作、对话等学习方式，才能真正完成知识意义的建构。这与长期以来形成的"牵引式""灌输式"教学是截然不同的，后者更像是一种工业化的生产，是流水线，是生产一模一样的产品。而合作、对话的学习方式则像农业生产的方式，农民并不制造禾苗，只是为禾苗生长提供条件，如按时播种，适时浇灌、施肥、捉虫等，从而促使禾苗苗壮成长。要想达到"安心"的课前状态，在和学生相互认识的过程中就要十分尊重学生的主体地位，为学生的成长提供条件，而不是去把学生当成牵引、灌输的对象。

二、增强趣味，快乐学习

学习书本上的知识固然重要，但更重要的是培养学生的"情"，在教授《杨氏之子》这篇课文时，我们都可以感受到于老师无时无刻不在培养学生的情感态度价值观，这个"情"可能是热爱生活、热爱大自然的情，也可能是爱国之情……这个"情"就是情感态度价值观，它是语文教学的一个重要目标。正所谓"有情有义有趣是教学"，也许正是因为一个"情"字，学生才能理解课文背后的意义。教师在教学的时候，要做哪些准备才能在课前使课堂气氛活跃起来，这是需要考虑的，虽然没有写进教案里，却十分重要。在教学开始之前提高课堂的趣味性，教师和学生才能更快地达到共情状态，真正地安心候学。

三、智慧升级，有效学习

通过不断阅读教育名家的教学实录并结合自身教育实践发现，良好的教育智慧需要用丰富的肢体语言、抑扬顿挫的声调来诠释，这样才能表达自己对教育和对学生的热爱，才会造就充满爱的课堂。教学需要教师拥有饱满的热情和对学生无限的热爱，首先要面对全体学生，启发学生一点一点去思考，考虑大部分学生的学习需求，面对"后进生"，要更加耐心、细心。其次是要适时树立自己的威信，要让学生对教师产生敬佩之感、亲近之感，所谓"亲其师，信其道"，只有当学生对教师产生真正的敬佩之感，乐意并且喜欢去听你的课，才能更容易达到共情的状态。吴丽君老师在教授部编版小学语文二年级上册《坐井观天》一课时，在上课之前和学生们玩了一个小游戏：PPT 呈现出事物的一小部分，让学生们猜猜这个事物是什么。学生们都很感兴趣，踊跃发言，但大部分的学生猜得都不准确。随后老师相机给出提示，并指出只观察事物的一小部分是不能探究它最真实的样子的，需要全面地看待问题。这样的课前小游戏充满着智慧，学生不仅乐于去学，而且会真正地用心思考，做到了有效学习。

四、平等对话，安心学习

于永正老师在教授《圆明园的毁灭》这篇课文之前，他先问学生是怎么知道自己姓于的，并问学生对自己有什么看法，不仅很好地介绍了自己，营造了愉悦的课堂氛围，而且使学生更好地融入课堂情境之中，为上课更专心听讲做好准备，这就是"师生共情，安心候学"。于老师利用与学生初次见面这样一个特殊的情境，与学生进行交流，看似在闲聊，与课文内容没有重要联系，其实是在进行切切实实的口语交际训练，可以说是亲切自然，不露痕迹。于老师的这节课充分体现了《义务教育语文课程标准》的新理念。"新"就体现在新型的师生关系——平等对话上，对话本身就体现了民主、平等和彼此沟通等理念。在民主、平等的师生关系下互动对话，交流情感，获取知识，在潜移默化中感受语文课堂之美。长此以往，语文课前师生交流的短短几分钟，必将成为师生情感的纽带、学习的助推器。

心润情安，情动思启

沭阳县人民路小学　周荣荣

新课标指出：数学课堂教学，要紧密联系学生的生活实际，从学生的生活经验和已有知识出发，创设生动有趣的情境，引导学生开展观察、操作、猜想、推理、交流等活动，使学生通过数学活动，掌握基本的数学知识和技能，初步学会从数学的角度去观察事物、思考问题，激发学生学习数学的兴趣。而在现实课堂中，有的教师要求学生依靠单纯的记忆、模仿、训练进行数学活动，这样只是有利于学生应试，而对学生逻辑思维能力、判断推理能力、概括能力的发展帮助很小，更谈不上创新思维的培养了。伴随着新课标的实施与推进，我校提出了"五心"的教学模式，其中的"师生共情，安心候学"环节提供了课前教学内容的有效沟通、相对应的铺垫和引导的时间，使师生双方都能快速进入课堂状态中。

一、和谐课堂，快乐学习

课堂是学生学习知识的园地，教师工作的根据地，我们应该重视课堂教学，把和谐带入课堂，使课堂充满活力。只有宽松、平等、和谐、生动、充满活力的氛围，才能诱发学生的创造兴趣、创造思维。教师的教学艺术不仅在于传授知识，还在于激励、唤醒、鼓舞。泰戈尔有一句名言："我们把世界看错了，反说它欺骗我们。"我们面对的是少年儿童，是有鲜明个性的活生生的人，每一个儿童都是一个珍贵的生命，每一个学生都是一幅生动的画卷，我们每一个人都应该珍爱他们。教师应把愉快与热情传递给学生，让学生心情愉快、充满激情地投入数学学习中去，达到安心候学的效果。

二、问题情境，亲近数学

1. 创设生活情境：数学来源于生活，要让学生感受到数学就在他们的周围。因此，教师要从学生已有的生活经验出发，创设生活中的情境，强化感性认识，从而帮助学生更好地理解数学。例如，在教学"数学广角"时，设计学生熟悉的生活问题。例如，小石头是学生们平常爱玩的，利用小石头来引入课题，让他们感觉到日常小游戏都可以跟数学有关，从而产生乐于学习的意愿，孩子们的热情也会感染老师，老师看着一张张求知若渴的小脸，也会立刻感受到温暖与责任。此时，学生与老师都能达到最佳状态。

2. 创设故事情境：学生都很喜欢听故事，而且可以从故事中得到更多的数学启示。例如，在教学"百分数——折扣"时，在"安心候学"环节讲这样一个小故事："刚刚今年上五年级了，他很想买一台电脑，方便在家查找一些有关学习的资料。爸爸听了爽快地答应了，要他先到电脑城去问问价，哪家价格合理就在哪家买。他先来到'小精灵'电脑城，营业员告诉他：'本店电脑一律打八折。'刚刚在店里转了转，心里有底了。他想比较一下哪家便宜，他又来到另一家'小蜜蜂'电脑城，热情的营业员阿姨说：'本店一律优惠 20%。'这下，刚刚一时没了主意，不知该买哪家的，他回去把有关信息跟爸爸一说，爸爸听了笑着说：'两家的优惠价格相同，如果是同一品牌买哪家的都一样。'刚刚听了感到很纳闷，同学们，你们说这是怎么回事呢？"这样的一个小故事激发了学生强烈的求知兴趣，学生都瞪着求知的眼睛想知道原因。

3. 创设游戏情境：小学生注意的集中性和稳定性较差，注意分配的能力较弱，教师可创设游戏情境，让学生在游戏活动中不知不觉地进行学习，以延长有意注意的时间并增强学习效果。例如，在教学"简单的周期"时，创设了男女生比赛记忆数字的游戏，为本课的学习开启了兴趣的大门，激发了学生想要学习新本领的心理需求。

4. 创设发现情境：培养学生自主创新意识，并不都是让学生去发明创造，更重要的是让学生去独立思考、去自主发现，这种发现本身就是创造。例如，在教学"体积"时，利用学生学过的《乌鸦喝水》一课，根据课文故事情节，拿一个瓶子做实验给学生看，让学生通过看到的现象发现规律。

5. 创设实践情境：适时、适度创设实践情境，培养学生的创新意识和实践能力。一个生动有趣、富有挑战性和实际意义的问题情境，可以巧妙地引发学生的认知冲突，使得学生对新知识满怀无比强烈的求知欲。

实践证明，在数学教学中，充分利用背景故事创设情境，不仅能调节学生的精神状态，寓教于乐，加深学生对所学知识的理解，而且能让教师更好地关注孩子们的生活，关心儿童的健康发展，让学生们真正安心候学。

当然，背景故事应当合理利用，筛选学生真正感兴趣的内容，要真正做到为教学服务。

三、生活应用，实践数学

数学源于生活又服务于生活，生活中处处有数学。在教学中，教师应尽可能让学生运用所学知识去解决生活中的实际问题，使学生在实践数学的过程中及时掌握所学知识，感悟到数学学习的价值所在，从而增强学好数学的信心，学会用数学的眼光去看周围的事物，想身边的事情，拓展数学学习的领域。重视数学课前的"安心"环节，把生活过渡到数学，将数学思维渗透到生活中。总之，我们要踏踏实实地研究"高效课堂教学"，在新课标的指导下，从学生实际出发，从素质教育的目标出发，让学生能够安心进入课堂，使我们的课堂教学建立在更加有效的基础上。

溪边说名著，名著润童心

（沭阳县人民路小学校园文化小品之溪说名著）

动心篇

以情动心，以爱授课

沭阳县人民路小学　谷晓静

一、小学英语课堂学生"动心"的功能

导入是教师在教学新的教学内容或活动开始时有意识、有目的地采用多种方式让学生"动心"，引导学生进入新的学习情境，激发学生学习兴趣，形成学生学习动机的教学环节。

作为教学过程中的一个重要环节，导入是课堂教学的重要组成部分，起着承上启下的作用。设计精妙的导入环节有利于搭建起学生新旧知识之间的桥梁，达到温故而知新；有利于吸引学生的注意力，削弱学生的无意注意，组织学生迅速做好学习准备，进入学习状态；有利于激发学生的学习兴趣，调动内部积极性，从而引起学生内部学习动机；有利于激发学生思维，引导学生积极思考有关问题，为学习新知识奠定良好的基础；有利于缓解课堂教学中紧张的师生情绪，营造和谐良好的教学氛围。

二、小学英语课堂学生"动心"的理论依据

20 世纪 80 年代初，S. D. Krashen 提出了著名的"二语习得模式"，即习得与学习假说、监控假说、自然顺序假说、输入假说及情感过滤假说。其中，情感过滤假说（The Affective Filter Hypothesis）认为第二语言习得的过程受许多情感因素的影响。如果学习者动机强烈且有自信心，就容易得到更多的语言输入，学习效果会更好。

新课标也强调英语学习注重学习过程的体验，强调师生交往，构建互动的师生关系。小学生的心智尚未健全，生性好动，思想也很活跃，他们在刚上课时很难立即进入学习状态，为让学生们尽快稳定情绪，将注意力集中到英语课堂学习中，积极主动地参与学习的全过程，高效地完成教学任务，教师应当掌握小学英语课堂导入技能的基本方法，根据教学内容和儿童身心发展特点及规律采用能让学生"动心"的不同的教学方式，以提

高小学生学习英语的兴趣，调动其学习英语的积极性，提高课堂教学效率和学习效果。

目前，小学英语教学的现状是教材容量大、课时紧、成绩要求高。因此，不少教师在实际教学过程中不重视新知的导入，方法单一。有些教师为节省时间甚至直接呈现新知识，忽略了让学生"动心"的重要性，影响了学生学习的兴趣，难以提高其学习的积极性。有些教师虽然已经意识到新知导入对学生"动心"的重要性，但是导入过程略显生硬，为导入而导入，没有什么实效。

三、小学英语课堂学生"动心"环节常见问题

（一）"动心"方法陈旧

很多教师在采取各种活动让学生"动心"的过程中会进行教学流程的重复，有的教师在开课环节总是要谈一谈天气"What's the weather like today?"，有的教师会询问学生"How are you today?""Are you happy?""What do you like?"等进行一些简单的、不带感情色彩的问候。

（二）"动心"起点模糊

不少教师担心课堂时间紧张，会提前到教室和学生做一些交流，并在黑板上预先板书本节课的教学重、难点。学生们认为40分钟之外的时间是属于他们自己的休息时间，他们不希望教师在下课铃响之后再继续进行教学活动，同样也不希望教师在上课铃响之前就热心地开始教学活动。

（三）"动心"时间不当

有的教师在引入新话题时，常因为语言啰唆、重复占用了不少时间；有的教师过分强调旧知，导致导入的时间较长。一般来说课堂导入的时间3~5分钟为宜，教师要用简洁精练的语言在最短的时间让学生"动心"，进入课堂教学的最佳状态，营造和谐愉悦的课堂氛围。

（四）为"动心"而"动心"，关联性小

有些教师在导入环节设计的内容与本节课所要讲授的内容关联性小，为了导入而导入，为了"动心"而"动心"，导入的内容与所讲内容之间不太衔接。

四、小学英语课堂学生"动心"的原则

小学生都有很强烈的好奇心，容易被动态事物吸引注意力，也容易被

新鲜有趣、形象直观的事物吸引。因此，在小学英语课堂中，教师想让学生"动心"，采取的活动既要符合小学生的心理特征、认知水平和生活经验，又要遵循多样性、新颖性的原则。通过导入让学生"动心"，引发学生注意，引导学生进入教学活动，诱导学生求知，引发学生的兴趣。启发学生积极思考时要注意以下几个原则：

（一）"动心"目的明确，具有针对性

不管采用什么方式导入，让学生"动心"都不能脱离教学目标、教材内容和学生实际，导入应有助于学生初步明确要学习的内容，否则就会与教学内容脱节，毫无关联性。

想让学生"动心"，教师还要针对教学内容，使导语的内容与新课的内容紧密结合，将新旧知识紧密联系起来。此外，导入的设计还要针对学生的实际情况，充分考虑学生的心理特征、认知经验和生活水平，杜绝脱离教学内容和学生实际、夸夸其谈。

（二）"动心"语言简洁，具有新颖性

导入仅仅是一堂课的序幕，不应占用太多的教学时间，一般来说3~5分钟为宜。课堂导入要精心设计，导入的语言要精练简洁、通俗易懂、生动活泼，在尽可能短的时间内让学生进入课堂教学，引起学生们的兴趣，创造和谐、愉悦的课堂气氛，最大限度地提高课堂教学效率，切忌语言繁杂、过程冗长。

心理学家阿诺德·拉扎勒斯认为："兴趣比智力更能促进学生勤奋学习。"教师在设计导入时应考虑方式的新颖性和趣味性，抓住学生的好奇心，从学生感兴趣的内容出发导入新课，最大限度地引起学生的兴趣，让新课像磁铁一样牢牢地吸引住学生。

（三）"动心"形象直观，具有启发性

为了让学生"动心"，让学生对即将学习的内容感兴趣，教师要尽量以生活、学习中具体的实物和事例为基础，引入新知识。同时，要讲究启发性，要让学生从浅显易懂的事例中发现问题，进而从问题着手，引起学生的认知冲突，激发其积极思维和产生寻求解决问题的强烈愿望。教师在导入时要运用启发性的话语或活动激活学生的思维，激发学生对新知识、新内容探求的欲望。唯有如此，导入才能找准最佳的切入点，学生才能真正地"动心"，进入学习状态。

（四）"动心"情境真实，具有实效性

知识需要融入情境之中，才能被更好地吸收。因此，教师在导入时可以创设贴近学生实际生活的情境、符合学生的认知水平和生活经验，或者利用多媒体创设情境，让学生能在与其生活经验相似的情境中接触、理解、操练、运用语言，理解语言项目的真正意义和用法。

（五）"动心"面向全体，具有全面性

新课标强调教学要坚持以学生为主体，面向全体学生，关注个体差异，优化课堂教学，提高教学效率，为每个学生学习英语奠定基础。因此，教师在设计导入时要面向全体学生设计目标和内容，根据学生现有的英语水平和发展需求，选择导入的方法，把握学习难度，调动所有学生的积极性，使他们建立学习英语的信心，体验学习英语的乐趣，获得学习英语的成就感。此外，导入的形式要有利于全体学生的参与和实践，让学生对接下来的新知学习充满信心。

（六）"动心"应具有工具性与人文性

义务教育阶段的英语课程具有工具性和人文性的双重性质，英语课程承担着培养学生基本英语素养、发展学生思维能力和提高学生综合人文素养的任务。工具性与人文性统一的英语课程有利于为学生的终身发展奠定基础。教师在设计导入环节时可以着眼于发展学生的听、说、读、写等技能，培养学生的观察能力和感悟能力，提高他们用英语与他人交流的能力。此外，教师的导入环节可以合理地渗透思想品德教育，以开阔学生的视野，丰富学生的生活经历，让学生形成良好的品格和正确的人生观与价值观。

五、让学生"动心"的导入方法

（一）直观法生动形象

直观导入法是通过实物、板画、图片、简笔画、幻灯片、教学录像、肢体语言等形式呈现给学生与本课相关的内容。直观导入法形象鲜明且生动有趣，能令学生感受深刻并迅速"动心"进入学习状态，是当前运用较多的导入教学的手段之一。

例如，在小学英语三年级下册 Unit 3 Is this your pencil? 一课中，单词都是与学生的日常文具用品相关的，我们可以充分利用学生身边的文具进行导入。又如在教学四年级上册 Unit 2 Let's make a fruit salad 的水果名称时，我们可以把各类水果带进教室，以真实的触感调动学生的感官经验，为他们提供生动形象的感性材料。

（二）韵律法渲染氛围

英语歌曲动听的旋律和欢快的节奏，可以激活儿童大脑细胞，激发学生的兴趣，调节学生的学习情绪。教师可以充分利用歌曲进行导入，采用听、唱的教学手段将语言与情境结合，创造生动、活泼的课堂学习氛围。而且，歌曲导入法还可扩大到利用或自编 Chant 导入课堂。简单易记、朗朗上口的儿歌，再配上简单的动作或与之相配的韵律节奏，不仅能活跃气氛，还能培养学生的语感。

（三）对话法复习旧知

对话导入法是指在新课内容呈现之前，师生围绕与新知有关的一个或多个话题，使用英语"自由"交谈，这既调动了学生原有的知识技能，又为新知识技能发展做好了铺垫。"Free talk"是教师最常用的一种导入方式，谈话的内容应与本节课的内容有关，与学生的认知水平相联系。教师通过有针对性的复习，巧妙设疑问，激发学生的求知欲，为学习新知识做好铺垫。

（四）游戏法激发兴趣

游戏活动能使抽象语言内容变成一种具体、形象的情景，具有直观性、趣味性和竞争性等特点，能有效地激发他们学习的积极性。在英语教学中，适当地加入一些游戏，既能活跃课堂的气氛，又能激发学生的积极性，消除学生上课的紧张心理，达到寓教于乐的目的。

例如，在教学三年级上册 Unit 7 Would you like a pie? 的食物单词 pie、sweet、hot dog、ice cream、egg、cake 时，我准备了两只大盒子，里面分别放了食物图片和饮料图片，随后用猜一猜的游戏导入"I have two boxes. There is something to eat. What are they?"。三年级的学生好奇心都很强，有的猜水果类单词，有的猜食物类单词，等等。

又如，在教学四年级上册 Unit 4 I can play basketball 时，我设计了这样一个游戏：课前我将写有 run、sing、jump、walk、play football、watch TV、swim、draw 等单词的字条放在讲台上，然后让学生抽取并表演动作来引出新句型"What can you do? I can..."。在这些游戏中，学生的学习兴趣被激发了出来，为接下来的课堂教学能顺利进行提供了强有力的保障。

（五）情境法引人入胜

一般来讲，小学阶段的英语对话和课文大多出现在一定的情境中。教育家布鲁姆认为"成功的外语课堂教学应当在课内创设更多的情境,让学生有机会运用已学到的语言材料"。通过创设学生熟悉的生活情境,能有效激发学生的学习兴趣,发展学生的综合语言运用能力。英语教师可利用形象、直观的教学手段创设逼真的语言环境,让同学们触景生情,使学生在潜移默化中获得新知识。

如在教学四年级上册 Unit 7 How much? 时,我将教室布置成一个商店:讲桌上摆放各种物品,标明价格;学生和老师分别扮演顾客和营业员。这样借助直观教具,配合动作、手势和表情等,设计一个买东西的真实情境。情境导入法适用范围极广,如买东西、打电话、问路等。这样的内容在真实的情境中表现出来,学生就一目了然。

19 世纪德国著名心理学家艾宾浩斯曾说:"知识的保持和复现,在很大程度上依赖于有关的心理活动第一次出现时的注意和兴趣的程度。"课堂导入环节是课堂教学的一个重要组成部分,教师巧妙地导入,对培养学生的学习兴趣,激发学生学习的主动性、积极性,创设和谐的教学情境,有着十分重要的意义。所以,教师在课堂开始时应该注重导入语的运用,在课堂黄金阶段——"导入"这第一环节让学生"动心",牢牢吸引学生眼球,赢得学生高度的注意力和高涨的学习热情,使学生进入学习状态,以此提高课堂教学质量,实现优化教学,提高课堂效率,争取更为有效的课堂教学。

"五心"教学模式之
"激趣质疑，动心入学"的策略研究

沭阳县人民路小学　郁　稳

新一轮的基础教育课程改革以崭新的理念撞击着传统教育的各个方面，课改的成功关键在于课堂，无论是先进的教育理念，还是优秀的教师，最终都要落实到课堂上，尤其体现在课堂教学方式和教师行为上。课堂教学是学校教育活动的一种主要形式，有人认为，课堂教学是决定教育成败的最后领域，学校教育系统最终所实现的功能在相当程度上取决于课堂教学的效果。在落实新课标、推进基础教育课程改革的今天，课堂教学成为每位教师关注的焦点，新课程理念下的课堂教学，要进一步认识到课程改革的关键是要更新教育思想，核心是改变课堂教学模式。因此，改变课堂教学模式就尤为重要。

教学是教师的教与学生的学统一的活动。教师与学生都是教学的主体，教师是教的主体，学生是学的主体，两者互相作用、相辅相成，只有当两者科学认同各自角色并充分履行各自角色所承担的责任时，教学才能取得最大的收益。那么如何才能扮好各自的角色，让教师的"激趣"指导转化成为学生"动心"入学的动力呢？下面就以教学中的案例来谈谈"激趣"到"动心"的策略。

一、理论依据

何为"激趣"？顾名思义，激趣就是激发兴趣。

为何要"激趣"？我国古代的教育家孔子曾说过："知之者不如好之者，好之者不如乐之者。"捷克教育家夸美纽斯也说："兴趣是创造一个欢乐和光明的教学环境的主要途径之一。"可见，兴趣对学习有着重要的影响。

那么，何为兴趣？心理学认为，兴趣是人的一种个性心理特征，它是在一定的情感体验影响下产生的一种探究某种事物或从事某种基本活动的意识倾向。教育心理学表明，当一个学习者对某一学科产生了兴趣，他总是积极主动而心情愉快地去学习，不会觉得学习是一种负担。

何为"动心"？在教学活动开始之际，学生普遍存在着希望上好课的动力准备，心理学称此现象为"心向"，这种"心向"既强烈又短暂。这就是"动心"！因而，有经验的语文教师都非常重视每堂课的"动心"环节的设计，他们往往能以精湛的方式愉悦学生的耳目，激励学生的心灵，开发学生的智力，触发学生的情思。"动心"环节所用的时间不长，多则几分钟，少则几秒钟，但它对一堂课的成功与否往往有着重大的影响。一个好的"动心"设计，能使这堂课先声夺人，引人入胜。更为重要的是，好的"动心"设计能激发学生的学习兴趣和旺盛的求知欲，并创造良好的学习氛围，为授课的成功奠定良好的基础。"良好的开端是成功的一半。"在语文课堂教学中要培养学生兴趣，首先应抓住"动心"环节，如果能迅速地吸引学生的注意力，就能诱发他们的学习兴趣，从而提高整堂课的效率。

那么，教师的"激趣"策略就尤为重要！

二、"激趣"到"动心"的策略

（一）插图激趣，动心入学

这是大多数语文老师最常用的方法，在语文"动心"教学中有着至关重要的作用。随着课改的脚步，我们的语文教科书也悄然发生着变化。几乎每篇课文都有与之内容相关或对应的插图。插图能帮助学生很好地理解课文内容，教师也可以使用插图来导入课文，激起学生"动心入学"的兴趣。

如《桥》一课，这篇课文共有两幅插图，第一幅描绘的是洪水肆虐村庄的画面。教学伊始，教师出示这幅插图，引导学生观看插图并用语言描绘画面的内容。这既让学生对课文背景有了很好的了解，又激起了学生紧张的情绪，让学生迫不及待地进入课文学习。

又如《蒙娜丽莎之约》一课，课文插图就是达·芬奇的名作《蒙娜丽莎》，通过让学生观看插图，领略蒙娜丽莎的神秘魅力，学生便会产生浓厚的学习兴趣。

（二）音乐激趣，动心入学

音乐比文字更能震撼人的心灵，更容易让学生有直观的感受。艺术是相通的，中国的语言文字本身就是一门博大精深的艺术，与音乐艺术的碰撞更容易擦出火花。

如《伯牙绝弦》一课，课文讲述的是千古流传的高山流水遇知音的故事。文中提到的古筝曲《高山流水》相传就是俞伯牙所作。聆听这首名曲，让学生随着悠扬的乐曲快速进入课文内容。

又如《月光曲》一课，课文讲述的是德国著名音乐家贝多芬创作《月光曲》的背后故事。以这位音乐家的名曲切入，让学生聆听乐曲的同时也能感受到课文描述的海上月亮升起、海面上洒满了银光且波涛汹涌的画面。

（三）设疑激趣，动心入学

"学起于思，思源于疑"，当学生对所读文章充满好奇的问题时就是成功阅读的开始。教师应鼓励学生有所发现，质疑问难。当学生感觉到自己能提出疑问并得到教师肯定时，就会提高对语文学习的兴趣。

如《怀念母亲》一课，让学生感受身在异国的季羡林对母亲及对祖国的思念，以"季羡林为什么会有如此强烈的感情"作为问题，吸引学生迅速走进课本。

又如《落花生》一课，以"作者笔名为什么叫落华（花）生"为问题，通过阅读课文让学生自己找到答案。

（四）故事激趣，动心入学

了解一个故事之前，先了解故事的背景很重要，背景资料可以帮助学生很好地理解课文内容。利用故事背景激趣，既可以对课文留白给予补充，又可以起到震撼学生心灵的作用。

如《老人与海鸥》一课，课文讲述的是一个真实感人的故事。以课文中的人物"海鸥老人"的真实故事切入，许多学生就已经被老人深深地打动，从而自觉地走入课文的学习。

又如《地震中的父与子》同样是一个真实感人的故事。以地震的背景故事切入，学生已经被深深地震撼，自然愿意赶快走进这个故事，想急切知道故事的结局。

（五）联想激趣，动心入学

读书离不开联想，借助联想可以丰富文章留出的想象空间，借助联想可以沟通读者与作者的情思，借助联想可以构建文本新意。

如《新型玻璃》一课，让学生展开联想想象玻璃还会有什么特殊的作用，学生想象并讨论之后自然有兴趣去探究课文里介绍了哪些"新型玻璃"。

又如《草虫的村落》一课，通过让学生想象一个放大了的草虫的世界，从而让学生产生兴趣走入课本。

（六）视频激趣，动心入学

计算机进入课堂，为学生学习创设了情境。放映视频，有形有声有色，生动形象直观，是一种很好的激趣方法。

如教学《凤辣子初见林黛玉》一文时，可以播映电视剧《红楼梦》的剪辑，让学生直观体会王熙凤的泼辣张狂，对理解人物很有帮助。

又如《狼牙山五壮士》一课，可以借助多媒体播放电影剪辑，让学生直观感受五壮士的英勇无畏，吸引学生走进课文了解人物。

魏书生老师说："好的导语像磁铁，一下子把学生的注意力聚拢起来；好的导语又是思想的电光石火，能给学生以启迪，催人奋进。"确实，好的开始是优秀的演奏家拨出的第一个音符，散发出神秘的魅力，吸引着听众渐入佳境；好的开始是教师精心打造的一把金钥匙，放射出独特的光芒，带领着学生登堂入室。

总之，"激趣"的方式多种多样，但归根结底，还是要让学生带着兴趣走进课本，从而实现"动心"入学的目的。如果说语文课堂教学是一朵绽放的花蕾，那么"激趣质疑，动心入学"环节就是滋养花蕾的露水，给学生创设了愉悦有趣的情境，从而提高了语文的课堂效率。

踏雪陶然居，悠然自得处

（沭阳县人民路小学校园文化小品之陶然居）

以真心激趣质疑，用真情动心入学

沭阳县人民路小学　冯海艳

背景分析

　　"激趣质疑，动心入学"是学生真正进入课堂的标志，也是教学环节设计中的重点。小学语文教学注重培养学生的语文素养，与我国的素质教育相契合。语文课堂要让学生在学习过程中既可以陶冶情操，又能丰富自身的情感价值观，让自己在语文知识的学习中形成一个较好的品质，这样教师就可以有效培养优秀的学生，语文教学质量也会因此得到提升。"五心"教学模式是我校教育教学的核心，使得我校的教育教学获得颇多成绩。在新课标的背景下，如何继续围绕这一核心发扬我校的教学模式，还需不断探索。

　　"激趣质疑，动心入学"即激发学生的学习兴趣，让学生提出问题，引导学生真正进入课堂教学。兴趣是学习的老师，学习没有了趣味性，学生就很难用心。有兴趣还不够，还要完成课堂学习目标，要有目的地学习。教师通过教学手段激发学生的兴趣，引导学生提出疑问，这就是所谓的"动心"。金圣叹最早在写作中提出了他的"动心"观点，他认为，作家在创作时并没有真的成为某一样物体，没有真正去过某一处环境，却可以通过描写让读者如身临其境，这是因为作家是真正用心在创作，用自己的真情打动了读者的心。作家如果不进入创作状态，就没有真实的情感，不走心的作品也得不到读者的真心。反观课堂中学生的"动心"也是如此。教师要成为作者，用真情实感打动学生，激发学生的兴趣，这样，学生的思维就会如潮水般扩散。当学生投入情感学习的那一刻，就是他们真正的动心时刻。

案例描述

　　《白鹭》是现代著名作家郭沫若写的一篇散文，通过对白鹭"适宜"的

"色素和身段"的描写，以及对白鹭在清水田里觅食，清晨在树枝头瞭望，黄昏在水面低飞三幅画面的勾勒，写出了白鹭的精巧美和画面美，抒发了作者对白鹭的喜爱之情。本文语言富有特色，凝练的词语和变化的句式，让文章富有节奏和韵味，是一篇提高学生审美品鉴能力的好文章。文章脉络清晰，前后段照应，总分段让文章结构紧凑。教学中老师要抓住文章的特点，重点句子采用老师示范朗读、轻声朗读等方法，引导学生理解白鹭是一首韵在骨子里的散文诗，激发学生用心感受生活，善于发现生活中平凡事物之美的情趣，引导学生在读中感受语言的节奏美，理解白鹭的精巧美、画面美，体会作者借助对白鹭的描写抒发情感的表达方法，并学习用这样的方法描写心爱之物。

《白鹭》第一课时（教案节选）

课前点击课件，播放音乐。

师：同学们，我们一起先猜一个谜语，想不想试一试？

生：想！

师：那大家注意看课件上的谜语，想要猜出来，一定要多读一读哦！

出示课件：嘴长颈长脚也长，爱穿一身白衣裳，常在水边结伙伴，田野沟渠寻食粮。（打一动物）

生：天鹅。

师：为你的勇气点赞，请你再仔细思考思考。

生：白鹭。

师：其他同学的答案呢？

生：白鹭！

师：大家是如何猜出的？

生：因为谜语里描述得和课本上很像。

师：是的，同学们真聪明，谜底是白鹭（师出示图片）。白鹭长得美吗？

生：美！

师：我国现代杰出的文学家郭沫若以清新隽永的笔墨描写了白鹭，今天我们一起来学习郭沫若先生的散文诗《白鹭》，看他为我们描绘了一幅怎样如画的美妙境界。

【设计意图】 虽然已经是五年级的学生，但是孩子们依然保持着纯真，对一切新鲜有趣的话题感兴趣，用猜谜语的方式更能吸引他们的注意，一步一步动心入学。

《白鹭》第二课时（教案节选）

师：同学们，上一堂课我们刚刚认识了我国南方常见的一种鸟，那就是——白鹭。（板书）

师：通过上节课的学习，我们发现作者为我们画了三幅画，谁来说一说画了什么画？

生1：白鹭钓鱼图

生2：清晨瞭望图

生3：黄昏低飞图

师：同学们，他们总结得好吗？

生：特别准确。

师：郭沫若先生给我们画了三幅画，你们从画里欣赏到了白鹭的什么特点？

生：精巧！

师：怎么说？

生：因为文章开篇和结尾说白鹭是一首精巧的诗。

师：你真细心，这都被你发现了……

【设计意图】　不以复习回顾的方式导入，用三幅画的画面为学生创设情境，调动学生的积极性，动心入学，还可以让学生自己当个小画家，用自己的语言描述这三幅画的画面，与郭沫若一起欣赏白鹭。

案例反思

爱因斯坦的那句"兴趣是最好的老师"启示我们：一个孩子在长大成人，语言发展的过程中，他的思维、认知、情感的发展与兴趣是分不开的，所以学习的过程中最重要的就是激发学生的兴趣，调动学生的积极性。重点不在于教他各种学问，而在于培养他有爱好学问的兴趣，而且在这种兴趣充分增长起来的时候，教他以研究学问的方法，即"授人以鱼，不如授人以渔"。

（一）信息技术辅助增加动心的感觉

随着科技的发展，教学技术和资源也愈加丰富多彩，教学手段也在不断变化。以往只靠教师的粉笔和话语来传播知识的教学方法略显单薄，而现在的学生更喜欢多元化的课堂，因此利用多媒体是必要的选择。教师可以结合信息技术的优势来展示图片，播放音频和视频，以此将课本中对应的语言文字知识转化为具体可感的画面图景，从而以一种立体传输的方式辅助学生获得更为准确的知识信息，同时不断提高教学内容与形式的趣味性，有助于切实增强学生的学习效果。例如，在教学五年级上册《白鹭》这篇散文时，为了使学生直观地感受白鹭的外形、颜色和体积，还有白鹭与白鹤、朱鹭的区别，我用多媒体课件出示白鹭的图片，调动学生的课堂积极性。在教学五年级下册第二单元"名著荟萃"时，我一开始不知如何让学生读得进去、读得有趣，最终我想到结合影视剧片段的方式来教学。尤其讲解《景阳冈》一文武松打虎的片段时，课文以白话文的形式呈现，内容多，学生没有兴趣读。我先让学生自己通读武松打虎的片段，然后播放影视片段，看完了视频，学生们都被逗笑了，也被武松的高强武艺震撼住了，接着再去读课文，这时候的情感就更丰富了。

（二）趣味元素增强动心的效果

结合小学语文课本中的相关内容，教师还可以鼓励学生开展分角色表演活动来强化教学的趣味性，以此使他们将自己带入文章的具体情节之中，并切身感受文中人物性格、了解事件的发生过程，最终在富有趣味的肢体语言表演活动中不断深化学生的理解，有利于增强课堂教学的效果。语文教师可以将课文中的主要情节提取出来作为学生的表演内容，然后要求他们自主选择角色、练习台词、合作排练等，并通过在课堂中进行演绎充分还原课本情节，从而用这种新颖有趣的教学方式来帮助学生解读和分析课本的内涵，最终不断降低授课难度，使学生的学习更加有效。例如，在教学《威尼斯的小艇》一课时，为了让学生感受威尼斯当地人对游客的热情，我让学生分角色扮演游客和威尼斯的当地人，让他们表演自己在小艇上打招呼的场面，有的学生还用英语聊了起来，课堂氛围瞬间活跃了，这就使学生真正融入了课堂。

在使用"五心"教学模式组织教学时，教师要抓住学生的兴趣点，并以此为依据设计各种有趣的教学活动，由此不断调动学生参与课堂的积极性，促使他们在轻松、愉悦的氛围中收获更加丰富的知识，继而有效提升语文教学的质量。当然，真正让学生动心的是兴趣加情感，激发了兴趣之后，才能真正地打动他们。

乐不知所起，心亦随所动

——以五年级上册 Unit 4　Hobbies 教学为例

沐阳县人民路小学　刘　郁

背景分析

俗话说，良好的开端是成功的一半。如果在一节课的开始，学生能够长时间保持在动心的状态中，这样能有效地帮助课堂顺利开展。所以大部分的教师都非常注重动心技巧。如何做到英语课堂的导入新颖别致、过渡自然，又能够将新知识融入导入语中，动心成为一门不小的学问。从新课标动心的理念出发，面向全体学生，创设活动化的教学，在课堂上为学生营造一种轻松有趣的学习氛围，促使学生更加积极主动地学习英语，并将所学知识更加自然有效地运用到实际生活中，以收到"现学现用、学用结合"的成效。

动心环节是课堂教学的重要环节。一堂课导入成分的成与败直接影响整堂课的效果。能否在课前把学生的注意力转移到课堂当中并使其产生良好的学习动机，调动其积极性尤为重要。因此，我根据自己的教学实践及平时的积累，举例探讨了一些方法。

案例描述

本课是译林版小学英语五年级上册第四单元第一课时，主要通过对课本的解读，了解文中人物的喜好，并能初步使用"… like (s) doing sth."，从而提升学生的语言综合运用能力。本课时的教学内容是 Story time，主要帮助学生学习用"like"表达爱好的方法并帮助学生厘清文章脉络，能初步复述。以课文五年级上册 Unit 4 Hobbies 为例，本单元的重点句型是"What do you / they like doing?""What does she /he like doing?"，重、难点是"like"后面加动名词，以及"like"和"likes"的使用。本课的新课程呈现环节及谈话内容就充分让学生在熟悉新句型的情况下谈论自己及朋友们的爱好，这种方式很适合小学生的心理，让他们在浓厚的兴趣中对本单元的知识学以致用。本单元的对话练习是一个亮点和重、难点，教师在对话教学中应围绕对话中的语言点，尽可能创设真实的交际情境或者给一些提示语增加语言实践的真实感，充分体现以学生为中心的教学理念。教师应当设计有效的教学活动，采用"先听说、后读写，先整体、后局部"的方法，引导学生发散思维，最大限度地发挥学生的主体性。老师可以先谈论自己的兴趣爱好，然后让学生谈论他们的爱好，这样既能复习句型，又能导入新课的主题。

（一）律动法动心入学

律动法动心入学是指借助身体动作和其他直观手段积极创设语言情境，体现了"在做中学"的原则，符合小学生活泼好动的特征，能活跃课堂教学气氛。小学生心智不成熟，他们无所顾忌、敢想敢说、活泼好动，求新求异的愿望也很强烈。因此，我们必须因势利导，不要为了盲目追求课堂纪律打击他们的好奇心和求知欲，当然还要对课堂有把握和控制能力。在动心环节中，教师尽可能多地抑扬顿挫、语调丰富、风趣幽默，或用夸张的肢体动作来吸引孩子们的注意。如有悬念的语言、丰富的表情、夸张的手势……这样不仅尊重了孩子的天性，拉近了与孩子的距离，同时也创造了和谐宽松的课堂气氛，可以使学生们怀着轻松愉快的心情投入学习。孩子们自然就产生学习英语的兴趣，爱上英语。例如，在教授 monkey、dog、cat、lion 等动物时，老师尽量模仿动物的叫声与动作，让学生既能直观感受又能被老师的表演所吸引，学生在轻松愉悦地学会这些单词的同时又能激发其表演的欲望。

T：My hobby is swimming. （然后做出双手滑水的动作）

What do you like doing? （一边问一边引导学生回答和做动作）

S1：I like dancing. （学生边回答，边转圈圈）

T：What do you like doing?

S2：I like playing the piano. （学生边回答边做出手弹钢琴的动作）

做动作的导入方法，会激发学生的表现欲，使得他们也想去回答和表演他们的兴趣爱好。有些活泼的同学滑稽的表演方式，会使得其他学生哈哈大笑，可以有效缓解英语课上紧张的教学氛围。使一些不敢或者害怕说英语的同学，也想要去表现自己。

（二）设疑法动心入学

"疑"是学习的起点，有"疑"才有问，有究才有得。当学生面临问题需要新知识来寻找答案时，他们才会产生积极的学习活动。因此，教师在导入新课程时，应向学生巧妙地设置悬念，有意识地使学生暂时处于困惑状态，使学生积极地投入揭开"谜底"中来。这有利于培养学生独立思考的能力和习惯。

T：Hello，boys and girls！What do you like doing?

S1：I like dancing.

S2：I like swimming.

S3：I like playing the piano.

T：I have many hobbies. Can you guess "What else do I like?" Who wanna ask me?

引导学生用"Do you like...?"向老师提问，猜测老师的爱好。教师先不告诉学生自己的兴趣爱好是什么，利用学生的好奇心和求知欲，通过让学生提问的方式达到动心入学的目的。

（三）图片法动心入学

在推行素质教育的今天，现行英语教材设置也发生了很大的变化。每篇课文基本上都是图文并茂。课文中配备的插图，有的提示了教材的重、难点，有的是为了学生巩固练习，有的介绍了课文的背景，或者是与课文有关的一个小故事。教师也可以在课前收集与课文有关的背景图片。通过插图的描述和讨论逐步引入新课的话题，让学生适度了解课文的内容，为后面的课堂教学铺平道路。在学习本课时，可以先用PPT出示一些关于兴趣爱好的丰富多彩的图片，从视觉上吸引学生的注意力。例如，教师出示游泳的照片，出示单词"swim"；教师出示女孩子跳芭蕾的照片，出示单词"dance"；教师出示郎朗弹钢琴的照片，出示短语"play the piano"。以图片形式导入，从视觉上刺激学生的积极性，真正做到动心入学。

T：Look at this picture. What is she doing?

S1：She is swimming.

T：How about the next one?

S2：She is dancing.

T：Do you know who he is?

S3：He is Lang Lang.

T：Yes，he is a great pianist. What is he doing now?

S4：He is playing the piano.

或者是在Story time文本处理的时候，以图片的形式，提示学生初步感知课文，案例如下：

T：Do you want to know our good friends' hobbies?

S：Yes.

T：Let's look at this picture and guess who they are?

S：They are Mike，Su Hai and Su Yang.

T：Look at this picture and tell me what they like doing?

S1：Mike likes playing football.

S2：Su Hai likes playing the piano.

S3：Su Yang likes dancing.

案例反思

本节课把培养学生的学习兴趣和语言的运用能力放在首位，很好地实现了新课标的动心理念。教学设计很好地把握了语言与生活的关系，教学评价积极有效。情境生活化，激发了学生运用语言的欲望。语言源于生活，在课堂上创设情境，让学生运用语言，才能有效激发学生学以致用的欲望和灵感。教师从谈论自己的兴趣爱好入手，将课本知识融入生活当中，从而使其全神贯注、兴趣盎然地投入学习当中。

总之，在英语课堂上，课堂动心至关重要，方法灵活多样。教师可以根据学生的实际情况，结合课文内容，选择适当的技巧。必要的时候，几种方法可以融会贯通，自然过渡到新课中。找到学生的兴奋点，充分调动学生的积极性，这是上好一节英语课的首要条件。一堂英语课除了有精彩的动心环节，还要有丰富的内容、轻松的课堂氛围、和谐的师生关系，再加上创新的课堂教学方法，这样才能让学生发挥他们的主观性和创造性，发展他们语言的潜能和运用能力，这才是我们的动心入学。

巧设导入，激发兴趣

沭阳县人民路小学　张朋娜

背景分析

　　著名特级教师于漪曾说过："课的第一锤要敲在学生的心灵上，激发起他们思维的火花，或像磁石一样把学生牢牢地吸引住。"柏拉图曾说："良好的开端等于成功了一半。"一堂课有好的开头，如同一台戏演好序幕，一部好乐章奏好序曲。

　　在竞争越来越强烈的背景下，很多教师还是把学生的学习成绩放在了举足轻重的位置上，认为课堂中的教学导入环节与这些能提高学生成绩的因素似乎没有什么关系，所以教师会在潜意识中觉得它多余，导致课堂的导入长时间被忽略。此外，越来越多的教师导入形式单一，无法让学生动心。

　　小学低学段是学生由幼儿阶段转向小学阶段的过渡，这一阶段的小学数学课堂建设一方面要照顾学生们思维尚且停留在幼儿园时期注意力集中时间短、理解能力差的学习特性，另一方面也要兼顾培养学生数学学习兴趣和数学思维能力的教学目标。所以，在小学数学课堂教学中如何让学生动心，如何激发和维持学生的学习兴趣，如何给学生带来知识、带来智慧、带来欢乐，如何让兴趣扎根于学生理想的土壤，是当今优化数学课堂教学的一个重要内容，也是动心入学的着眼点。想让学生动心入学，就要以培养学生的整体素质为目的，以让学生动心为出发点，使学生具有充分的自信心和强烈的求知欲。

　　在教学"10 的分与合"时，教材选用学生所熟悉的珠子为题材，先让学生有序地涂色，把每串上面的 10 颗珠子分成两部分，然后根据每种分法得出 10 的不同组成，并由一种说法联想到另一种说法。与前面的教学内容相比，"10 的分与合"提高了教学要求。首先，要求学生自己操作探索获取知识。其次，要求学生有序地进行"10 的分与合"，并且要求学生通过一幅图想到两种说法。教材在"想想做做"中还通过开火车、找朋友等练习形式让学生动心，激发了学生的学习兴趣，巩固了所学知识。另外，"10的分与合"是在学生已经学习了10以内数的分与合的基础上进行教学的。学生通过前几节课的学习，初步体会了分与合的思想，能够由一种分法推想出另一种分法。这节课的教学目标是通过动手实践、自主探索、合作交流，让学生得出并掌握10的不同组合，加深对10以内数的认识。最后，使学生在活动中培养合作学习的意识和动手实践能力，并在相互交流中探索简单规律，逐步提高语言表达能力。

案例描述

案例1：

我在教学"10的分与合"时根据心理学提出的低学段儿童的有意注意在发展，无意注意仍占明显优势的这一观点，在设计动心环节时，考虑用什么方式能让学生动心，激发其学习兴趣，最后我选择利用多媒体讲故事和"变魔法"的方式来进行。

师：星期天，天气真好！玉米老师带着他的学生们来到果园劳动，我们一起去看看，好吗？

（多媒体演示）播放玉米老师的话："同学们站队啦！请你们帮我数一数，今天到了多少个小朋友？"（学生数出有10个人）继续播放录音："我呀，要把同学们分成两部分，一部分摘梨，一部分摘苹果，嗯……我该怎么分呢？"

师：玉米老师该怎样分这10个小朋友呢？同桌商量商量，帮玉米老师出出主意。

【设计意图】 创设玉米老师分学生的生活情境，请学生帮助玉米老师出主意，充分体现了低年级同学喜欢相互帮助的良好品质和极强的表现欲，让学生动心，有利于调动学生的学习积极性，为下面学习"10的分与合"做好了铺垫。

案例2：

师：孩子们，今天老师变身为魔法师啦，你拿一张卡片，老师就能猜到你拿的是数字几？你们相信吗？（提前准备好卡纸，2张为一组，2张卡片上数字的和是10，学生拿一张，如果剩下3，就可以知道学生拿的是7）

生：半信半疑。

师：那我们就来试试看，谁愿意？

生上来随便摸一张卡片

师：是7！

生再摸，师再猜……

师：你们想知道老师魔法的秘密是什么吗？学习完今天的内容你们就知道啦！

【设计意图】　创设和学生变魔法的情境，调动学生的积极性，让学生一下子动心，参与到老师的"魔法"中来，充分体现了低年级学生对未知有趣的东西的兴趣，为下面学习"10的分与合"做好了铺垫。

案例反思

在这次授课中，学生们都热情高涨，积极主动地参与到课堂中来。托尔斯泰说："成功的教学所需要的不是强制，而是激发学生的兴趣。"讲究技巧、富有艺术性的新课导入，能让学生动心，激发学生学习热情或某种特定的情绪，使之迅速进入"角色"。课堂上，新颖的故事情节、有趣的童话、耐人寻味的问题，会让学生紧张的情绪放松下来，与教师的距离更近，自然地与教师互动，使教师教得轻松，学生学得轻松。再者，当学生产生强烈的求知欲时，就会和教师产生共鸣，与教师进行更自然、亲切的情感交流。在交流中，学生的情感需要得到满足，当他们对自然和生活已有经验的回忆被唤起，他们会更积极地参与学习，更具主动性地探求知识、"消化"知识，从而提高了教学效果，使课堂教学得到优化。

（一）动心入学要考虑学生特点

学生是学习的主体。课堂教学导入只有照顾到了学生的年龄特点，学生才会对接下来的学习产生兴趣。每个年龄段的注意、想象、思维特点都不同。对于低年级的学生，数学课中导入的趣味性和活动性一定要强。例如，低年级小学生注意力水平不高，又活泼好动，我们可以顺应孩子们的年龄特点在课堂中多让学生动手，也可以通过有趣的故事情景去吸引孩子们的注意力，这样才能让孩子们动心。在这节课"10的分与合"的教学中，我的另一个导入是利用学生对未知东西的好奇心来吸引学生的注意，让他们动心、感兴趣，想要探究老师的魔法的秘密到底是什么，从而对学习产生探索欲。我们的导入语言也要有十足的亲和力，语速一定要让学生跟得上，听得舒服。作为教低年级学生的教师，对教师语言的要求非常高，首先就是要贴近学生的生活。

（二）强化动心入学的目的

动心入学在日常教学中是非常重要的，动心入学作为教学过程的第一个环节，包含着许多教学智慧。所以，我们必须重视动心入学，明晰动心入学的作用。其次，必须认清动心入学的目的，它的最终目的是实现课程目标，让学生通过动手实践、自主探索、合作交流，得出并掌握10的不同组成，以及加深对10以内数的认识，在相互交流中探索简单规律，逐步提高语言表达能力，从而挑选恰当的动心入学方法。

（三）动心入学要关注学生情感体验

我在设计"10的分与合"教学环节的时候关注到了学生的情感体验。教师的设计既要能让学生动心，又要能贴近学生的实际生活体验，照顾学生的感受。

总之，要想让"课的第一锤要敲在学生的心灵上"，就要学会让学生动心，学会趣味教学。

洗砚池边树，花开淡墨痕
（沭阳县人民路小学校园文化小品之砚湖）

以动心为引，以乐学为源

——四年级上册 Unit 2　Let's make a fruit salad 教学反思

沭阳县人民路小学　李莹莹

古人曰："教人未见意趣，必不乐学。"小学生生性活泼好动，注意力容易发生转移，要避免这种不利因素对教学活动的影响，最好的方式就是贯彻我校提出的"五心"课堂教学模式中的"激趣质疑，动心入学"这一教学环节。

爱因斯坦说："兴趣是最好的老师。"建立一种和谐融洽的师生关系，营造一个轻松、愉快的学习环境；让学生做中学、学中用，让孩子们的心动起来，学生才能学得主动、学得高效。现在有许多学生不愿学英语，主要是他们对英语学习没有动心。因此，新《义务教育英语课程标准》强调英语课程应从培养学生的学习兴趣入手，最大限度地发挥学生的潜在能力，使学生积极主动地参与学习的全过程，将学习变成学生自觉、自愿、高兴的事，让学生真正地动心，做学习的主人。这就要求小学的英语教学无论从内容上，还是从形式上均要富有趣味性，以吸引学生的注意力，让他们心动起来。作为小学英语教师，激发学生的学习动机尤为重要。因此，课堂教学手段必须不断更新，用灵活多样的教学方法，组织学生进行广泛的语言实践活动，通过多种手段激发学生实践的热情，促进学生对英语学习动心，让学生产生参与实践的动力，并在漫长的教学过程中始终保持这种状态，为语言实践活动提供源源不断的动力。

译林版小学英语四年级上册 Unit 2 Let's make a fruit salad 这一课与学生的日常生活密切相关。通过对文本的学习，引导学生学习使用"I have... / Do you have... ?"等句型。我在"激趣质疑，动心入学"环节进行了如下导入活动。我先和学生用猜动物的游戏复习第一单元句型，与学生进行交流，将学生带入学习英语的氛围之中。接着，由猜动物过渡到猜水果，并适时教授本单元新句型，利用师生水果卡片进行互动，营造谈论水果的氛围，为故事学习打下基础。但是只有少部分学生回应，跟我一起回忆已学知识，课堂气氛不够活跃，设计针对层面不够广，没有能够真正地激发学生的学习动机和学习欲望，也就没有让学生真正地动心。这节课没有达到我所设想的课堂效果。

第二节课我结合我校提出的"五心"课堂教学模式中的"激趣质疑，动心入学"这一教学理念，以及在四年级同组成员的共同探讨下，对这节课做了一些调整。课前，我准备了许多与上课内容相关的水果实物，让学生更直观地感知所学，想方设法地让学生积极参与课堂活动，引导孩子们动心，积极主动地去探索知识。首先，我运用一首与水果有关的歌曲 *Apple tree* 引出本课话题。

T：What fruit do you hear?

Ss：Apples.

T：Do you like apples?

S1：Yes, I do.

T：What about you?

S2：I like apples too.

接着我通过自己带来的水果实物和学生一起复习三年级下册第七单元中所学过的三种水果，并引出本课话题。

T：What's this?

S1：It's an apple.

T：This apple is for you.

S1：Thank you, Miss Zhu.

T：What are these?

S2：They're pears.

T：Do you like pears?

S2：Yes, I do.

T：Here you are.

S2：Thank you.

接着我设置了"Touch and guess"的游戏，复习本课相关的词汇，为新课的呈现作铺垫。

T：Put your hand into the bag. Touch the fruit. Now please tell me what it is.

S1：Is it an apple?

T：Take it out and show us. Yeah，it's an apple...

通过歌曲激发学生兴趣，学生大多能跟着歌曲一起哼唱，从而在欢快的氛围中快速进入动心状态。歌曲内容与教学内容贴切，我又以"Free talk"的形式帮助学生通过复习三年级已学知识，增强学生的自信心，学生们都能踊跃回答问题，向老师输出已知知识。最后又通过摸一摸、猜一猜我带了什么水果，孩子们都充满好奇心和浓厚兴趣，争先恐后地举手想要上台猜测这些是什么水果，孩子们的心真正地动起来了，因此能够更好地记住本节课所需学习记忆的新词汇。通过设置的三个活动，让学生在心动中学，在学中体会到乐趣。本节课学生都能够积极踊跃参与，课堂效果非常好。有些活泼的同学滑稽的表演方式，会使得其他学生哈哈大笑，可以有效缓解英语课上紧张的教学氛围，使一些不敢或者害怕说英语的同学也想要去表现自己。

总之，英语学习，动心为先。教师可以根据学生的实际情况，结合课文内容，选择适当的动心技巧，要因时、因地、因人，创设多种能激发学生动心的教学情境，以增强英语课堂教学效果，提高学生的英语水平。找到学生的动心点，充分调动学生的积极性。很难想象失去了学习的意愿还能怎样培养交际能力。所以，作为英语教师，一方面要向学生传授语言知识并使他们掌握技能；另一方面更要重视保持学生对这门学科的学习热情，让学生动心，达到事半功倍的效果。这样才能真正把新课标提出的要求落到实处。

激趣质疑作引领，动心入学方法多

沭阳县人民路小学　林　月

　　"学源于思，思源于疑。"现代教育心理学的研究表明，激疑不仅能使学生迅速地由抑制到兴奋，而且还会促使学生把对知识的学习当成一种"自我需要"。小学生具有好奇、好问的探究心理，抓住他们思维活动中的热点和难点，适当地激疑让学生动心，使学生在"疑"中生奇，在"疑"中生趣，不断激起学生的欲望，从有疑到无疑，再产生怀疑，从而不断激发学生的学习动机，调动学生的学习积极性。学生自己心中有了疑问，就可以马上进入紧张主动的学习状态，在阅读中感悟理解，寻求答案。

　　本篇文章基于我校"五心"教学理念之"激趣质疑，动心入学"，对低学段的小学语文关于"激趣质疑，动心入学"这一环节进行分析与反思。

一、游戏互动，动心入学

　　《义务教育语文课程标准》在低年级的教学目标中提出，要让学生喜欢学习汉字，有主动识字的愿望。这种喜欢和愿望需要老师在平时的教育中去激发和培养。如在教学"生字"时，用生字卡片，让孩子们3~4人为一小组进行合作，想办法记字。如在教学部编版一年级"天地人"时，老师问同学们玩过"相反动作对对碰"这个游戏吗？老师说举起右手，你们就举起左手。我说什么，你们就做我说的相反的动作，明白吗？老师接着问：如果我把这个游戏变成"相反词语对对碰"，你们会吗？比如我说"左"，你说——"右"。

　　对于低年级的孩子来说，游戏是最能走近其心灵的，因为每个孩子都喜欢游戏。两个游戏的设计都紧紧围绕着教学目标，让孩子在游戏的"趣味"中动心，慢慢走进学习目标，达到动心入学的效果。

二、欣赏童谣，动心入学

　　1. 播放《你、我、他》视频童谣，创设情境识字。将情境带入课堂，将课堂还给学生，给学生更多的活动空间。（你是妈妈，他是爸爸，我是乖巧的小娃娃。妈妈对我说："孩子，孩子，你是妈妈的好娃娃。"爸爸对我说："娃娃，娃娃，妈妈对你说的啥？"我对爸爸说："爸爸，爸爸，妈妈说我是她的好娃娃。"你和我，我和他，你我他是一家，什么都不怕。）将视频定格在最后一句话。

2. 学生尝试朗读这个句子。回忆我们刚才看过的童谣，"你"指谁？"我"指谁？"他"指谁？

3. 教师面向全体同学，用手势分别做出指自己和另外两名同学的动作，引导学生交流："我"是谁，"你"是谁，"他"是谁。然后，学生小组内进行交流表达。

童谣能使学生动心，引导学生在具体的观察体验中体会"你、我、他"的基本意思，然后进行互动交流，在实际的情境中再一次感受三个人称代词的不同含义。

三、播放动画，动心入学

部编版一年级"金木水火土"以动画视频化解教学难点，激发学生的学习兴趣。刚入学的孩子并不是每个人都有拼音基础，有些孩子识字量少，又不会拼音，他们读起韵文来困难较多。小韵文音频和视频就解决了这一难题。

《义务教育语文课程标准》第一学段"识字与写字"中提到，要让学生喜欢学习汉字，有主动识字的愿望，并学习独立识字。在认读剩下的两个字时，教师设计了动作演示和图画观察环节，让学生动心，使学生学得兴趣盎然，并对汉字的演变产生兴趣，更加积极主动地了解汉字的字形与字义之间的联系。在教学"口耳目"中，老师问同学们："你们都看过动画片《哆啦A梦》吧？哆啦A梦有一个神奇的宝贝——'时光机'。只要坐上时光机，我们就可以回到过去。今天，我们一起坐上时光机到古代去看一看。"

四、读题质疑，动心入学

根据低年级孩子特有的年龄特点及他们爱思考、乐于探索新鲜事物的特点。我在读课文前首先给他们提出一个有趣的问题或者是让他们自己读题质疑，在读书中寻找问题的答案。如教学部编版《小蝌蚪找妈妈》时，出示课题，引发学生的好奇心，问学生看了题目有什么感想。孩子们争先恐后表达之后，我顺其自然引导："是啊！小蝌蚪为什么要找妈妈？它们是怎么找的？它们找到妈妈了吗？你们提出的问题能不能在课文里找到答案呢？我们赶紧来读读课文吧！"孩子们的心瞬间活泛起来，兴趣一下子被激发。以兴趣为前提，让学生主动积极地去读书、去预习、去寻找问题的答案，再辅助提一些读书的具体要求，收到的效果非常明显。孩子们通过自己的朗读找到了问题的答案，都会兴奋不已，这种自我激励的效用是无限的。在获得成功发现的同时，孩子们往往又会发现新的问题，培养了他们的探索与创新精神，真正做到了动心入学。

教学部编版二年级《曹冲称象》时，我设计让学生先默读课文，提出问题，再沿着学生的问题来组织教学，问："你有什么问题吗？""曹操为什么要称象？官员们用什么办法来称象？曹冲用的是什么办法？还有没有更好的办法？"然后老师梳理学生的问题，调整自己的教法，循着学生的问题安排教学思路，逐个解答学生的问题。

五、激发兴趣，动心入学

新《义务教育语文课程标准》指出：要让学生充分地读，在读中整体感知，在读中有所感悟，在读中培养语感，在读中受到情感熏陶。这一段话对读做了很好的定位。在新课程理念的支撑下，我为引起学生兴趣，激发学生想象，训练学生从朗读中感悟课文的真谛，以学生为主体，变教材为"用教材"。教学部编版二年级《我是一只小虫子》时，我灵活运用课件及图片，激发学生的学习兴趣，使学生成为课堂真正的主角。

六、借助"拐杖"，动心入学

部编版二年级《拍手歌》由动物图片导入，先是看图片学习，借助图片来帮助认识动物名称；然后去掉图片利用拼音认读动物名称，并请同学们指出特殊音节；接着再次去掉拼音只剩下动物名称，在熟悉的动物名称的带动下认识生字，也许会有学生遗忘某个字的读音，但是马上可以根据词语去猜测出读音；紧接着就是去掉词语中的一个字只剩下本课要会认的生字，其实之前的几步都是在有帮助的情况下认字，有图片、有拼音，或者根据词去猜，而只剩下单独的字是达到最难的程度，在这一过程中让学生反复读，达到识记的效果。

要想让学生获得浓厚的识字兴趣，积极主动地投入以后的识字活动中，这一切的识字体验尤为重要。然而对于刚入校园的学生来讲，良好的学习习惯尚未形成，学习注意力维持时间尚短，学习兴趣容易被激发，也容易消散。因此，识字教学必须建立在"趣味"的基础上，借助多种活动进行，如在看图中识字、在表演中识字等，引导学生经历识字过程，获得识字体验，最终准确识字。

浓厚的学习兴趣能激发学生积极的学习态度，激发学生的兴趣就好比是点燃火药的导火索。因此，教师要充分调动学生的学习兴趣，集中学生的注意力，引发学生的学习动机，引导学生进入动心的学习状态，产生事半功倍的效果。

仁者乐山，智者乐水
（沭阳县人民路小学校舍建筑之乐智楼）

动心入学，质趣共生

——引导学生动心入学初探

沭阳县人民路小学　章　洋

　　问题是思维的起点、创新的基石，质疑是发现的设想、探究的动力、创新的前提。学生不仅要"学会答"，更要"学会问"。提问、质疑可以激发学生积极思考，促进他们动心入学。《义务教育数学课程标准》也把"初步地学会从数学角度提出问题、理解问题，并能综合运用所学知识解决问题，发展应用意识"列为重要的目标。但目前课堂中学生质疑的能力令人担忧。低年级学生提问还算活跃，但随着年龄的增加，学生主动提问题的人数和次数逐年下降。大部分的学生没有问题意识，课堂上只满足于听懂教师的讲课，把自己当作知识的接收机。还有的学生存在心理障碍，有了问题也不愿向老师提出。作为基础教育的数学教师应该意识到在教学中重视学生质疑能力的培养，是培养学生创新精神的起点，也是学生动心入学的有效途径。那么教师在课堂上该如何"激趣质疑，动心入学"呢？我认为可以从以下几个方面着手。

一、创设问题情境，动心入学

　　一个好的数学老师不是在教数学，而是激励学生自己去学数学。质疑是调动学生积极思维的"催化剂"。没有问题，也就难以诱发和激起求知欲望，感觉不到问题的存在，也就不会去深入思考。因此，自主探索的积极性和主动性主要来自于充满疑问的问题情境，教师要善于巧妙地把数学教学内容转换成具有潜在意义的问题情境，在学生思维的"最近发展区"创设情境，引发学习动机，让学生在身临其境中发现问题，从而达到"激趣质疑，动心入学"的效果。例如，在讲授苏教版数学五年级"认识负数"时，因为此节内容与学生之前所接触的知识没有太大关联，为了能让学生动心入学，我设置了一个游戏：

起点	钢笔	铅笔	彩笔
	1	2	3

游戏方案：先准备好一枚制作好的正方体骰子，六个面分别写上两个"1"，两个"2"和两个"3"。让同学们自己去掷骰子，哪个数字朝上就获得相应数字上面的物品奖励。

接下来升级游戏：

无奖品	笔记本	文具盒	起点	钢笔	铅笔	彩笔
3	2	1		1	2	3

当学生再次玩这个游戏的时候，比如学生掷一个数字"3"，这个时候学生们就开始思考到底是选择左边的"3"还是右边的"3"呢？

此时我就给学生们抛出一个问题，遇到这样的问题你们能想出什么办法来解决吗？已被激发兴趣的学生们带着疑问开始展开激烈讨论，学生们纷纷给出不同的解决方案，如给相同的数字标上不同的颜色、做上不同的记号加以区分等非常好的解决办法。然后我让学生带着自己的问题看书本上的解决方案，达到了动心入学的效果。

通过这样的一个游戏环节，激发了学生的兴趣，很顺利地引出了本节课的内容"认识负数"，学生也很容易接受"用正负数来表示相反意义的量"这一概念。数学教学应从学生实际出发，创设有助于学生动心入学的问题情境，引导学生通过实践、思考、探索、交流，获得知识，形成技能，发散思维，从而让学生动心入学。

二、设置问题悬念，动心入学

心理学研究表明，构建迫切学习的活动情境，激发学生的认知冲突，使学生产生迫切学习的心理，有利于营造积极活跃的课堂气氛。教师可以把需要解决的课题有意识地、巧妙地和学生的求知心理之间制造一种"不协调"，在学生的心理上制造一种悬念，从而使学生的注意、兴趣、记忆、思维凝聚在一起，达到动心入学的最佳状态，因而悬念在这里就成为最直接、最有效的诱因。如在学习"认识时间"时，我让学生自学课本，这时，班上有一位同学大胆质疑:"为什么分针跑得快,时针跑得慢?"我立刻意识到这一问题的重要价值,并顺势将问题抛给了其他学生。不想,他们的思维迅速向多方位展开,经过小组讨论与争辩,他们竟获得答案:时针走一个大格是一小时,分针走一大圈是 60 分钟,1 小时 = 60 分钟。试想一下,如果没有这个问题,学生的这些充满求异、创造性的方法与策略又从何而来呢?

三、生成关联问题,动心入学

新课程改革要求教师应多与学生进行一些课堂中的互动,通过生成关联问题、设疑激趣的方式,激发小学生的学习兴趣,达到动心入学的目的。让学生能够积极地对数学知识进行探索与思考,进而有效提升学生的思维能力、逻辑能力及学习能力等,使学生获得全面的发展与进步。在生成关联问题时,教师应将其与数学教材进行有效结合,并向学生提出问题,引发学生的思考,或者也可以让学生主动提出问题,让全体师生一起针对问题进行探讨,以培养学生拥有良好的数学学习习惯。通过这种设疑的方式,能够有效激发学生对于数学学科的兴趣,让学生动心入学。

例如,在学习"三角形的面积"一课中,通过让学生动手做一做,感受"转化"的思想,进而理解三角形面积的计算方法。教师准备两个一模一样的三角形,让同学们自己去拼一拼,看一下可以拼成我们学习过的什么图形。

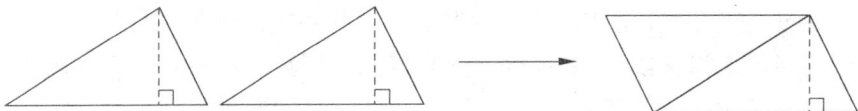

当学生拼成平行四边形的时候,抛出问题:两个完全一样的三角形可以拼成一个平行四边形,那同学们能告诉老师"三角形的面积怎么计算呢"?通过与平行四边形的关联,学生通过思考,很快得出三角形的面积公式。

总而言之,随着新课改的不断深入,教师应勇于摒弃传统的教学手段,激发学生的学习兴趣,调动学生对学习数学的积极性,鼓励学生大胆质疑,做到动心入学,才能使学生数学学习的综合能力有所提升。让我们的教学之心动起来,教师要充分重视激趣质疑的重要性,让学生感受数学学科的无限魅力,动心入学,从而使学生的数学学习水平取得质的飞跃,促进学生更为长远的发展,提高我校的教学水平和教学质量。

静心篇

也谈"静心自学"在小学英语课堂教学中的运用

沭阳县人民路小学　邰　璐

苏霍姆林斯基说:"在人的心灵深处,都有一种根深蒂固的需要,那就是希望自己是一个发现者、研究者、探索者。而在儿童的精神世界中,这种需要特别强烈。"传统教学模式以教师为中心,以灌输为主要教学方法,主要形式为:老师教、学生读,老师写、学生记,老师督促、学生背诵。这种模式不仅较少考虑学生的学习需求、学习风格和学习策略,还极大限制了学生的学习自主性。随着年级的增长,越来越多的学生会对英语学习出现厌烦、抵触甚至恐惧的情绪,其原因大多归于老师们教学理念、模式和方法的陈旧。儿童学习最根本的途径应该是活动,活动是联系主客体的桥梁,是认识发展的直接源泉。根据心理特点,教师放手让学生在动手、动口、动脑的协调之中进行自主探求知识的活动,可发展学生的认知结构。

一、给予学生空间,为学生自主探究提供条件

新课程理念下的英语课堂教学倡导学生主动参与、自主学习。教师要树立人本思想,转变角色,从知识传授者转化为学生学习的参与者、激发者、促进者和指导者。在学生的学习过程中把好方向,随时随地引导、点拨,想方设法为学生自主探究提供客观条件,从而培养学生的自主学习能力。而给学生空间,就是要求教师不要占据大部分课堂时间来讲解有关语言的知识,也不轻易直接告诉学生应该说什么,而是努力通过设问和应用性的交流活动使学生有机会表现出运用英语的能力。

例如,学完译林版小学英语三年级上册 Unit 5 Look at me! 后,我要求学生邀请好友一起开展时装秀表演,对话可以是书上的,也可以是自编自演的。于是学生纷纷离开座位,寻找搭档,边说边演,其乐融融。他们在相互合作的学习中碰撞出智慧的火花,这也为培养学生的自主探究能力和创新能力创造了条件。

二、创设教学情境，提高学生自主探究的兴趣

美国心理学家布鲁纳说："学习最好的动机是对所学学科的兴趣，兴趣是最好的老师。"创造性成果无一不是在对所研究的问题产生浓厚兴趣的情境中的，它是学生自主学习的内在动力，促使学生积极参与学习是课堂教学一直以来的追求，提高学生自主探究的学习兴趣也是有效教学的核心。教师在教学中必须充分调动学生的积极性、主动性和创造性，因此，教师在设计情境时应充分创设出现实的、有意义的、富有挑战性的教学情境，让教学课程的内容更加丰富饱满。要有目的地引导学生发现问题、探讨问题，敢于提出新的想法，使全体学生成为教学活动的积极参与者和探究者，进而实现学生自主参与，教师积极引导，互动互助，动脑、动口、动手相结合的课堂教学，使学生在自主与创新中形成发展性、创造性的思维品质。

如在教学译林版六年级上册 Unit 1 The king's new clothes 童话故事时，为了让学生有效地开展故事阅读活动，并在整体上理解故事内容，厘清故事发展的思路，我通过创设问题情境，让学生在对故事内容的整体感知中初步理解故事涵盖的新的语言知识，问题如下：

1. Who liked the new clothes?

2. Why did the two men visit the king?

3. What happened then?

4. Who did the little boy shout at, and why?

5. Who is clever? Who is foolish?

带着问题，学生们开始尝试自己阅读这个故事，并根据以上问题找出了如下的答案：

S1：The king liked the new clothes.

S2：Because the two men could make the new clothes for the king.

S3：Then the two men showed the king his new clothes and the king walked through the city.

S4：The little boy shouted at the king, because the king wasn't wearing any clothes.

S5：The boy is clever while the others are foolish.

通过创设问题情境，整体阅读故事，让学生初步了解故事的全过程，即两个狡猾的骗子是如何欺骗愚蠢的国王和人们，结果被天真的小男孩拆穿谎言。对故事内容整体上的理解为学生进一步理解课本细节内容做好铺

垫，为下个环节突破相关的英语语言知识提供了一个完整的语境，促使学生根据故事事态的发展对新的语言知识所涵盖的语言意义进行判断，并做出正确的理解。

三、巧用直观教学，使学生充分享受探究乐趣

一个人只要体验一次成功的欢乐和胜利的欣慰，便会激起他再次追求成功和胜利的信念和力量。所以，我们应该根据小学生的心理特征和实际认知水平，为其创造成功的条件，想方设法使其探究成功。因为只有让学生获得成功，他们才会保持足够的探究热情，才会产生强大的内部动力以争取新的更大的成功。根据小学生好动、好奇的心理生理特点，采用实物情景进行直观的教学，这样做既符合小学生的认知规律，又能吸引他们的注意力。

如在教学译林版六年级上册 Unit 5 Signs 课文时，我让学生在课前观察公共场所标识并手工制作标识。这一行为不但使孩子们熟悉了单词和句型，还加深了学生对知识运用场景的理解。教学中尽量少地出现中文，也在很大程度上避免学生用母语作为中介语言来学习和理解英语。

由于小学生的智力发展水平有差异，教师在教学时应针对差异精心设计，分类指导。课堂上，简单的问题让后进生回答，简单的习题让后进生板演。对优等生要鼓励他们求异创新，培养创造性思维。教师对学生探究过程中的点滴成绩，要及时表扬鼓舞，要正视学生之间的差异，实施分层评价，使每个学生都能获得探究成功的体验。

四、提供合作练习机会，深化学生探究能力的培养

课堂教学必须确保全体学生有充足的参与、充足的活动，保证全体学生从"实干"中获得信息和知识。我在课堂中提倡多让学生参加小组讨论、练习对话、角色扮演等，让他们有话想说、有话敢说，尽量创造出机会让学生积极主动参与到课堂中来。我们应该根据小学生的年龄与心理特点，通过自制的游戏、比赛、表演等教学活动来促使学生乐于学习英语。

英语游戏是运用单词、语言结构、套用句型等极好的练习形式，符合小学生爱表现自我、争强好胜、不甘落后的心理特点。课堂提问是启发学生思维的基本方式，它可以为学生创设思考的情境，疏通思考的渠道，提供思考的空间。通过教师的设悬置疑，可以激发学生思考，启迪他们去认识问题，使其思维处于积极主动的探究之中。教师在提问时要留"空余"，

以此来启迪学生的思维。让学生学会质疑，带着疑问走进课堂，才能更好地激发他们自主学习的能力。合作学习是一种体现自我、协调同伴间优势互补的有效学习形式，它能充分发挥每个学生生动活泼、主动学习的内在动力作用。在合作交流中，只要教师根据学生的反应及时调控教学策略，引导学生更好、更深入地进行探究，就一定能发挥它的效能，使各种层次的学生在愉快的合作学习中丰富知识，提高能力。"活动是认识的基础，智慧从动作开始。"合作交流可以调动学生的多种感官参加活动，让学生拥有主动权，使学生得到自主探究、主动发展的机会。学生积极主动地通过操作充分感知和建立表象，从而使学生对自主探究形成深刻的体验。

郭沫若说："教育的目的是养成自己学习，自己研究，用自己的头脑来想，用自己的眼睛来看，用自己的手来做的这种精神。"新课改要求在学习方式上，倡导学生转变以死记硬背、机械训练为主的被动接受式学习，更多地采取主动参与、积极探究、自主学习的方式。在教学上，改变以教师传授为主的教学方式，倡导师生互动、共同发展。教师要注重培养学生学习的独立性，这是对我们传统教学提出的新挑战。每个学生都有学好英语的欲望，尊重学生们自主创造、自我发展的心灵需要，才会让我们得到更优化的教学效果，为学生将来的发展打下基础。

五、加强学习策略指导，培养学生自主学习能力

在义务教育阶段，学生逐渐学会并形成有效的学习策略与方法对提高学习的效果有着非常重大的意义。因此，发展有效的学习策略是英语课程的重要目标之一。英语是一种语言学习，教师可以结合学生母语学习的经验和学科知识的发展需要，通过对比英语和语文两种学科的特点和异同，着重培养学生运用各种学习策略的能力。如学习和模仿英语语音语调，如何高效记忆英语单词，使用英语词汇的方法，英语句型公式的理解；培养学生从听说读写四方面学习英语知识；在创设好的教学情境下，促进学生合作学习并能养成反思的习惯；重点培养学生的语言感知能力和语言学习习惯等。

例如，我们班的学生将课前准备工作归纳为一句话：三笔一尺一纸——红笔、黑笔、荧光笔、直尺、默写纸；候课两分钟期间，所有学生自发朗读刚学完的新内容。习题课，开学第一、第二周往往是我主讲，让学生学习和模仿我的讲题技巧，如题目怎么审？关键词怎么圈？这类题的做题方法等；开学第三、第四周逐步把课堂还给学生，让各个小老师去试

着讲题。其实，我所带的两个班的孩子们一开始都不爱举手发言，这件事也让我很苦恼。所以，我在"安心"环节主动把这个小烦恼和孩子们沟通，孩子们也大胆地告诉我：他们是因为怕讲错，觉得讲错会带来尴尬、自卑的心理，更多的是怕老师的不认可、不喜欢，甚至是批评。所以，作为老师的我们，在培养学生学习的积极性时，要多鼓励、有耐心、多微笑，更多地教授学习方法，而不是教会某一题。"授人以鱼，不如授人以渔"，学习策略的掌握可以使孩子们更主动地参与到课堂中来，增加生生互学的比重，我们的习题课也会更轻松。

在教学中，我们需要根据课程的具体内容，采取多种方式向孩子们展示不同的学习策略。如直接法、间接渗透法、生生合作交流法等都可以让孩子们意识到有效使用学习策略对英语学习有着积极的帮助。在教学过程中，只有不停地尝试各种学习策略，帮助学生自我反思策略运用的结果，根据实际需求再做调整，才能在很大程度上提高学生的自主学习能力并形成具有自我特色的英语学习策略。

西游红楼梦，水浒三国义
（沭阳县人民路小学校园文化小品之溪说名著）

心若静，智自生

沭阳县人民路小学　英小环

　　诸葛亮在《诫子书》中写道："夫学须静也，才须学也。非学无以广才，非志无以成学。"

　　语文课堂是充满诗意的课堂，能够静下心来才能感受诗意，才能体会语文之美，从而真正地学好语文。静心思考是一个人必须具备的良好习惯。新课改之后，原来死气沉沉的语文课堂呈现出勃勃生机——音画结合，师生互动……这些都激起了学生极大极浓的兴趣，教师的表演才能也尽情展现，整堂课看起来精彩纷呈。应该说，这给语文教学带来了无尽的活力。然而，这是否还缺少了什么？我并不否定课堂上教师要有激情，要能够激发学生的热情，调动学生的学习积极性。然而，换一个角度思考，这些课堂有一个共性，就是让学生摒弃了"潜心静读"，冷落了"凝神静思"，拒绝了"会意静写"，久而久之，学生就会形成惰性，不会独立思考，难以独立判断。所以，教师要给予充足的时间让学生进行独立思考，给课堂营造一份"静"界，让"等"成为一种习惯和自觉。

　　《大学》有云"知止而后有定，定而后能静，静而后能安，安而后能虑，虑而后能得"。古人又云"定能生慧，静纳百川"。这儿的"定"是一种"气定神闲"的安宁，是一种"超然物外"的静默。一个人只有心无杂念、专心致志，将智慧、灵感全部集中调动起来，才能有所创造、有所成就。无数事实告诉我们，只有宁静，才会有非凡创造，如何培养学生的静气，这是一门学问，也是一种智慧。那么，语文课堂中怎样做到"静能致远""静生智慧"呢？

一、让学生在"静"中滋养

　　孩子们犹如一只只快乐的小鸟，活泼可爱，但他们集中在课堂的时候，往往会漠视纪律，让老师焦躁不安，甚至失去耐心，使秩序难以维持。课堂常规难以养成，老师常常是声嘶力竭、声色俱厉，以"河东狮吼"来镇压，但收效甚微。其实要让学生静，需要教师自己先静，静和柔是可以传递的，教师心平气和地以静制静，这种"心平气和"来源于老师用平常心看待每一个学生的成长，尊重个体，尊重孩子的性格特点，找出规律，对每一个孩子的教育制定方法，因材施教。诸如课堂混乱的时候，教师可用手势表示"安静""暂停"等，久而久之，学生会习惯用眼睛来搜索老师的手势以做出相应的判断和反应。另外，我们的眼睛也可以代替许多不必要的言语，我们的目光能传递许多信息——表扬、批评、生气、遗憾、制止等。久而久之，学生也学会接受目光传递的信息，读懂目光中的言语。"亲其师，信其道"，和蔼可亲地与他们对话，他们也会还你一个美丽的笑容，送你一份"安静"的大礼。教师的心平气和是一种修养，而这种修养就是教师的文化底蕴，"想有好学的学生，须有好学的先生。"读书提高自身素质是个永恒的主题。美国著名作家弗格森说："每个人都守着一扇只能从内开启的改变之门，不论动之以情或晓之以理，我们都不能替别人打开这扇门。"教师的成长之门只能由教师个人打开，别人是无能为力的。让我们自己打开书，打开自己的成长之门，走向人生发展的最高境界！教师的读书是"一人读书，百人、千人受益"，只有为人师者有了深厚的文化底蕴才能做到心平气和，才能培养出学生的静气，才能更好地把知识传授给学生。老师那轻柔的话语"忽如一夜春风来"，学生的淡定和安静自然使那千树万树"梨花开"。

二、让学生在"静"中阅读

在课堂上不能只是教师一味地唱"独角戏"或让学生无休止地朗读、讨论、回答问题，教师在充分调动一切积极因素活跃课堂的同时，也要注意让学生有足够的自主学习时间，把学生作为一个个活生生的个体，让他们自己在教师的指导下或静静地听，或静静地读，或静静地思考，在静中深化理解，在静中拓展思维，在静中感悟提升。

同时，阅读是由多种心理因素参与的。阅读心理过程是由阅读的认知过程和阅读的调控过程所组成，阅读的调控调动着读者的阅读感知、注意、记忆、思维等各种心理因素，使他们处于高度紧张而积极的状态。其中，阅读的期望调控对阅读的认知过程起着调节和支配的作用，体现着整个心理过程的统一性和主体意识的能动性。它是实现阅读认知过程的必要心理条件。因此，教师在阅读教学中要做好阅读的期望调控。

三、让学生在"静"中倾听

宁静是福，细细品味是很有道理的。静，是一种美好的境界，它恬和、安宁，如一泓秋水，映着明月。古语云"静如处子"，一个"静"字，足见可爱之处。宁静不是平淡，更不是平庸，而是一种充满内涵的悠远。"此时无声胜有声"，可见宁静的气势和力量。学生的静气培养应如春风化雨，滋润心田。培养静气，重要的是培养孩子倾听的能力。教师要以身作则，做个耐心的倾听者，倾听学生的心声，给学生表达的机会，享受表达的愉悦。教师有效的倾听能让学生觉得自己得到了老师的器重、认可和尊重，能激起学生的发言欲望，提高其学习质量。更为重要的是，教师这种认真倾听学生说话的习惯，能给学生树立榜样。教师的语言应该生动活泼、幽默诙谐、富有感染力，教师要想方设法寻找和创造乐趣，活跃课堂气氛，让学生获得快乐，在快乐中接受知识。如让学生在游戏中倾听，小学生的生活离不开游戏，倾听虽然是枯燥的，但只要穿插游戏，学生的兴趣就油然而生了。如游戏"小小邮递员"：每隔五米站一个同学，教师对第一个同学说一句话，然后由他依次传给最后一个同学，最后一个同学再将这句话说给老师听，如果没有说错，就可以获得"小小邮递员"的奖章。再如"火眼金睛"：让学生从老师所读的一些词语中找出一个不同类的，因为有了"火眼金睛"这个好听的名字，学生们参与起来就特别来劲。总之，只要教师做一个有心人，一定能找出许多培养学生倾听的方法。另外，要奖励倾听，养成习惯。一次语文课上，我不小心说错了一个词，坐在下面的小秋同学立即高高举起小手说道："老师，老师，您说错了。"正是这一课堂的小插曲，让我捕捉到教育的契机，马上表扬这个孩子说："你真是一个善于倾听的孩子。"全班同学都投来了羡慕的目光，于是我把一个大大的"听"字写在黑板上，告诉学生：倾听是最好的学习方式之一。聪明的孩子耳聪目明，就是听觉、视觉习惯性地处于聆听和搜寻的状态。在以后的教学中，我不断地对认真倾听的同学进行表扬，尽量让学生养成静心倾听的习惯，保证了学生倾听能力的发展。

四、让学生在"静"中思考

问题是教学流程中不可替代的核心，没有问题就没有教学，正是一个个问题，使得孩子们凝神沉思、理性聪慧。所以语文教学必须重视"问题"的研究，必须钻研"提问"的艺术。一个好的问题能"牵一发而动全身"，能引领学生更好地与文本对话，能激发学生的思维，让学生进入"思"的境界，学生一旦进入"思"的境界，课堂便会安静下来，学生便能进行"自我的收获"。

同时，在课堂上开展深入的、有价值的讨论对话之前，也是需要充分的时间安静思考的。一般来说，思考的时间越长，回答将会更全面、更科学。教师要有意识地要求学生思考问题要深入、要周全，语言表达要周密。这样的强调会让学生养成良好的思考习惯，会提高学生的思维品质，让学生变得更优秀。而这样做的前提是给学生足够的、安静的思考时间。课堂设疑：一是围绕教材重点、难点和关键；二是针对学生实际情况；三是要遵循由易到难、由主到次、由大到小、由分散到集中的原则。力求做到难易适度、张合有序。尤其要保护和激发后进生的学习积极性，使其享受学习的乐趣。如在教学《宇宙生命之谜》时，为了激发学生爱科学、学科学的兴趣和探索未知事物的好奇心，在教学第二段时，我精心设计了这样的问题引导学生"主动探究，静心自学"：（1）生命存在必须具备哪些条件？（2）为什么说火星是地球的孪生兄弟？（3）火星上到底有没有生命存在？请同学们在文中标出相关语句并在旁边做批注。学生通过自读课本，知道生命存在必须具备四个条件：一是适合生物生存的温度，二是必要的水分，三是适当成分的大气，四是足够的光和热。这些条件除了地球，其他行星都不具备。火星虽然与地球极为相似，但环境恶劣到极点，生命难以生存。学生通过"主动探究，静心自学"，不仅体会了文章内容，也对地球之外是否有生命存在仍然是一个未解之谜有了更深刻的体会，从而激发学生爱科学、学科学的兴趣和探索未知的好奇心。在整个教学过程中，我始终以组织者、引导者的身份出现，对于学生的个性化的解读积极予以肯定，不拘解读角度与表达方式，尊重每个学生的个性化认知的选择既是我本性而为，也是遵循了《义务教育语文课程标准》中"学生是学习的主体。语文课程必须根据学生身心发展和语文学习的特点，爱护学生的好奇心、求知欲，鼓励自主阅读、自由表达……"这一理念，将学习的空间留给学生，把学习与表达的机会留给学生，积极创造条件帮助他们走进文字、揣摩文字、感悟文字，在安静的学习环境下积极思维，自由驰骋在思想的"快车道"，不断与他人和自我碰撞、摩擦出思想认识的火花，使学生的"主动探究，静心自学"意识不断增强。

五、让学生在"静"中动笔

在教学实践中，"让学生在课堂上动笔"不失为一个"让语文课堂静下来"的好办法。动笔不是让学生写作业、写笔记，而是给学生一定的时间，让学生安静下来思考，把思考的过程与结果以书面形式呈现，这样便使得学生思考的参与面扩大了，所有的学生都参与进来，根据自己所写的内容发言，使学生的思维更深刻、更全面，使学生的发言更周密、更精彩，而教师可以在一边"于无声处听惊雷"。而且，给学生足够的时间动手动笔，对全体学生特别是对"后进生"有利。如果提问之后马上回答，大多数学生只是随声附和，没有任何的思考深度。所以，应通过有意识地制造"冷场"，给那些思维速度稍慢的学生以较充分的时间和空间，他们就能够充分地去思考，去组织语言，久而久之，他们的思维能力也就会慢慢得到提高。这样做也体现了"语文教育应充分关注学生的个体差异和不同的学习需求"这一新课程理念。如在教学《少年闰土》一文时，最后讲到"我"与闰土依依惜别，表现了他们之间的友谊深厚时，可借助文中插图，让学生想象当时分别的情景，有的同学这样写道："天下着鹅毛般的大雪，院子里，朵朵金黄的梅花开得正艳，像是在为闰土送行。闰土扛着单薄的衣物，拿着草帽，正想走，又被我紧紧地拽着。我低着头，泪水已模糊了我的眼睛，我难过地说道：'你是我最好的朋友，我舍不得你走，我还要和你去捕鸟呢！你走了，我们还会再见面吗？求你了，别走，别走啊……'闰土用冰凉的小手拉开我的手，对我说：'别伤心了，我们还会再见面的，下次我来会给你带鸟毛和贝壳的。你就别伤心了，少爷。'闰土走了，他一步一回头，依依不舍地望着我，而我只有呆呆地、眼睁睁地、束手无策地目送他越走越远，直到他的身影消失在茫茫的雪雾中。眼前留给我的只有那一串串深深的脚印，我无奈地进了屋，泪水止不住往下流……"再如，《穷人》一文的结尾非常含蓄，我在引导学生理解含义的基础上，打开学生想象的闸门，放手让学生续写，其中有位同学是这样写的："你瞧，他们在这里啦，桑娜拉开帐子。渔夫举起马灯，快步走到床前，借着微弱的灯光，他看到西蒙的两个孩子，顿时心中踏实了一些，这时渔夫脸上的严肃消失了，他转过头激动地对桑娜说：'桑娜，你做得对。你的心肠真好！'桑娜没有正眼看渔夫，沉思片刻，叹了一口气，用低沉的语气对渔夫说：'好是好，可是……可是我们已经有五个孩子了，再加上两个，以后生活怎么办呢？'说着桑娜低下了头。渔夫转过头又看了一眼孩子，坚定地说：'不要怕，有我呢，我相信咱们一定能熬过去的。'说完渔夫对着桑娜笑了，桑娜也笑了。"借助插图做情景小练笔，不仅增强了学生想象力，也加强了他们对文章主旨的理解，同时也培养了学生静心学习的良好习惯。

　　著名特级教师李希贵曾说过："老师不要经不住课堂上的沉默，因为，只有活跃气氛而没有屏神思索和思维交锋的课堂不是健康的课堂。"如果我们的语文课堂能适度布设"静场"，那也一定能像音乐的"休止"和国画的"留白"那样产生"不教之教"的美学价值。这无声的"静场"，恰似"冰泉冷涩弦凝绝，凝绝不通声暂歇"，正在为思想感情洪流的迸发埋伏笔、做准备，外虽静内则动，更富有奔腾不息的生命活力。

　　古人云"一张一弛，文武之道"，动静结合正是遵循了一张一弛之道。让我们一起创造语文课堂教学的"静"界，以"静"来挖掘"温度"课堂的深度，让学生在凝神静思中默想，让我们的语文课堂张弛有致，动则激情四射，静则神思飞扬，在动静的和谐相生中尽显纵横捭阖的教师智慧，散发语文课堂的无穷魅力。

知之者不如好之者，好之者不如乐之者

（沭阳县人民路小学校园知乐路）

问题引领，静心探究

——浅谈小学数学课堂上的"主动探究，静心自学"

沭阳县人民路小学　张　亮

"主动探究，静心自学"环节是我校特色的"五心"发展项目，是课程标准所倡导的自主发展的新学习方式。学生在明确学习目标之后，就围绕学习目标自行探究。美国著名的建构主义者冯·格拉塞斯费尔德认为，知识的掌握是学生在特定的情境中运用已掌握的学习经验通过与他人协作主动建构而获得的，而不是通过教师传授得到的。这就强调了以学生为中心，视学生为认知的主体，教师只是对学生的知识建构起促进和帮助作用。静心学习能有效地促进学生在教师的指导下富有个性地、主动地学习。但是在自主感知教材的过程中，形式不只是要有自主的探究，还可以穿插小组合作。因此，在课堂教学中，教师要充分发挥学生的主体意识，让学生的个性得到张扬，培养学生自主学习的能力。如何有效地组织学生开展小学数学课堂中的静心学习，是目前小学数学教师普遍关注的热点问题。下面我结合自己的教学实践，谈谈在小学数学课堂教学中如何组织开展静心学习。

一、小学数学主动探究的意义

我国学者庞维国先生将"自主学习"概括为：建立在自我意识发展基础上的"能学"；建立在学生具有内在学习动机基础上的"想学"；建立在学生掌握了一定的学习策略基础上的"会学"；建立在意志努力基础上的"坚持学"。要真正做到让学生"能学""想学""会学""坚持学"，让课堂成为师生焕发生命的主阵地。

有道曰："授人以鱼，不如授人以渔。"把知识机械地传授给学生，不如教给学生学习的方法，教会学生自己学习，培养学生的自学能力，让学生自己积极主动地去观察、实验、分析，自己探索知识、发现知识、掌握知识，形成一定的数学技能，从而达到"不教"的目的。陶行知先生认为"教，是为了不教"就是这个意思。为了适应时代和社会发展对人才培养的需要，我国各个城市纷纷进行教育改革。在教育教学过程中，教师要改变传统的教学方法，由知识的传授者逐渐变为学生发展的促进者。"自主学习"教改的实验就是实现教师角色的转变，"自主学习"角色引导是让学生积极地参与教学过程，但并不是让学生漫无目的地学习和发展，而是要教师正确引导其自主学习，教师要做指导者和帮助者。

二、怎样培养小学生的自学能力

在数学课堂教学中，我运用"自主学习"的理论指导教学实践，进行了一些尝试和探索。我从以下几点做起：

（一）创设情境，激发学生自主探求知识的情感

情境教学是指通过语言描述、多媒体运用、实物演示、角色扮演、实验操作等多种手段创设课堂教学情景，将认知与情感、形象思维与抽象思维、教与学巧妙地结合起来，充分发挥课堂教学中学生的积极性、主动性和创造性，改变学生单纯接受知识的被动教育局面的一种教学方法。小学生在课堂中的情感体验一般是来自对所学知识的兴趣，而数学的本质是抽象的，小学生抽象思维的发展在很大程度上仍然与感性经验相联系，因此要为学生创设情境、给学生提供主动探求的机会，从而激发学生的学习兴趣。对于小学生来说，由于其心智的发展还不成熟，所以其对周围的事物充满好奇，这就启发我们教师在进行小学数学的教学过程中，要从学生比较感兴趣或者比较熟悉的事物着手，设计合理情境，赋予数学问题以"现实意义"或者使其在小学生眼中看来是"非常有趣"的。在实际的教学活动过程中，当引入新知识或者问题的时候，教师就可以以现实生活为原型，向学生提出一些比较典型的、现实的问题，从而一定程度上提高学生的自我学习能力，有助于引导学生参与学习实践活动，提高自身的知识储备和实践能力。

比如，在教小学数学"认识人民币"一课时，老师可以首先在课堂上展示一幅学生去超市买东西的画面，然后请学生们自主讨论买东西的时候需要准备什么，要注意什么，自己最喜欢吃的零食是什么，价格又是怎样的，在此基础上逐步帮助学生树立对人民币的认识，然后更加深入地发问"怎样付一元钱买一根雪糕"，引导学生讨论有哪几种付钱方案。这样，学生就能够对人民币有一个直观的认识，而且还能够在讨论的过程中增强学

习兴趣，在快乐中学习到知识。

又如，在教学"长方体的表面积"一课前，我先让学生自己回家给妈妈做一个针线盒，他们觉得自己能帮家长做事了，都很开心。第二天，回到学校，提问做针线盒要用多少纸板呢？这样使紧张的气氛有所缓和，使学生自己在情境中回忆。再使用多媒体教学，先出现一个长方体，然后一个面、一个面剪开，变成一个展开图，形象生动地再现昨天他们做针线盒的经过。

（二）活动自究，锻炼学生自主动手操作的能力

活动自究即通过教师精心设计的动手活动，使学生进行积极的自我探究，促进其自主学习，如"摆一摆""移一移""画一画""数一数""剪一剪""折一折"等活动。为了更加有效地提高学生的学习自主性，同时提高学生对小学数学的学习兴趣和探究兴趣，教师也应该努力为学生营造良好的课堂学习氛围。良好的学习氛围能够感染学生积极开展学习活动，有利于学生在轻松快乐的环境中体会学习的乐趣。因此，在开展小学数学课堂教学活动的过程中，老师要积极营造和谐的学习氛围，同学生加强交流和联系，彼此之间建立平等友好的关系，使学生能够在轻松愉悦的环境中有效开展学习活动。此外，教师要关爱、尊重学生，这样学生才会爱戴老师；要不断对学生进行鼓励，使学生能够在学习的过程中感受到教师的友善、宽容、信任和尊重。学生在教师的积极鼓励下也能形成十分丰富的情感体验，有利于形成积极的人生态度，激发学习动力，获得自我价值感。

（三）讨论自悟，充分发挥个人与集体的智慧，主动"创造"新知识

讨论自悟即教师针对学生在"活动自究"过程中的学习情况提出有思考价值的问题，启发学生进行讨论，使学生自我领悟新知识。如教"互质数的概念"时，教材只用了1行15个字进行概括和总结，我通过深钻教材，挖掘教材的内涵，为学生提供了以下5组数：（1）3和5；（2）7和9；（3）8和9；（4）1和10；（5）5和12。通过写每组数的公约数，让学生充分感知、比较，获得互质数的感性认识；再通过分析5组数的不同和相同，揭示互质数的本质特征，得出以下结论：（1）两个质数；（2）两个相邻的奇数；（3）两个相邻的自然数；（4）1和其他自然数；（5）质数与不是它倍数的合数。以上5组中每组的两个数一定都是互质数。学生的思维是广阔无边的，只要留给学生自主发展的空间，让每个学生去主动地参与、主动地创造，就能有效地培养学生的创新精神。

（四）注重知识的实践性，让学生的发散思维得以体现

数学教学在提高人的数学思维方面效果如何，必须在实践中检验，学生能否运用所学的知识顺利地解决日常生活和生产劳动中的一些实际问题，是评价数学教学成败的重要手段。另外，学生的发散思维一直是创新发展的思维形式，任何发明和发现都是首先建立在发散思维的基础上，没有发散就没有创新。对于教学，要让学生到实践中去发现、去思考。

例如，在教完"面积单位"后，让学生课下量一量橡皮、课本、课桌、操场等物体的长、宽，选用合适的面积单位计算出它们的面积。经过实践，同学们总结出不同的物体用不同的单位，小物体用小单位，大物体用大单位，这样应用起来更方便。还有的同学提出疑问，为什么农民伯伯用"亩"作为土地面积的单位，我让他们结合书本中"你知道吗？"的内容去思考，然后想一想为什么现在不常用了。经过分析，学生们很快找出了答案，因为单位换算不方便，数字也不太准确，但农民伯伯习惯了用"亩"作为土地面积的单位，所以延续到现在。这样一来，孩子们既了解了课本中没有提出的问题，又培养了发散思维。

（五）导训自调，让学生根据自我层次做练习

导训自调即教师为学生提供不同层次和类别的练习题，学生自主结合小组选择适合自己的巩固训练，促使学生对自己的学习进行调控，以此提高课堂教学效果，这一教学模式体现了主体观、合作观、活动观和发展观的特点。

综上所述，在小学阶段，学生正处于思维的发育期和意识的定型期，对于自主学习的意识和方式掌握得尚不完善，要由教师引导才能逐步提高学习的能力。对此，小学数学教学需要逐步深入，开展提高学生自主学习能力的教学探索，帮助学校实现素质教育中自主学习的教学目标。总而言之，有效的课堂教学能够唤醒沉睡的潜能，激活封存的记忆，开启幽闭的心智，放飞牵绊的情愫。教育必须以学生为本，只有给学生自主的空间、足够活动的机会，才能真正培养学生的创新能力和创新精神。

心静则意定，意定则慧生

沭阳县人民路小学　仲祝阳

案例背景

苏联教育家苏霍姆林斯基曾说过："在人的心灵深处，都有一种根深蒂固的需要，那就是希望自己是一个发现者、研究者、探索者。而在儿童的精神世界中，这种需要特别强烈。"新课程也倡导"学生是学习和发展的主体。语文课程必须根据学生身心发展和语文学习的特点，关注学生的个体差异和不同的学习需求，爱护学生的好奇心、求知欲，充分激发学生的主动意识和进取精神，倡导自主、合作、探究的学习方式"。可是静下心来自主学习在具体的实施过程中往往达不到预期的效果，经常会流于形式。所以，自主学习的有效性亟待解决。在这一背景下，我校的"五心"教学模式"主动探究，静心自学"给课堂注入了新的活力，不断地研讨和改进使得我们的课堂有了质的飞跃。

案例描述

部编版教材语文六年级上册第 16 课《盼》是作家铁凝的作品。课文以"新雨衣"为线索，从孩子的视角叙述了整个事情的经过。紧紧围绕一个"盼"字，描述"我"有了雨衣，盼变天；下起了雨，盼外出；没法出门，盼雨停；盼来雨天，快乐出门等小事件。课文在表达上有两个特点，很好地说明了本单元的语文要素：一是"紧紧围绕中心意思，选取不同事例"；二是"把重要的事例写得具体生动"，如详细描写了盼下雨、盼外出、盼雨停等事件。

在教学中，我先设法让学生静下心来，再自读课文，找一找课文是通过哪些事例来写"盼"的？给足学生时间自学（提醒学生不动笔墨不读书），然后引导学生一步一步地说出自己的想法和看法。

师：同学们，一定找好了吧！谁先来给大家说说看？

生：我看到了一个地方，就是第三自然段，这段的开头就说"我开始盼着变天"。

师：哦！是盼着变天吗？（生：当然不是了）那么实际上是盼着做什么？（启发学生回答）

生（齐声）：盼着穿新雨衣。

师：说得太对了！那么，谁能找出写"盼"的事例？

生：大晴天的穿雨衣也算。（小孩子有了新东西，都想炫耀一下呀）

师：对，这当然是"盼"呀，作者说为了穿雨衣，她竟然热了一身汗。"盼"的心情可真是急切呀！文中还有什么地方也能看出作者在"盼"呢？

生：果然，随着几声闷雷，头顶上真的落上了几个雨点儿。我兴奋地仰起头，甩打着书包就大步跑进了楼门。

师：你能说一说从哪几个词语中最能看出作者的兴奋劲儿吗？

生：甩打、大步、跑。从这些词中都能看出作者的兴奋劲儿。

师：你注意到了，真不错。大家想一想：我们遇到了兴奋的事情会有怎样的表现呢？（跳起来）大家继续说。

生：我觉得作者和妈妈对话的那一部分也能看出作者"盼"的心情。

师：作者是找种种借口想出去，妈妈好像看透了她的心思，不想让她出去，于是就有了这一段很有意思的对话。我们请两位同学来表演一下好不好？谁来演妈妈，谁来演蕾蕾？（两名学生练习对话，在读中感受"我"渴望穿上雨衣外出的急切心情）

师：从这一部分我们都看出了蕾蕾一心想穿新雨衣，于是就说想去打酱油、炖肉。爸爸说要炖肉，但是妈妈说自己把酱油带回来了，不炖肉，最终我也没得到妈妈的允许，只能是看着外面的雨，心里干着急。下面各位同学分角色来读一读！

师：大家都很投入，一定体会到蕾蕾当时"盼"着出去的急切心情了。还有表现"盼"的地方吗？

生：蕾蕾希望雨先停下，等明天再下，这是不是"盼"？

师：同学们说一说，这是"盼"吗？

生：是"盼"！"盼"着雨停下，"盼"着雨明天下，自己就可以穿雨衣了。我觉得这里也是写的"盼"。

师：对，太对了，分析得头头是道。

生：接下来的地方还是"盼"的一个表现，蕾蕾看见雨后的景色，想象着雨点淋在雨衣上的情景。因为"盼"所以才会这样想。

师：生活中，我们也有很多的"盼"，很多时候梦里还会出现，你有这样的体验吗？能和大家说一说吗？

生：我一直盼着放风筝，好几次都梦见自己在草地上放起了风筝，风筝飞得好高好高，后来我都看不见了。

师：你这是"盼"飞心切呀！其他同学还有想说的吗？

生：我一直想吃澳门豆捞，一听别人说起，就流口水。

师：你这是"盼"吃的心切呀，哈哈！刚才我们先从课文中找到了蕾蕾"盼"穿新雨衣的几件事，然后有几位同学又讲出了自己心中的"盼"，我们知道，写文章要围绕中心意思选择事件来写，写最能表现中心的事例，这样写出来的文章才会给读者留下深刻的印象。

师：现在我们再来看第二个问题，找一找描写"盼"这一心理活动的地方。心理活动就是心里的想法。大家都静下来找一找，再说一说。

生：太阳把天烤得这样干，还能长云彩吗？为什么我一有了雨衣，天气预报就总是"晴"呢？

师：心细的同学一定发现了什么（生：两个问号），是的。这里用了两个问句，为什么要用问句，直接说天上不长云彩，天不下雨不好吗？

生：不好，因为问句更能表现作者当时的心理活动。

师：说得真好！如果你是小作者，你会不会和作者一样埋怨老天呢？（让学生独立思考）

生：我也会用问句，老天呀，你怎么就是不下雨呀？求求你了，就下点雨吧！我想穿我的新雨衣呀！

师：蕾蕾认为老天在和她作对，故意不让自己有穿雨衣的机会，你们怎么看呢？

生：当然不是作对，只是蕾蕾一心"盼"着穿雨衣，太着急了，就认为是老天不给她机会。

生：以前"晴"的天气很多，因为没想穿雨衣，所以没在意。

师：同学们说得真精彩，比我说得还好，真了不起！

……

师：这些心理描写的句子形象逼真地写出一个孩子天真的想法，她太想穿新雨衣了。这些心理活动的描写有什么好处呢？不仅能更好地刻画人物，还能表达出人物的思想感情。同学们以后在写人或记事的文章中也要学习这种写法。

📖 案例反思

《盼》这篇课文语言浅显精练、通俗易懂、生动活泼，为我们呈现了一幅美好的童年生活画面，文中的"我"心底的渴盼更是触动了孩子们的心灵。

在课堂上需要我们教师做的是：创设问题情境，使学生"想"探究；改善教学策略，使学生"能"探究；营造民主氛围，使学生"乐"探究。我们要给足学生"自主探究，静心自学"的时间，帮助学生"去浮躁、生静心"，让学生能够静下心来认真研读文本，悟出字里行间所蕴含的思想情感。我们都知道，如果是学生自发自觉地主动参与，那生成的教育意义与教师的生硬解释有着天壤之别。这就要求教师对文本熟知，并能敏锐地发觉问题的价值，一旦问题铺展开来，作为教师对它的动向，就要把握得不偏不倚，处理得恰到好处。如果随意把握生发点，目标不定或指向不明、方法不当，都有可能导致丧失语文教学的特点，造成无效的生成。

采用恰当的方法和策略让学生拥有一个良好的学习心境，少一分躁动，多一分主动，多一分静心。让学生尽可能去"想"，尽可能去"看"，尽可能去"做"，把握课堂内与众不同的声音。当学生在表达自己观点的时候，教师不必过早地证明自我的观点，应该让学生尽可能地表达完整和清楚。要知道教师的"权威"在某种程度上始终存在，这会无形之中给学生造成压力。

"知之者不如好之者，好之者不如乐之者"，创设情境，激发学生的学习兴趣，让学生乐于自主探究，静心自学，使学生成为课堂的主人，才是我们教育工作者的最终目标和更高追求。

静听心语，感悟友情

沭阳县人民路小学　孙云斐

　　《纸船和风筝》是小学语文新教材第三册里的一篇课文，讲述的是一个美丽的故事。故事中纸船和风筝让松鼠和小熊成了好朋友，在他们为了小事吵了一架后，又是纸船和风筝让松鼠和小熊重归于好的，故事内容感人至深。我喜欢读这个故事，我想孩子们也一定很喜欢读，因此我就重点抓了"悟读"。静心自主学习不是教师强制布置给学生的任务，我们也无法强制让他们完成，这需要学生以较强的自主性和主动性为前提。也就是说，想要让学生自主学习，必须先让他们产生学习的欲望和兴趣，而培养学习热情是第一步。我们要善于抓住他们的小心思，设计一些能够吸引他们目光的问题，令他们主动参与进来。静心，需要给学生一个充分思考的空间，让学生通过独立思考而有所收获，教师只有给学生独立思考的空间，才能让学生静下心来主动学习。

教学案例

　　师：同学们，这节课让我们继续读一读《纸船和风筝》的故事，好吗？

　　生：好。

　　师：是纸船和风筝让松鼠和小熊成了好朋友，那么让我们进入故事里面去好好分享他们成为好朋友的快乐吧！（听录音读1~6自然段）

　　听完后，出示投影一：小熊收到松鼠的纸船乐坏了。投影很生动、很形象，学生感受到了小熊乐坏了的样子。

　　师：瞧，小熊啊，他乐坏了。大家找找课文中讲小熊乐坏了的部分好好读一读。

　　学生立即找到并读了出来。

　　师：谁想把这部分读给大家听一听？

　　好几个学生举起了手，老师指名让学生读，然后教师出示小熊乐坏了的句子，边板画山顶、小溪，边贴上纸船和小熊的图像，边引导说话。

师：是啊，小熊可真乐坏了。有一天，从山上的小溪里竟然漂来了一只纸船。纸船里放着松果，松果上挂着一张纸条，纸条上写着："祝你快乐！"小熊能不乐坏吗？

师：谁还想读一读小熊的快乐？

借助板画，学生感受更加形象，读的积极性也比较高，又指名一位学生读，他的语气比较轻快，想努力表现小熊的快乐。

师：啊，你这只小熊也乐坏了。还有谁想分享小熊的快乐？

又有一位学生站起来朗读，为了突出小熊的快乐，他突出了重音，加快了语速。

师：你也读出了小熊的快乐。

师：让我们大家一起来读一读小熊的快乐吧，来体会他的快乐，分享他的快乐。

学生齐读1~6自然段，总体读得比较欢快，看得出，这快乐真正进入了孩子的内心深处。

《纸船和风筝》这个故事是美丽的，是感人的。我通过重点抓朗读和运用多种形式（投影、板画、贴图像等）来激发孩子悟读的欲望，让孩子能够真正静下心去体会他们之间的友谊，从而促进孩子体会和感受小熊和松鼠的快乐。这样的方式方法让学生们直观形象地感受到了他们的快乐，也让他们努力地从朗读中去体会，读出了欢快的感觉。课后，我问孩子们："你们还有什么不懂的吗？"立刻有几只手举了起来。

生1：小熊怎么知道那纸船是松鼠送来的啊？

生2：纸船里有松果啊！

师赶紧引入：读第一段就明白了啊，松鼠住在山顶，小熊住在山脚。

生3又很快站起来问：小熊又不吃松果，松鼠干吗送松果给小熊？

生4：是啊，松鼠才吃松果啊！

生5：松果是松鼠最喜爱的、最珍贵的食物，现在松鼠把它送给了小熊，这表示着松鼠对小熊的好啊！

师适时介入：是啊，虽然小熊是不吃松果的，可松果是松鼠的最爱。松鼠把自己最好的东西送给了小熊，这不正表示着松鼠是真心想结交朋友吗？

师：难怪，小熊收到这么珍贵的礼物他乐坏了。

啊，多么简洁生动的回答，孩子们听了纷纷点头，自然地再次引读小熊乐坏了的这段话。

　　我的心被震了一下，这不正深挖了课文吗？这不就是我们内心深处的问题和答案吗？当孩子们能真正静下心来想问题、真正静下心来投入文本中时，我想这节课就是成功的。

　　这一自然引入，孩子们跟松鼠和小熊之间的距离拉近了。这是一次心与心的碰触，这一次，学生们读得很投入，那快乐是由内心深处迸发出来的，表现在朗读上是动情的。我索性又临时发挥，让孩子们看着小熊乐坏了的投影，来演演小熊乐坏了的情景。让他们边读边演边体会，其中还要加上小熊的动作，还要想象小熊会怎么说。

　　一学生边想象边演，他拿起纸船，轻轻地闻了闻松果，拍着手欢叫："啊，多漂亮的纸船啊，还有松果呢？真香！对了，一定是松鼠妹妹送的。松果是松鼠妹妹最喜欢的东西，她把松果都送给我了，她对我真好！"看着孩子们生动的表演，看着他们沉浸在故事里面那快乐的笑脸，我知道，这一次他们是真的和小熊一样快乐。

　　课后孩子们提出的那个问题，竟如一石激起千层浪，打破了原本朗读的平淡，激活了孩子们心中的情感。这个小小的问题激起了孩子们思索的兴趣，在孩子们你一言我一语中，对课文的理解竟不期悄悄地深入，再通过表演朗读，孩子内心的情感得到了真实的流露，悟读也就更深入了。这样的悟读是动情的、成功的，它读到了孩子们的心灵深处！

　　所以，悟读课文如果能在形式多样和反复朗读的基础上，巧妙地设计一些"小问题"，或巧妙地把握孩子们提出的"小问题"，并进行恰当引导，这样的课堂定会因生成而精彩，因生成而美丽，从而收到意想不到的效果。

静心鉴析文本，提升思维之"质"

沭阳县人民路小学　李　瑾

案例背景

《义务教育数学课程标准》有一个重要的理念：有效的数学学习活动不能单纯地依赖模仿与记忆，动手实践、自主探究与合作交流是学生学习数学的重要方式。数学课堂教学活动应当是一个活泼的、主动的和富有个性的学习活动空间。让学生在动手实践中、在自主探索中、在合作交流中去思考、去质疑、去辨析、去释疑，直至豁然开朗。

苏联教育家苏霍姆林斯基曾说："在人的心灵深处，都有一种根深蒂固的需要，那就是希望自己是一个发现者、研究者、探索者。"新课程理论提出："要把课堂还给学生，让课堂焕发生命活力。"学生是学习的主人，教学最终要落实到个体的学习行为上，学生只有通过自己的实践体验，才能真正对所学内容有所感悟，进而内化为己有，在学习实践中逐步学会学习。在新课程理念的指引下，我校立足自身的校园"乐"文化和学生身心发展的规律，以及相关教育教学规律，构建了"五心"教学模式。其中"主动探究，静心自学"环节中的静心，是一种觉知、领悟，也是一个心理学概念，指心灵安定宁静、心神安定。《庄子·达生》中说："臣将为锯，未尝敢以耗气也，必齐以静心。"意思是说，我要开工动手做锯时，从不敢随便耗费心力，必须安定心神。古人做木工活尚需安定心神，学生自主学习，静心更是必要。下面我结合章安乐老师执教的苏教版数学二年级上册"认识厘米"一课，谈谈他在这一环节的设计构想。

案例描述

（一）统一长度单位

师（出示课件）：这条线段有几根小棒长？

播放音频

男生：我量了5次，线段有5根小棒长。

女生：我量了4次，线段有4根小棒长。

师：谁的小棒长？

生：女生。

师：确定吗？跟同桌说一说你的想法。

生：确定，因为女生量的小棒次数比男生少，所以女生用的小棒比较长。

师：男生和女生要想量的次数同样多？你有什么建议吗？

生：要用同样长的小棒。

师：是啊，我们需要一个统一的标准来量。这么长是一厘米（出示1厘米长小棒）。

(二) 建构1厘米的表象

师：这根小棒长多少呢？

生：1厘米。

师：厘米是一个长度单位。

师：1厘米的小棒怎么样？

生：好短呀！

师：为了记住它，我们一起做一个小游戏。跟着老师一起说一起做。

师：握紧拳头，变成小鸟，张开小嘴——1厘米。（边说边做）

师：比画得对吗？用1厘米的小棒验证一下。

师：看着它，闭上眼睛想想看，1厘米有多长呀？

师：想想看，生活中，哪些物体的长度是1厘米长呢？

生：花生米、指甲……

师：章老师也找了一些。你看生活中这样的图钉长度是不是大约1厘米？我们写汉字用的田字格，它的长度大约是1厘米。

师：要不要去帮助男生，来看看他们的线段到底是几个1厘米长？

师：2个1厘米有多长呢？

生：2厘米。

师：5个1厘米是几厘米？

生：5厘米。

师：谁的线段长？现在会不会错了？为什么？

生：因为用的小棒一样长，都是1厘米。

（三）生成尺

同桌合作，量一量线段的长度。

师：（请学生示范）把这4厘米搬到电脑上来。

师：刚才我们量4厘米长的线段，要用4根这样长的小棒。那量7厘米长的线段要用几根小棒？10厘米呢？100厘米呢？你愿意来搭吗？

生：不愿意。要用100根小棒，可以选择长一点的小棒来量。

师：还是用这些小棒，你有什么办法？

生：把10根小棒并在一起。

师：我再听听你的奇思妙想。这回你真的很有高见。对，我们要认真倾听。

师：原来是零散的，现在把它们拼在一起就方便多了。

师：我们把小棒一根一根连起来，看看有什么奇迹。

师：如果我们画下来，标上数字，你想到什么了？

生：这是尺子上有的东西。

课件：线段、尺

师：在这把尺上，你能找到1厘米吗？

师：这种长长的线，咱们就叫它"长刻度线"。长刻度线下面对应着数字0就是刻度0，长刻度线下面对应着数字1就是（生：刻度1），从刻度0到刻度1之间是1厘米。那从刻度几到几是1厘米？

师：我们找着找着，说着说着发现了什么？

小结：只要是紧紧相挨的两个数字，它们之间的长度就是1厘米。尺就是由许许多多个1厘米组成的。

（四）再用尺量线段的长

学生独立量第一条线段的长度。请学生上台演示。

师：怎么来确定他的量法是正确的。（生：用1厘米长的小棒去量）

课件展示不同的量法

师：（展示错误量法）你觉得行吗？

生：不行，没有从0刻度的地方开始。

展示尺子没放正的量法

生：尺子要放正。

展示3种正确的方法

师：哪一种方法最好？

师：一切从零开始。从零开始量最方便，用这个方法量第2条线段。

量第 2 条线段。（学生上台演示）

量第 3 条线段。（斜的）

师：这次量对了。

案例评析

（一）激发探究动机是自主探究、静心自学的前提

学习动机的激发是学生进行自主探究活动的内在动力，它能有效地引发学生积极地参与到探究学习活动之中。巧设问题情境能很好地吸引学生的注意力，让学生静下心，有效地引发学生的探究动机。为此，教师根据数学学习内容，利用数学的实际应用价值或利用新知与原有认知结构的认知冲突创设问题情境，把学生引入迫切希望探究的情境。章老师先出示"男生量线段用 5 根小棒，女生量线段用 4 根小棒"，让学生猜测谁的小棒长，然后教师出示线段图，让学生明白并不是小棒多的线段就长，要比较线段长短，用小棒来量的话，它们的长度要相等，以此让学生理解统一单位的必要性。

（二）营造和谐氛围是自主探究、静心自学的基础

民主、平等、和谐的学习氛围是学生创造力的根基。民主宽松的学习环境、平等愉悦的学习氛围有利于消除学生学习的心理负担。而静心是一种觉知、领悟，只有激发他们的创造热情，使他们敢想、敢说、敢做，才能让学生勇于表现，乐于创造。为帮助学生建构 1 厘米的表象，章老师先是让学生观看老师的比画，接着让学生跟着比画 1 厘米，然后教师让学生再想一想、找一找生活中大约 1 厘米长度的物体，最后再引导学生认识几厘米。

（三）注重实践活动是自主探究、静心自学的重要途径

"让学生动手去做数学，而不是用耳朵听数学。"学习任何知识的最佳途径是通过自己的实践去发现，因为这种发现理解最深，也最容易掌握内在的规律、性质和联系。因此，教学中要给学生留有足够的实践活动空间，让每个学生都能静下心来思考，都能积极主动地参与活动，在动手中研究学习，在学习中动手实践，在实践中探索创新。这里，章老师设置了一个疑问：7 厘米长的线段用小棒量，一根一根要搭几次？10 厘米呢？100 厘米呢？感觉怎样？进而生成厘米尺。学生在观察过程中发现：相邻两个数之间的长度就是 1 厘米。接着让学生认识厘米尺，让学生在观察交流的过程中，就经历了尺子的生成过程，最后用尺量线段的长，探究量线段时需要

注意的地方，在活动中深化对本课知识点的理解，巩固测量线段的方法。

从上面我们看到，章老师能针对学生特点，设计贴近学生生活的数学课堂，充分调动了学生主动探究的热情，让学生真正经历一个知识的形成过程。在老师的引导下，学生的智慧火花不断闪现。

数学教育思想家波利亚认为："良好的教育就是系统地给学生自己发现事物的机会。"我们需审视小学数学教学中的自主探究式学习，培养学生静心自学的能力，以使数学真正与探究同行，创设一个活泼的、主动的和富有个性的生命数学课堂。

金陵十二钗，红楼梦中人
（沭阳县人民路小学校园文化小品之溪说名著"金陵十二钗"浮雕）

在探究中成长，于静心中升华

——例谈小学英语课堂"主动探究，静心自学"的重要性

沭阳县人民路小学　李晓静

📚 教育理论背景

美国著名心理学家布鲁纳曾指出："学习是一种能力的建构过程，应积极培养学生本身能力的自信感，使教学过程中学生成为一个积极的探索者。"新课程的教学理念也倡导以学生的发展为本，以"主动探究，静心自学"的教学方式，面向全体学生，使每一个学生都学会学习。由此可见，教学过程必须是学生主动参与的过程，要尽力激发学生的求知欲，让学生自己动脑去主动探究，促使自己静心自学，大胆探索，主动发展。

学生不仅仅是一个学习者，更是作为一个完整意义上的生命去体验和探索。学习知识对于学生来说，是需要调动自身的生活体验全身心地参与和创作的过程，为此要不断增加自己的生活体验，获得丰富的成果体验，并使之成为自己生命结构中的重要组成部分，从而提升生命的质量。让学生主动参与探究学习，产生探究的欲望，并能够自己静心自学，很大程度上取决于教师在新课导入时创设激趣情境。而促使学生能够更主动地进行探究学习，静心自学，增强学好英语的自信心，则很大程度上取决于学生对探究成功的体验，并在体验成功的同时激起新的探究欲望，进而在新的尝试探究中取得新的成功。

"主动探究，静心自学"的教学方式是指学生在教师的指导下，从自身生活中选择和确定研究题目，以类似科学研究的方式主动地获取英语知识，在掌握知识的同时，让学生体验和理解探究问题的方法，进而培养其创新精神和静心自学的能力。我国著名外语教学法专家王才仁指出：教学的实质是交际，是师生之间、学生之间的思想感情和信息的交流，师生是平等、合作、互动的关系。

实施以创新精神和实践能力为重点的素质教育，关键是改变教师的教学方式和学生的学习方法。设置"主动探究，静心自学"的教学目的在于改变学生以单纯地接受教师传授知识为主的学习方式，为学生构建开放的学习环境，提供更多渠道获取知识，并将学到的知识加以综合应用于实践的机会，促使他们形成积极的学习态度和良好的学习策略，培养其"主动探究，静心自学"的能力。

教学案例

Unit 3 A healthy diet 是译林版小学英语六年级下册的教学内容，本单元围绕"合理健康的饮食习惯"这一人们关注的话题展开学习，并反思自身的日常饮食习惯是否健康。具体教学过程如下：

1. Free talk

T：How are you?

S1：I'm good.

S2：I'm hungry.

T：Did you have breakfast this morning?

S2：No, I didn't have breakfast this morning, because I got up late this morning.

T：I'm sorry to hear that. Perhaps you can come to my office after class, I'll give you some bread and milk.

S2：Thank you.

T：Tim didn't have breakfast this morning. Is it good or bad? Why?

S1, 2, 3...：I think it's bad. Because it is bad for our heath.

T：Yes, so breakfast is very important. To keep healthy, we should have a healthy diet. Today, let's learn "Unit 3 A healthy diet".

T：A healthy diet means a healthy eating and drinking. What is a healthy diet? What should we eat/drink/have? What shouldn't we eat/drink/have? Why?

S1：We should drink a lot of water, because it can take away the rubbish from our bodies.

S2：We should drink a lot of milk, because it can make us tall and strong.

S3：We shouldn't eat too much sweet food, because it's bad for our teeth.

S4：We should eat a lot of eggs, because...

（学生利用已有的知识储备，结合自己的生活经验，谈一谈对"A healthy

diet"的理解)

【设计意图】 先通过简单的聊天,把学生的注意力从课间转移到课堂,让学生可以安心候课。接着引入饮食话题,让学生想一想,积极地讨论什么东西我们应该多吃,什么东西要少吃,这个环节可以激发学生兴趣,让学生动心入学。

2. Story time

(1) **T**: Look, who is he?

S: He is our old friend, Mike.

T: Do you want to know Mike's diet? Does Mike have a healthy diet? Why?

a. Read and underline.

T: Does Mike have a healthy diet? Why?

b. Listen, repeat and check.

(2) **T**: Look, who is she?

S: She is our old friend, Yang Ling.

T: Do you want to know Yang Ling's diet? Does Yang Ling have a healthy diet? Why?

a. Learn by yourselves.

b. Have a check.

【设计意图】 经过热烈的讨论之后,学生们开始带着问题自读课文,静心思考。学习中热闹的环节是为了吸引学生的注意力,而真正的目的是学习知识,所以学生"主动探究,静心自学"的环节非常有必要。本课的知识与生活息息相关,学生对此也非常感兴趣,因此静心自学环节过渡得也非常自然。

案例反思

在 Unit 3 A healthy diet 的教学中,我先通过与学生简单地聊天,了解学生早上吃早饭的情况,结果遇到了一位没有吃早饭的同学。我非常友善地邀请这位同学课后到办公室吃些面包和牛奶。这一小小的举动拉近了师生关系,让学生可以安心候学。接着,学生利用已有的知识储备,结合自己的生活经验,谈一谈对"A healthy diet"的理解,这一环节贴近生活,让学生有充分的参与感,学生可以主动参与探究学习,产生探究的欲望。然后,我介绍孩子们的老朋友迈克,并问学生想不想知道迈克的饮食,他的饮食习惯健康吗？从而激发学生的好奇心，产生"主动探究，静心自学"的欲望。随后让学生带着这样的疑问自读课文，找出答案，并做出解释。学生自主学习的能力各不相同，在学生完成任务后，我设置了听录音验证答案的环节。对于能准确找到答案的同学来说，他们非常有成就感，信心倍增，对于下一环节的自主学习有很大的调动作用。对于没能找到答案的学生来说，这也是一种及时的帮助，避免他们陷入苦恼中，保护了学生"主动探究，静心自学"的积极性。在学生自读课文找答案的时候，教师可以给有需要的学生一些提示，帮助他们顺利完成任务，增强"主动探究，静心自学"的自信心。总而言之，教师在运用"五心"教学模式中"主动探究，静心自学"这一环节时，要把学习的主动权交给学生，让学生成为学习的主人，只有这样才能达到有效教学的目标。

《基础教育课程改革纲要》从全面贯彻党的教育方针、全面推进素质教育的要求出发，提出教育要着眼于未来，重视每个人一生的发展，关注每个学生潜能的开发、个性的发展，要求学生要在教师的指导下主动地静心自学。而要想让学生主动地静心学习，教师就要培养学生"主动探究，静心自学"的意识，运用多种方法，使其养成"主动探究，静心自学"的习惯。

言必诚信，行必忠正

（沭阳县人民路小学校舍建筑之乐信楼）

主动探真知，静心学妙理

——五年级上册 Unit 3　Our animal friends 教学反思

沭阳县人民路小学　卢连玉

在教学实践中，我始终以"五心"教学模式贯穿课堂，并且不断在教学实践中探索研究如何设计"主动探究，静心自学"的环节，根据学生心理特点设计能引发学生求知欲、探索欲的问题。

在教学译林版小学英语五年级上册 Unit 3 Our animal friends 这一课时，我在"主动探究，静心自学"环节设计了两个问题，"What animal friends do you have?""What features do these animals have?"。我本想让学生在阅读全文后，自己找出答案，可是在上了一节课后，我发现，在这一环节，虽然学生自己在找答案了，但是学生的回答都不够完整、不够系统，并且不能用本节课的重点句型"She/He/It has… "的句型来回答。而且还有一部分学生自学能力较差，在简单读了一遍课文后便坐着等待老师公布结果。本课时的教学目标中要求：课上学生能够运用"She/He/It has… "的句型来描述动物。但在这个环节中，学生没有运用这个句型，导致练习的效果不佳，没有达到我预想的课堂效果。所以，我不由思考：在"主动探究，静心自学"这个环节，怎样才能让学生主动起来呢？

在上第二节课前，我把问题换成了一张表格。我想，让学生主动探究就要让学生产生想学的欲望，这主要是为了提升孩子的学习动力。一个孩子要想主动探究，首先要有探究的兴趣。孩子对某一事物产生探究的兴趣，一定是通过主动做一件事获得了成功，并受到同学和老师的赞同和鼓励，使得孩子产生满足感和成就感，并且使孩子对这件事产生进一步探究的浓厚兴趣。所以，兴趣和成就感都是产生探究动力的源泉。

在表格中，我呈现了文中出现的动物的局部身体部位，孩子们都充满好奇心和浓厚兴趣，争先恐后地猜测这些是什么动物。我在表格中还列出了一些关键词，如动物的颜色、身体的大小、眼睛、嘴巴、腿、胳膊等，也暗示了学生可以从哪些方面来描述动物。然后在表格上方用句型"It has... "做提示，让学生在完成表格的同时圈出书上的关键词。学生在这一活动中不仅变得有事可做，而且他们在完成表格的过程中还可以互相对比动物之间有什么区别，不同动物的身体部位之间有哪些异同。学生们还学会利用我的提示主动思考，用"It has... "的句型来描述这些动物的身体部位。而且不同组、不同学生之间也会产生竞争，会互相比比看谁找得多、找得快，说得准确。在这个过程中，学生不仅要静静地认真浏览全文，还要学会对信息分类，分析在读课文的过程中所收获的信息。由于学生主体不同，填表的方式也不同，解决问题的方法也会多种多样，这就为下一环节"合作交流，热心研学"做了铺垫。老师在这个过程中，主要起引导作用，提示学生用"He/She/It has... "的句型把表格中的内容用语言表述出来。而学会用这个句型表述的前提，就是要自己静心思考，组织词汇，自我完善。作为整节课最重要的环节之一，"静心"无疑是学生能否发挥其主观能动性的重要部分，能否"静心"也就成了学生学习效果存在差异的重要原因之一。

事实也证明了这一点，我第二次上这节课时，学生们都能积极主动地参与填表的过程，每个人都找得很认真。学生之间也暗暗地形成了互相竞争的趋势。小组与小组之间都在互相比拼着，看谁能够快速地完成表格，并且用准确的语言将表格中的内容转换成文字来描述我们的动物朋友。虽然我只下了简单的指令：请同学们认真完成表格，并尝试用我们所学的句型来描述我们的动物朋友。但同学们完成的远比我下达的指令多得多。学生不仅能在文中准确地找出不同的动物对应的身体部位是怎样的，而且在填表的过程中，互相比较四种动物并发现：鱼是没有手臂、没有腿的，而其他动物（狗、兔子和鹦鹉）都是有腿、有尾巴的。有腿和有尾巴的动物之间也是有区别的，如狗和兔子有四条腿，但鹦鹉只有两条腿。它们的尾巴也存在差异，有的是大尾巴，有的是小尾巴，这些都是同学们自己在主动探究的过程中总结出来的。学生发现的这些动物之间的区别、不同动物的身体部位的异同，该如何用"It has... "来表达等，都远远超出了我所预期的效果。整节课也变得不那么死气沉沉了，师生互动也更加顺畅，学生们在这个过程中熟练掌握了"It has... "的句型。在这节课的下面两个环节中，大部分学生都能用"It has... "的句型来描述自己的动物朋友，为下面的游戏环节带来了许多便利。在游戏环节中，师生通过描述动物，完成你来说我来猜的游戏，如果没有"主动探究，静心自学"这个表格里的项目让学生操练句型"It has... "，那后面的环节也将很难进行下去。主动探究的过程，就是让同学们把原本书上的内容，通过自己不同的方式，内化成自己的知识。一些自学能力较强的孩子，还能举一反三，熟练掌握"She/He/It has... and..."和"She/He/It has no... or..."的句型。在课堂的最后，有的同学描述了自己的动物朋友小乌龟，有的同学描述了老虎等。整个过程充满了乐趣，从一开始不敢开口说到后来抢着说，这足以证明我在"主动探究，静心自学"的环节所做的调整是有用的。

看来，要想将"主动探究，静心自学"这个环节落到实处，首先要让学生对所学内容充满兴趣，激起探究欲望；其次要让学生积极主动地将书本知识内化成自己的知识。我相信，只要我们不断地探索、改进，一定能够寻求到一条更加高效的学习路径。

草船借箭，满载而归

（沭阳县人民路小学校园文化小品之溪说名著"草船借箭"）

用心把握起点，静心创造未来

沭阳县人民路小学　王伟伟

《义务教育数学课程标准》指出：学生是数学学习的主人，教师要从学生的认知水平和已有的知识经验出发，为学生提供充分从事数学活动的机会，帮助他们在自主探究和合作交流的过程中，真正理解和掌握基本的数学知识和技能、数学思想和方法，获得广泛的数学活动经验。随着新课程的实施与推进，我校提出了"五心"教学模式，其中的"主动探究，静心自学"环节就是为学生提供一个主动探究、安静学习的环境，引导学生有目的地用心自主学习，培养学生的自主能力。我在"分数基本性质"的教学中，根据学校的教学主张对教学方法进行了改进，并做了以下分析与反思。

一、怎样把握学生的学习起点

在教学伊始，教师是逻辑地显露与教学有关的旧知，朝着既定的方向牵引，还是充分相信学生，放开空间，让学生调度各自已有经验沉下心来钻研新知？

第一次教学中，一开始我就带领学生复习了"商不变性质"和"分数与除法的关系"等旧知，为新知的学习做了明确的暗示。学生在后面的学习中可以很容易沿着教师铺设好的现成道路，毫不费力地自主探索从商不变性质中并根据分数与除法的关系推出分数的基本性质。

第二次教学我却未做任何铺垫，上课伊始便创设了一个唐僧师徒四人在西天取经路上分饼的情境，从中引出问题，促使学生静心思考，为后续的自主学习打开了一道思维的闸门。由于我没有"先入为主"的牵引，学生的学习起点就定格在各自已有的经验基础之上，他们才能按自己的经验去建构知识，他们的数学学习活动就必然是一个生动活泼的、主动的和富有个性的过程。

二、给学生更大的探索空间

第一次教学中，由于我指向明确，学生只是依令而行，很快就发现了分数的基本性质，从表面上看也是学生独立观察分析得到的，但实质上整个发现过程是在我的布控和指令下完成的，我尽力为学生除去学习道路上的绊脚石，向着既定的目标走去，这无异于"替蝶破茧"，免去了挫折，扼杀了学生的灵性。诚然，这样的教学快捷、高效、省时，但留给学生的自主空间又有多大？学生的思路如出一辙，不敢越雷池一步，哪来的创新精神和实践能力？

第二次教学中，我让学生小组合作自主活动：写出一组大小相等的分数，并想办法证明。这样的处理，创造了适合学生的教育，给了学生极大的自主探索空间，让学生在自己的空间里静下心来推敲、试误、生疑、验证，从中碰撞出思维的火花，发现分数的基本性质已是水到渠成。在整个过程中，我始终激励着学生用心思考、自主探究，努力把"冰冷而美丽的数学恢复为火热的思考"。学生是鲜活的个体，只要给予他们一定的时间，让他们静下心来，沉浸思考，他们与生俱来的主体能动性和创造性潜能在学习上将展现出创造的活力，在教师的引导下，会连续不断地生成新的发现、新的经验、新的感受。学生的思维能力、情感态度、价值观都会得到发展。

三、存在不足

在实施"自主探究，静心自学"的教学环节时，我还无法兼顾全体学生，一部分后进生缺乏静下心身、主动探究的学习精神。因此，教学方法还需要进一步探讨，多阅读有关数学方面的书籍，探讨学生学习数学的方法，争取家长的支持，力争让每一个孩子都能做到静心自学。

四、努力方向

（一）抓课堂管理，为"静心"营造和谐的课堂氛围

不以规矩，不成方圆。没有一个良好的课堂氛围，要提高课堂教学质量，如水中望月，可望而不可即。良好的课堂氛围是提高课堂教学质量的前提条件。为此，应结合数学学科的特点，针对学生在课堂上的坐、听、说、讲、练提出具体要求。课堂上，提倡动静相宜，动时，积极热烈，敢于动手操作、乐于参与实践活动，畅所欲言；静时，沉下心身，勤于思考，

自主探究。另外，课堂教学中注意营造民主的氛围，小学高年级阶段的学生随生理、心理的发展，个体差异大，大部分学生都渴求别人的理解与尊重。作为教师，应当尊重学生的人格，维护学生的自尊，平等地与学生交流，用心倾听学生的心声，教学生之所需，抛砖引玉，为在知识海洋里静心前行的学生指明方向。

（二）关爱差生，让"静心"真正做到以心动人

首先做到"真诚"二字，即在学生面前不敢有丝毫错误的想法和指责等，信任中差生，鼓励他们自由讨论。最后做到"理解"二字，即通过学生的眼睛看事物。由于我能善意地理解他们，高兴地接受他们，因此促进了中差生不同程度的进步和发展。其次，教育是爱心事业，为培养高素质的下一代，要时刻从实现身心健康，根据学生的个性特点去点拨引导。对于个别差生，利用课间多次倾谈，鼓励其确立正确的学习态度，积极面对人生；而对优生，要教育其戒骄戒躁、努力向上，再接再厉，再创佳绩。让每个孩子都能摒弃浮躁，用心学习。

（三）创新评价，用"静心"激励促进学生自主探究

把评价作为考查学生的学习状况，激发学生的学习热情，促进学生全面发展的手段，也作为教师反思和改进教学的有力手段。对学生的学习评价，既关注学生知识与技能的理解和掌握，更关注他们情感与态度的形成和发展；既关注学生数学学习的结果，更关注他们在学习过程中的变化和发展。抓基础知识的掌握，抓课堂作业的堂堂清，采用定性与定量相结合，定量采用等级制，定性采用评语的形式，更多地关注学生已经掌握了什么，取得了哪些进步，具备了什么能力。评价结果要有利于学生树立学习数学的自信心，提高学生学习数学的兴趣，促进学生的自主发展。一分耕耘，一分收获。教学工作苦乐相伴。我将本着"勤学、善思、实干"的准则，一如既往，力争把工作做得更好。争取让每个学生都能看穿繁花，抓住本质，沉下心身，用心学习。

热心篇

思合作学习之策略，探有效教学之途径

沭阳县人民路小学　梁长玉

我校的"五心"教学模式主张教学过程中要"合作交流，热心研学"，"合作交流，热心研学"是指让学生静下心来，全身心地投入新课的学习中，以合作交流的教学模式，强调合作学习的有效性。我们教师作为课堂教学的主导者，一定要多创造机会让学生去合作学习。但由于受知识、经验、思维能力的限制，学生在学习活动中，必然会遇到各种困难和障碍，进而产生疑问，如果直接告诉学生答案，也许会让学生产生惰性，给全体学生的学习带来负面效果。因此，我们应该抓住这些疑问巧妙地引导和利用，设计问题，使学生们在问题情境中自发地去研学、讨论，真正达到探究学习的目的。即使在探究学习的过程中学生出现了偏差，老师也不要着急，可以利用契机，帮助学生自主发现错误。

那么怎样才能更好地在语文课上组织小组合作学习，让学生达到学习的"热心"呢？根据小学生的年龄特点和求知特点，我认为应从以下四个方面去做。

一、要精选合作学习的内容和有讨论价值的问题

一切的教学组织形式都为了服务于教学任务的完成和教学目标的实现，小组合作学习不仅仅需要重视形式，还需要重视教学内容。教师教学的出发点与落脚点都是为了推动学生的综合性发展。小组合作探究教学应当培养学生的合作能力与认知能力，以及使学生树立正确的价值观、人生观及世界观。教师在小学语文合作探究教学中，应当组织小组成员创建团结、互助、平等、合作的关系，让所有学习小组的学生对学习任务充满一种责任意识，进而确保小组合作教学不仅仅是形式化。

尽管小组合作探究教学这种教学组织形式非常有效，可它并非万能的，教师在应用的过程中应当选用适当的教学方式。其中，针对一部分学生在阅读课文与自主思考之后就可以解决的问题，仅仅组织传统的面向全班教

学或者是要求学生自主学习就可以。而小组合作探究教学的实施，务必选用一部分具有探究性、开放性、挑战性的问题，这样的问题学生自己难以解决，只有如此，小组合作探究教学的教学质量和教学效率才能大大提高。一个没有合作价值的问题，合作只会是一种重复劳动，会使学生厌倦。因此，精选合作内容是开展小组合作学习的前提。在阅读课上，要使小组合作学习富有实效，首先教师要把握教材的重点和难点，要了解学生，选择有讨论价值的问题。问题必须具有一定的思维含量，要靠近学生思维的"最近发展区"，让学生"跳一跳"才能摘到"果子"。这样，才能调动学生学习的积极性，让每一个学生都积极地参与到讨论中来，从而激发学生学习的"热心"。

如教学《钓鱼的启示》一文时，我直接由"我"受到了什么启示入手，让学生通过深入读文，讨论詹姆斯在情感上的一系列变化。活动前，我把学生分成若干小组，让小组成员进行明确分工，合理安排组内成员角色，组内成员进行有序活动。学生在深入读文后，分别对詹姆斯在钓到大鲈鱼时、把鱼放回湖里时及把鱼放回湖里后的心情进行了讨论，最后学生把讨论的焦点放在了詹姆斯到底应该怎么做，持不同意见的小组成员展开了激烈的辩论，各自阐述自己的观点。这次小组活动气氛热烈，每个人都有事可做，而且他们不是独立的，是相互依靠的一个整体。学生在合作交流、实践体验中学会了相互配合，懂得了要想做好一件事，需要同学之间的合作才能完成，体会到集体智慧的力量是无穷尽的。这样的小组合作探究模式突破了教学的重点和难点，并且也提高了小组合作的效率和质量，让学生在课堂上达到了"热心"。

二、要营造民主、和谐、愉悦的学习氛围

奥地利教育家贝尔纳曾强调："没有情感的教育不会成为成功的教育；没有情感的课堂不是成功的课堂。"现代心理学研究表明：学生在轻松、和谐的教学气氛与环境下会产生一种内驱力，使学生进入一种最佳的学习状态，在这种状态下学生积极性高、探索欲强、思维活跃，易迸发出想象和创造的火花。因此，平等、和谐、融洽的师生关系，自由、宽松、民主的课堂氛围是唤起学生学习兴趣并促其主动学习的基础，也是实现主体性参与教学的前提。那么，在教学中教师要注意保护学生的空间，尊重学生的爱好、个性和人格，以平等、宽容和友善的态度对待学生，帮助学生树立自信心，鼓励学生提出不同的见解，让学生时时体会到来自教师的关心与

信任、鼓励与帮助，感受到学习是一种平等的交流，是一种快乐的享受。学生也就自觉乐于参与到教师设计的教学活动中，积极主动地探索新知，并从中体验成功的喜悦，增强自信心，做学习的主人。事实证明，民主和谐的教育环境、充满关爱的人际氛围有利于学生进行有效的学习。

设计一个有利于学生相互之间展开合作研讨的活动情境，一方面为学生提供合作探究的机会；另一方面让学生产生与同伴合作交流的心理需要。营造民主、和谐、愉悦的学习氛围，有利于减轻学生学习上的精神负担，使学生在教师的热爱、尊重和期待中产生强烈的求知欲望，从而促使学生积极地学、主动地探索，调动学生语文学习的"热心"。

如在教《富饶的西沙群岛》一课时，为了让学生在朗读中感悟西沙群岛的美丽和富饶，以激发学生的爱岛之情，于是我设计了下面这一环节：我："同学们齐声有感情地朗读使老师感受到了西沙群岛优美的景色和丰富的物产资源。"我稍作停顿，注意观察学生的神情，此时，我明显感到同学们的眼里闪现出一丝激动，我急忙抓住学生这一微小的情感变化，继续引导。我："谁愿意来做一名小导游，把我们美丽又富饶的西沙群岛介绍给大家？"于是，一只手举起来了，两只手举起来了，但仍令人明显地感觉到大多数学生的思想还没有放开。我继续鼓励："同学们，你们做了小导游，你们就当了一回西沙群岛人。把自己的家乡介绍给来自世界各地的游客，那是多么令人骄傲的事情啊！大家先在自己的小组中准备一下，练习一下吧。"此时，我又观察了学生的神情，他们在小组中的练习，明显比刚才要投入。

三、要给学生充足的独立思考和参与讨论的时间

教学中存在着这样的问题：由于时间限制，没给学生独立思考的时间，就要求学生讨论；有时合作未能深入，教师已要求各组派代表汇报，草草收场，大部分学生没有机会发言，从而丧失讨论的积极性。

教师提出讨论的问题后，不应立即让学生进行小组讨论，要给学生独立思考、充分准备的时间，等学生有了自己的想法后再参与讨论。这样，既养成了学生独立思考的好习惯，又能保证学生在讨论时有话可说。小组讨论前，学生要先进行独立学习，自学质疑，搜集信息……但每个学生的起点和条件是不一样的，如个人知识的储备量，能力的强弱，藏书量的多少，获取信息的途径……在各方面都拥有优势的学生毕竟不多，这样学生参与合作学习时，有部分同学就会因种种因素而退缩，从而难以达到预期

的效果。因此，要给每个学生预留一定的独立思考的时间，让学生准备发言内容，必要时要求学生按讨论题目写出发言提纲。试想，学生没有独立思考的时间，怎么能在小组讨论中提出自己的见解呢？在讨论和汇报成果时，我采用多种方式创造更多的发言机会，确保尽可能多的同学参与讨论，让每一个小组都能将本组讨论的成果向全班同学展示。只要给学生充足的独立思考和参与讨论的时间，合作学习自然就能讨论出深度、讨论出成果、讨论出积极性。

著名特级教师李希贵说过："老师不要经不住课堂上的沉默，因为，只有活跃气氛而没有屏神思索和思维交锋的课堂不是健康的课堂。"因此，只有让学生静下心来思考，才能使其用自己的思维方式解决问题，实现知识的自主构建。

四、要精心地创设情境，积极参与到小组合作中去

新课标特别指出：教师是学生学习活动的组织者、引导者和参与者。在合作学习中，教师的作用是非常重要的，合作学习的成功与否，同教师的适时指导与参与是分不开的。但在课堂教学中，我们常常会发现这种现象，当学生在参与小组合作学习时，很多教师仍然在讲台上等待或者做自己的事，或在教室里走一圈就回到讲台上等待学生讨论结束，教师不介入合作学习的进程，或者只看一看学生活动的情况，不参与其中讨论。出现这样的现象，问题在于教师对自己在合作学习中应该起什么作用还很不清楚。在合作学习中，教师的作用是非常重要的，合作学习的成功与否，同教师的适时指导与参与是分不开的。在开展合作学习的过程中，随时都会有意想不到的问题被提出，如果这些问题得不到及时有效的解决，往往会阻碍合作学习的顺利开展，所以在很多情况下，教师必须对各小组的合作学习进行现场的观察和介入，为他们提供及时的有效指导。如小组活动开展得非常顺利时，教师应给予及时的表扬；在小组的任务出现问题时，教师应及时进行干预和指导；在小组对任务还不清楚时，教师可以给予小范围重申；小组提前完成任务时，教师应检验他们是否正确完成了任务，如果是正确完成了任务，可帮助其他组完成；小组讨论偏离主题或讨论受阻时，教师应及时发现、及时制止，为小组讨论提供及时点拨，使小组讨论顺利开展。

另外值得一提的是，在小组汇报时，我们教师应先将多年来的口头禅："哪个同学愿意来说一说"改为"哪个小组愿意来说一说"。让各小组成员

们明白：他们是一个集体，成员之间应团结协作，共同钻研。同时还可以尝试设一个小组的意见为靶子，让大家对他们的意见发表见解，那么在具有团体的争论中，学生就更容易发现差异，在思维的碰撞中，学生对问题的认识将会更加深刻。

　　总之，要想优化课堂教学，调动学生学习语文的"热心"，发挥课堂的主阵地作用，就要还给学生一片自由畅想的蓝天，让学生成为课堂的主人，享受成功的喜悦，这样才能构建出一个"乐学"课堂，让我们的课堂真正走向高效。

花果山福地，水帘洞洞天
（沭阳县人民路小学校园文化小品之溪说名著"水帘洞"）

课堂花明处，今朝尚心依

——小学数学课堂热心研学的策略研究

沭阳县人民路小学　吉卫松

案例背景

2011 年由教育部制定的《义务教育数学课程标准》指出："学生学习应当是一个生动活泼的、主动的和富有个性的过程。认真听讲、积极思考、动手实践、自主探索、合作交流等，都是学习数学的重要方式。"同时《义务教育数学课程标准》将"学会与他人合作交流"列入课程总体目标，还制定了关于学生合作交流的渐进性学段目标。我校结合自身实际情况，形成了"五心"教学理念。在数学课堂教学中，教师要发挥主导作用，引导学生合作交流，培养学生合作、探究的能力，激发学生学习的"热心"，使学生在"热心"中展开研学，在合作中学得真知，使他们更喜欢数学。

案例描述

案例 1：

"图形的平移"是苏教版小学数学四年级下册第一单元的内容。图形（物体）在方格图中向哪里平移了几格是本节课的难点。为了突破这一难点，我在"合作交流，热心研学"环节中做了如下设计：

师：同学们，小动物要请大家帮忙，大家愿意吗？

生：愿意，非常愿意。

师：小动物们要搬家，他们想知道小房子是在做什么运动？小房子是向什么方向运动的？运动了几格？（学生带着三个问题进行小组合作交流）

1 组：小房子是在做平移运动。

2 组：小房子向上运动的。

师：你怎么知道是向上运动的呢？

3 组：我看箭头方向向上，就知道了。

4 组：下边的房子变成了虚线，新房子在上边。

师：大家的方法都不错。那小房子向上平移了几格呢？意见真多，到底几格呢？大家的观点如何？请说说你们的想法。（学生热烈地讨论交流）

生 1：我数中间的空格是 2 格。

生 2：我也数中间的空格是 3 格。

师：都数中间空格，怎么会有不同的结论呢？请你们上来指一指。

生 1：我找的是小房子屋顶中间的格子，一共空 2 格。

生 2：我找的是小房子屋檐中间的格子共 3 格。

生 3：（迫不及待地）都是数中间的格子，然而结果不同，显然他们的这种方法不对。

生 4：老师，他们都错了。如果从屋顶数，应该还是数到屋顶，所以应该是 5 格。

师：大家的意见呢？我们一起来把房子移一移，大家仔细观察。

生：1、2、3、4、5，是 5 格。（学生很兴奋）

师：那么我们在判断房子平移几格时，有没有又快又准确的办法呢？（小组内学生立即进入讨论）

6 组：可以通过图上的某个点或某条边来进行观察。

5 组：我找了屋顶的那个点，从数这个点到移动后屋顶的位置之间的格子，正好有 5 格。

师：同意他的想法吗？

2 组：我也数出来是 5 格，我数的是右边屋檐角的顶点与顶点的距离。

1 组：老师，我找的是屋子左下角的点。

师：那是不是找任意点，数这个点移动前、后的位置之间的格子，都是 5 格呢？我们小组合作，再来试试好吗？

生：都是 5 格。

师：你们有什么想说的？

……

案例 2：

"一亿有多大"是苏教版小学数学四年级下册第四单元的内容。我在"合作交流，热心研学"环节中做了如下设计：

师：数一亿本练习本，一刻不停地数一亿个数大约要 3 年。人总得吃饭睡觉，假如每天数 8 个小时，数完一亿就会要 9 年。也就是说，你今年 10 岁，从现在就开始数，要数到 19 岁才能把一亿本练习本数完。看到这个漫长的时间，你有什么感受？

师： 刚才我们通过数一数从时间上感受了一亿有多大，大家还想不想通过其他的方式，再来感受一下一亿的大小？你想通过什么方法来感受一亿的大小？

生1： 一亿个硬币有多高，一亿张A4纸有多厚，一亿粒米有多重……

师： 老师这里也带来了一些问题，我们一起来看看。

1. （课件出示东方明珠塔）同学们，东方明珠塔的高度是468米，你们觉得一亿张纸摞起来的高度和东方明珠塔比，谁高？高多少？（学生估一估）

量一量：一亿张纸摞起来大约有多高？

2. 称一称：一亿粒大米大约有多重？大家猜一猜。

生2： 10千克、5千克……

师： 怎么去验证？（1~3组讨论第一个问题，4~6组讨论第二个问题）

第一个实验：

生3： 先算100张A4纸的厚度，再推算出一亿张A4纸的厚度。

生4： ……

第二个实验：

生5： 先量出100粒大米的重量，再推算出一亿粒大米的重量。

生6： ……

小组活动

3. 学生汇报实验结果：

师： 你们小组是怎么做的？

1组： 我们小组先测出100张A4纸的高度是1厘米，再把100乘100万，推算出一亿张A4纸的高度是100万厘米。

2组： 我们小组也是先测出100张A4纸的高度是1厘米，再把100乘100万，推算出一亿张A4纸的高度是100万厘米。

师： 把厘米换算成米是？（1万米）。那1万米到底有多高呢？

生7： 是上海东方明珠广播电视塔的21倍高？

师： 你是怎样想的？

生7： 10000除以468约等于21，也就是说一亿张纸摞起来的高度相当于21座东方明珠塔的高度。

师： 原来一亿张纸摞起来有这么高，我们把两幅图放在一起对比，发现东方明珠塔是如此渺小。

3组： 我们小组先测出100粒大米的重量是2.5克，再把100乘100万，推算出一亿粒大米的重量是250万克。如果每人每天吃大米400克，一亿粒大米大约可供一个人吃多少天？约是多少年？

师： 一亿粒大米可以让一个人吃 17 年啊！同学们，你们知道我们国家有多少人吗？（约 14 亿），如果这 14 亿人每人节约一粒大米，可以节约多少粒大米（14 亿粒），可以让一个人吃多少年？你是怎样想的？

……

生8： 节约粮食，从我做起；节约粮食，从现在做起。

生9： 每人省下一颗粮食，或许可以救活一个人的生命！

……

案例分析

　　课堂活动要改变重知识、轻学习过程的传统教学方法，让学生人人参与，真正"动"起来，把学生学习的"热心"激发起来。教师根据学生好奇、好玩、好动的天性，在学生学习的过程中让学生经历观察、动手、比较等一系列活动，创设和谐的学习氛围，拉近学生与数学的距离，让学生走进生活，操作体验、交流感悟、合作探究、练习应用，从而促进学生的发展。

　　荷兰著名的数学教育家弗赖登塔尔强调："学习数学的唯一正确方法是实行'再创造'，也就是由学生本人把要学的东西自己去发现或创造出来；教师的任务是引导和帮助学生去进行这种再创造的工作，而不是把现成的知识灌输给学生。"

　　杜威认为："从做中学"也就是"从活动中学""从经验中学"，它使学校里知识的获得与生活过程中的活动联系在了一起。学生能从有教育意义和有趣的活动中进行学习，从而有助于他们的成长和发展。数学课堂要让孩子参与到知识的生成过程中来，在操作中感知，在实践中升华。在"合作交流，热心研学"中，通过师生、生生之间的对话、争议，使每个学习个体都平等地提出想法，表达意见，能用数学语言解释自己研究与解决问题的现象、计划、过程和结果，可以使学生完善对事物的理解，看清事物的各个方面，学生在讨论中可以不断对自己的思考过程进行反思，对各种观念进行重新组织。上述案例生动证明了在"合作交流，热心研学"的过程中，学生可以理解和内化数学知识。

　　"问渠那得清如许？为有源头活水来。"激活课堂，营造"生机勃勃"的课堂氛围。学生能够在平等、和谐、开放、互动的课堂中，热心地参与讨论学习，不断生成新的智慧，使课堂充满着生命活力。学生的学习情绪是决定学习效果的直接因素，一个人在欢乐气氛的情境中，就容易产生快乐感;相反,在悲哀气氛的情境中,就容易产生悲哀的情感。教师应该以热爱学生的情感来感染学生,给学生提供自主探索的空间,为学生营造宽松和谐的氛围,走到学生中间,听听学生的想法,多给学生一些自主的时间和空间,让他们学得更主动、更热心。学生在平等、民主、和谐的教学气氛中,才会饱含热情地研学并解决教师的设疑。在热心研学的过程中,培养学生的实践能力、创造能力、合作精神,鼓励学生大胆发表自己的意见,最大限度地调动学生学习的热情。认知和情感相伴相长,相得益彰!

陶行知先生曾说:"应创设教学中良好的师生关系,教师要以自己真诚的情感与学生交往,教师最重要的两个品质是'亲切和热心',教学中要使学生尽可能少地感受到威胁,因为在自由、轻松的气氛下,学生才能最有效地学习,才最有利于创造力的发展。"教师应引导学生主动参与学习过程,鼓励合作交流,共同发展;重点加强合作交流的指导,削弱大课堂讲解的学习方式。严密组织,加强管理,使每个学生都尽可能发挥个人在小组学习中的潜力和管理才能。在合作学习中,优等生的才能得到发挥,中等生得到锻炼,学困生得到帮助和提高。学生体验到成功的喜悦后,定会热心地参与到学习活动中,树立学习的自信。

"欲穷千里目,更上一层楼。"一个教师只有真正地深入新课标,吃透新课标的精神,才能真正成为教学的组织者、引导者和促进者,才会诞生更多具有生命活力的精彩课堂,才能激发学生自主学习蓬勃的生命力。数学课堂教学是动态生成的过程,教师在愉悦的氛围中引发乐学动机;在开放的氛围中提供乐学条件;在活动的氛围中增加乐学体验。长此以往,有利于培养他们敢于质疑、大胆创新的精神。这种体验的获得是我们用任何语言都无法替代的。

理念是行动的灵魂,新课程改革要求教师提高素质,更新理念,我校的"五心"教学理念正是对新课改理念"心"的认识。课堂上少一份担心,多一份沉稳,课堂就多一份精彩。老师只是一个参与者、合作者,学生才是学习的主人,教师要努力建构良好的学习环境,激发学生的"热心",把思考的空间和时间给予学生,让学生在教师的引导下,有秩序、有目的地合作交流、热心研学。教师的作用要由"给出知识"转向"引起活动",走向"互动生成",使课堂更具活力和光彩,使学生不再感到数学是枯燥无味的,从而体验到学习数学的乐趣。

情酣意浓的课堂教学,犹如一首美妙的变奏曲,它以爱为主题,以快乐为基调,以成功为终曲,这才是一堂成功的课!

热心合作促研学，交流互学共提升

沭阳县人民路小学　戚丽红

案例背景

小学英语教学应该创造一切条件，采取一切可用的方法，激发学生对英语学习的"热心"，使他们乐于学，并且随时随地可以学。合作交流学习越来越多地被应用于小学英语教学中，突破了传统的"填鸭式"教学模式。这种学习方式使得英语课堂更加鲜活快乐，给学生创设了一个良好的学习氛围，让学生轻松愉快地投入学习，真正激发了学生学习英语的"热心"。

案例描述

以译林版小学英语五年级上册教材 Unit 3 Our animal friends 这一节课为例。教师在课堂引导环节为学生播放多媒体视频，并引导学生思考在多媒体视频中出现了哪些新的英语知识。

当学生看完视频以后，教师将学生分成多个学习小组，学生们将以小组为单位开展主题探索学习活动。学习小组的成员在完成学习后，教师将会让学习小组成员推选出一个学习代表，该学习代表将上台完成某一个模块的英语教学工作。如 A 学习小组的学习代表将模仿教师完成词汇教学的工作、B 学习小组的学习代表将模仿教师完成句型教学的工作……小组的学习代表在开展教学活动时，其他小组的成员可提出问题质疑，学习小组的代表将模拟教师解答同学们提出的问题。如果学习小组的代表不能解答疑问，该小组的成员可举手代答。教师将以小组成员的共同表现作为教学评估的标准。在小组"合作交流，热心研究"中，学生们发现了较多的疑问句。例如，学生发现了 "Do you have an animal friend?" "Does she have an animal friend?" "Does he have an animal friend?"，以及它们的肯定回答和否定回答 "Yes, I do. ／No, I don't." "Yes, she does. ／No, she doesn't." "Yes, he does. ／No, he doesn't."。

接下来，教师又安排了说说猜猜环节。教师安排学生四人一组，要求每个学生画一幅组内其他成员的画像，然后用第三人称"He/She"描述，其他成员要猜出描述的对象是谁。如：

S：She has a big head. She has long hair. She has big eyes and a small mouth. She's tall and thin. Who is she?

说说猜猜环节在极大程度上调动了学生的热心，学生们踊跃举手发言，积极讨论研究，不断思考符合句意的答案，达到了理想的课堂学习效果。

紧接着教师又安排了看看说说环节，教师呈现一组有趣的人物或动物卡通画，要求学生自由选择自己喜欢的画像并用第三人称"He/She/It"描述，教师要求学生两人一组合作交流，最后，研究好的学生在全班同学面前进行交流描述。

在巩固活动中，教师又安排了你说我猜的游戏，教师安排两名学生站在教室前面，背对其他同学，然后教师出示课本上的动物插图给其他同学，要求他们用第三人称"It"进行描述，站在前面的两名学生要根据这些描述猜出动物，最先猜出的人获胜。如：

教师出示课文第一幅插图

S1：It's red.

S2：It has big eyes and a big body.

S3：It has no legs or arms.

S4：It has a big tail.

S5：It's a fish.

紧接着教师出示课文第二幅插图

S1：It is white.

S2：It has four legs and a short tail.

S3：It has big ears.

S4：It can run and jump.

S5：It's a dog.

接下来教师出示课文第三幅插图

S1：It is white.

S2：It has red eyes and long ears.

S3：It has four legs and a short tail.

S4：It can run.

S5：It's a rabbit.

最后教师出示第四幅插图

S1：It is yellow and green.

S2：It has two legs and two wings.

S3：It has a big mouth and a long tail.

S4：It can talk and fly.

S5：It is a parrot.

在你说我猜环节中，全班的学生都能够参与进来，兼顾到了每一位学生，将学生的"热心"体现得淋漓尽致，学生们也表现出了极高的兴致，将课堂浓浓的学习氛围推向了高潮。接下来老师对该部分进行了归纳总结，要求学生们对自己的"animal friends"进行介绍。

S1：Do you have an animal friend, Peter?

S2：Yes, I do.

S1：Does it have... ?

S2：Yes, it does. ／No, it doesn't. It has...

S1：What can it do?

S2：It can...

...

让学生针对"animal friends"展开交流，不仅能让学生有话可说，锻炼学生的英语表达能力，还能使学生感受到英语知识与现实生活的密切联系，感受英语的妙用，从而爱上英语。

在小学英语教学实践过程中，教师激发学生学习的"热心"，其基础和前提就是要对小学生合理地分组，并且能够明确小组内各个成员的任务。这就要求教师必须要在充分掌握小学生的性格特点、兴趣爱好、学习能力等各种因素的基础上对其进行划分。例如，在教学译林版小学英语五年级上册 Unit 1 Goldilocks and three bears 这一课时，教师可以让小组内不善言辞的学生进行关键词句的梳理，让善于表达的同学可以根据关键词句进行故事的叙述并附加一些肢体性的语言，使故事更加生动形象。同时，还可以让思维敏捷的同学自己给故事编写一个结局，这样可以促进学生"合作学习，热心研究"，从而提高课堂效率。由于学生在年龄、性格、认知方式、生活环境等方面存在差异，他们具有不同的学习特点和学习需求。只有最大限度地满足个体需求，才有可能获得最大化的整体教学效益。通过这样的方式，小组内成员分工明确，成员的个体差异性也得到了兼顾，做到了面向全体学生这一新课程教学理念。

此外，教师在教授这一课时还设计了接龙活动，使学生热心学习、乐于学习。教师可利用手中的物品，进行接龙活动。如：

S1：Touch this rubber, please.

S2：It is soft. Touch this pencil, please.

S3：It's hard. Touch this bottle, please.

...

教师又利用教室内学生座位的安排，要求学生用 beside、in front of、behind 和 between 来表述自己的位置。如：

S1：I'm in front of...

S2：I'm behind... / I'm between... and... / I'm in front of...

教师又安排看图讲故事比赛，教师先要求学生完成学习用书 Task 1：Look and order 的排序活动，然后再组织学生根据正确的图片顺序，开展看图讲故事比赛，小组内展开合作，小组之间展开竞争，哪个组能把故事讲得正确、完整又生动，哪个组就是获胜小组。

在巩固环节，教师又设计了一个游戏的环节，教师要求学生想象自己家的房间结构和房间内的物品，然后邀请若干学生在黑板上完成一个结构图，最后用"There is/are... in the... "的结构描述。通过学生的"合作交流，热心研学"，我们可得出一个房间物品的具体摆放位置。通过学生画的结构图，同学们便一目了然，同时学生们也很好地巩固了本节课的重点句型"There is/are... in the... "并进行反复操练。如：

S1：There is a sofa and a TV in the living room.

S2：There is a bed and a chair in the bedroom.

...

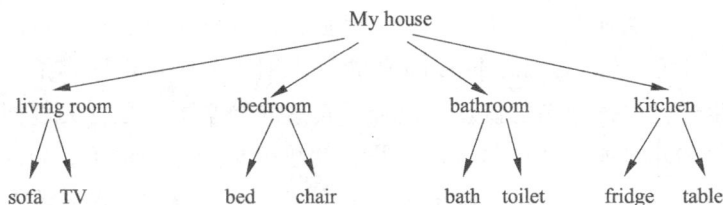

通过学生合作交流的学习方式，真正调动起学生学习的"热心"，使整节课的氛围达到了高潮，学生也在合作交流和热心研学中很好地掌握了本节课的内容，达到了良好的课堂效果。

案例分析

　　新课标提出：学生是学习的主体，教师在教学中需要尊重学生的主体地位，这样才能更好地激发学生学习的"热心"。在小学英语教学中开展合作学习，符合小学英语新课标的要求，合作学习、研究学习能够增加课堂的乐趣，能够让孩子们喜欢上英语课，长期的合作交流还有助于锻炼孩子们的口语和英语表达能力，通过长期积累、不断实践、研究探索，反思我们的教学行为，这对于教师水平和小学英语教学水平的双提高具有良好的推动作用。教师可以利用合作学习来促进学生英语思维的深入发展，让他们在合作探究中掌握英语知识，在相互交流、讨论中深刻理解所学内容，培养他们善于思考、善于探索的精神。通过合作学习，构建优质的小学英语活力课堂，实现教学改革中的英语高效教学。因此，在课堂教学中，小学英语老师需要考虑学生的主体感受，开展合作学习，快乐教学，这样才能更好地激发学生的"热心"，让学生在学习中，可以自觉主动地学习英语，进而提高课堂教学效率。教师要把"合作学英语，快乐学英语"的理念融入英语教学中，营造氛围和意境，充分激发学生饱满的学习热心，促进他们以旺盛的精力、积极的态度主动快乐地在课堂活动中自主学习，使学生想学、乐学、爱学、快学，激发他们学习英语的"热心"。

合作求策略，热心探新知

——"热心"在低学段语文课堂上的应用

沭阳县人民路小学　汤晓娟

案例背景

《义务教育语文课程标准》倡导自主、合作、探究的学习方式，这就要求语文课堂上学生的学习方法既要符合语文教学的传统，又要具有现代社会的学习特征。这种学习方式有利于激发学生学习的"热心"，让学生在自主活动中全面提高语文素养；有利于培养学生主动探究、团结合作、勇于创新的精神，应该积极提倡。

学生是学习的主体。《义务教育语文课程标准》提出"语文课程必须根据学生身心发展和语文学习的特点，爱护学生的好奇心、求知欲，鼓励自主阅读、自由表达，充分激发他们的问题意识和进取精神，关注个体差异和不同的学习需求，积极倡导自主、合作、探究的学习方式。教学内容的确定，教学方法的选择，评价方式的设计，都应有助于这种学习方式的形成"。我校的"五心"课堂教学理论要求在课堂教学中要激发学生学习的"热心"，学生学习的"热心"与《义务教育语文课程标准》中的教学理念不谋而合。那么如何才能激发学生学习的"热心"，我将结合低学段的小学语文教学实践进行案例分析。

案例描述

案例1：

在部编版一年级上册"a o e"的"合作交流，热心研学"环节，我是这样安排教学的：

师：同学们，你们能把 a、o、e 的形状记住吗？书上这幅图能帮你们记住 a、o、e 的形状，请大家看图，想一想有什么新的发现，同桌互相交流。

谁愿意把自己的新发现告诉大家？上台指着图说。

生：我发现小女孩的头像 a。

生：我发现大公鸡打鸣这个圆圈像 o。

生：水中大白鹅的影子像 e。

师：孩子们，你们还有什么好的方法把 a、o、e 记住呢？也可以编一编顺口溜，像刚才老师教你们读的那样：小女孩唱歌——a、a、a。小组讨论讨论。

生：我觉得 o 像个游泳圈。

生：我觉得 o 特别像一个钥匙圈。

生：爸爸上网时，我看见一个 e 在不停地转。

师：孩子们，你们真聪明！这说明你们平时很注意观察生活。谁能编一编顺口溜呀？我们一起编好吗？

生：水中倒影——e、e、e。

生：一个圆圈——o、o、o。

"合作交流，热心研学"这一环节，要求老师要能够激发学生的"热心"，要重视培养学生自主学习的能力，放手让学生自己去寻找"新的发现"，教给学生学习的方法，教学过程要有层次性：先引导学生从直观形象的画面进行观察记忆字形，再引导学生联系生活想象字形，最后指导学生根据画面编顺口溜记忆字形。

刚步入小学一年级，学生还小，合作交流对于他们来说还很陌生，自然也就很难开展起来，我们老师可以将此环节简单化，几个人的讨论交流可以改为同桌间的交流，这样孩子不仅能更容易接受，也会对此环节产生浓厚的兴趣，激发学生学习的"热心"。让学生对"合作交流，热心研学"这种学习方式有一个初步的认知和了解，对他们以后中高年级的学习也会产生积极的影响。

案例 2：

在教学部编版一年级上册《小书包》一课时，在"合作交流，热心研学"环节，我做了如下的教学安排：

师：同学们，小书包的本领可真不小啊！它里面都可以装什么呢？先认真读一读课文，然后小组四人讨论交流。之后进行小组比赛，看哪个小组回答的问题最多，老师就奖励"智慧之星"给那个小组。

生：书包里可以装橡皮。

生：书包里可以装尺子。

生：书包里可以装铅笔。

生：书包里可以装作业本。

生：书包里可以装语文书。

……

师：孩子们，你们的回答真棒。尤其是"喜洋洋队"。你们回答的次数是最多的，老师要把"智慧之星"奖励给你们。

"合作交流，热心研学"这一环节，主要是让学生以小组的形式学习，让他们在共同的目标下进行学习。这就为每个学生提供了表现的机会，形成了主动参与、互相帮助、互相学习的场景。这一环节，我通过给回答最多的小组奖励"智慧之星"的形式，大大地激发了学生回答问题的"热心"，让学生在"热心"的状态下进入学习。这种奖励制度也把同学间个人的竞争，转化为小组间的竞争，从而有助于培养我们低学段学生的合作与竞争意识，也有助于让每个学生都有展示的机会，让每个学生都得到发展。

案例3：

在教学部编版一年级上册《雪地里的小画家》一课时，我是采用这样的方法让学生达到"热心"的。

师：同学们，我们知道了这群小画家在雪地里画了不同的画。请大家认真读一读课文，先将这群小画家画的画用横线划出来，然后小组间讨论交流。

生：小鸡画竹叶。

生：小狗画梅花。

生：小鸭画枫叶。

生：小马画月牙。

苏联教育家阿莫纳什维利提出的"合作交流"理论，其核心就是师生之间的合作。老师提出问题，将"问题大纲"展示给学生，然后学生根据老师的问题，先进行自我的学习，然后与同桌间互相交流讨论，从而形成自己的知识体系，这与我校的"合作探究，热心研学"的教学理念不谋而合。在"热心"环节，老师将问题抛出，学生先自我思考，找出答案，然后在小组间讨论，碰撞出火花，发现自己答案的正确性，激发自我学习的"热心"，抑或是通过小组间的讨论发现自己的不足，从而弥补自己的知识网。通过自学找到正确答案的学生产生很强的自豪感，从而在"热心"中快乐地进行下一阶段的学习。通过自学但没有找到正确答案的学生，通过小组间的交流、研究，也能明白所需要掌握的知识点有哪些，从而能够从容地进入下一阶段的学习。

案例分析

我在确定教学内容、选择教学方法、设计评价方式时，严格按照《义务教育语文课程标准》中提出的学习模式。"热心研学"是指教学过程中发挥学生间的对话、讨论、交流和促进的一种学习方法，在以上案例中，我都充分呈现。如在教学"a o e"时，我准备了充分的时间让学生互相交流和发言展示。此外，"热心研学"这一环节它不同于传统教学中"满堂灌"的教学方法，也和放任学生自发学习的"放羊式"教学方法不同，它是要求学生在老师的组织下把"学习提纲"中的问题，结合自己找到的内容，系统地进行交流、讨论，从而达到共同学习的目的。如在教学《小书包》时，我结合学生日常的知识积累，让学生主动说说书包里可以装哪些东西，让他们小组间进行交流，最后每个人都明白了小书包的作用。

"合作交流，热心研学"的环节能充分地为学生创设学习情境，使其在主动学习、主动探究、主动交流中，激发学习的"热心"，培养收集和处理信息的能力、获得新知识的能力。让学生在"热心"的合作中快乐，在快乐中交流，在交流中获得新的知识。

粉墙白雪黛瓦，雪中风景如画
（沭阳县人民路小学校园文化小品之陶然居）

交流让合作升华，热心让研学开花

沭阳县人民路小学　吴小芳

《卖火柴的小女孩》是部编版语文三年级上册第三单元的课文，选自丹麦作家安徒生的童话故事，讲述了一个卖火柴的小女孩大年夜冻死在街头的故事。大年夜里天又黑又冷，下着雪，当人们和家人一起吃团圆饭的时候，而这个赤着脚在街上卖火柴的小女孩，为了暖和自己，一次次擦亮手中的火柴，在火柴的亮光中她仿佛看到了暖和的烤炉，喷香的烤鹅，美丽的圣诞树，慈祥的奶奶，直到跟奶奶一起飞走。她死了，在旧年的大年夜冻死了，嘴角还带着微笑。小女孩的悲惨命运深深地牵动着我们的心，美丽善良的小女孩冻死街头却无人问津，可见当时的社会是多么冷漠，穷苦人民的生活是多么悲惨！安徒生通过这个童话，表达了对穷苦人民悲惨遭遇的深刻同情。在教学这篇课文时，我利用多媒体辅助教学，引导学生逐层深入文本，把教学重点放在"合作交流，热心研学"这一环节，让学生品读并理解课文，从而获得情感体验，收到良好的教学效果。

一、谈话激趣中激发学生的热心

根据我校"五心"课堂教学模式的要求，我从学生的生活体验和兴趣点入手，营造和谐轻松的对话氛围，让学生谈谈过年的情景，学生们的积极性就被调动起来了。这种方式也拉近了教师和学生之间的情感距离，更让孩子们向文中的卖火柴的小女孩走近一大步，缩短了学生与文本的距离。

二、合作交流中点燃学生的热心

叶圣陶先生说："教是为了不教。"选择合适的学习方法对学生而言尤为重要，本文中小女孩五次擦燃火柴，如一一讲来，不仅浪费时间，而且达不到效果。俗话说，"一千个读者就有一千个哈姆雷特"。每位教师在"合作交流，热心研学"环节都有自己的方法。我在设计时，以第一次擦燃火柴为例，引导学生读进去。学生积极发言，碰撞出许多思维的火花，然后总结学法。后面四次擦燃火柴的部分，让学生通过小组合作学习，运用总结的学习方法，在小组长的带动下，自主学习。学生积极性很高，读出自己的真情，说出内心的感受，达到了良好的效果。小组合作交流学习的方式真正地尊重了学生的主体地位，积极地调动了学生主动学习的兴趣。自从我们班将小组合作交流作为一种重要的学习方式设置于语文课堂时，课堂活跃了，思维打开了，连平时自闭自封、胆怯自卑的学生自愿参与的意识都增强了，因为在他们看来，小组就是他们思维的天堂，可以在里面尽情地想、尽情地说，没有嘲笑、没有埋怨、没有歧视……他们期待着语文课上每一次小组合作的到来。可见能够成功地调动学生学习的"热心"是一节课的灵魂所在。

三、课堂构建中引导学生的热心

我在教学《卖火柴的小女孩》这篇课文时，按照"板块式"的设计思路，给整节课预设了四个板块，每一板块均给学生留有足够的空间。在第二板块中，领悟小女孩的"不幸"与"幸福"，我也放手让学生充分地合作交流，充分地读，走进文本，构建对话平台。在这个板块中，我以为学生只会围绕"为什么会幻想到大火炉"说一说，没想到学生另有一番见解，针对同学提出的"父亲会打她的"提出异议，认为"父亲不会打孩子，天下没有不爱孩子的父母，如果有只是被逼无奈"，从这个对话中，我感受到孩子的内心世界真是无比丰富。在第三板块中，学生各抒己见，情感得到升华。联系上下文，学生抓住标点符号引发争论，想象出当时人们对待小女孩的不同态度，他们表现出的善良深深地打动了我。小组合作学习的形式能将自主课堂引向精彩，收获学生热心研学的成果。

四、拓展延伸中升华学生的热心

"书读百遍，其义自见。"在教学中，我采用不同的方式方法让学生朗读，如配乐读、配合读、齐读、自由读等，感受文章的语言，体会作者的情感。在这节课的最后，我设计了：学完本文后想说点什么？学生由于读得多，各抒己见，不少同学说得都很精彩。为了把学生的情感淋漓尽致地表达出来，我及时调整课堂结构，让学生自由读自己感受最深的部分，读出自己的心声，从而真正达到"合作交流，热心研学"的最终目的。

教学反思

在抛出问题"课文中有几处写到小女孩独自一人走在大街上？"后，从文章语言入手进行体会，但由于教学浮于表面，学生们只是简单地读。其次，我所提的问题有些琐碎，比如"你还从哪里看出她寒冷？""你从这句看出了什么？"等。虽然有对重点词语的理解，但如果注意一下标点符号的作用，在读句子时点拨一下虚实结合的写法，会使得文章的解读更深入。

语文教学的成功应该穿插在品词析句中。童话教学除了带给人们对美满生活的向往与满足，还应该带给人们现实的思考与生活的力量。在让学生感受到小女孩的"幸福"，充分理解了"幸福"以后，不忘记带领学生回到现实，回到对学生内心的追问。对这方面的处理我是在最后的结课中说的，但由于语速太快，没有给学生时间让他们思考、消化。教师在总结本课时可以问学生："为什么一整天，谁也没有买过她一根火柴？谁也没有给过她一分钱？为什么她卖不掉火柴她的父亲会打她？"对这种现实的思考，能够让学生看到现实的残酷，是亲情的冷漠让人们丧失了爱心，是家庭的穷困让亲情荡然无存。在这样残酷的现实面前，小女孩仍然没有放弃梦想，更能体会到她是一个坚强的、不屈不挠的小女孩。我相信，做这样的对照，学生心中的小女孩的形象会更突出，也会更现实。

课文讲完了，然而留给教师思考的地方并没有结束。对农民来说，田地是他期待收成的阵地；而对教师来说，课堂是他必须坚守的阵地。我想：只有备好每一节课才能让学生和教师达到双赢。学习的脚步更应该加紧了！

高效合作促研学，热心交流寻真知

沭阳县人民路小学　赵胜花

　　人人学习有价值的数学，人人都能获得趣味的数学。我们在学习、生活、解决问题的过程中，经常需要进行调查、收集、整理数据，对现象、事实做出全面的、规律性的描述和分析，并以此为依据，做出决策和预测。统计是课程标准规定的四个领域之一，它在日常生活、生产和科研中有着广泛的应用。依据课程标准的要求和教材所提示的活动方式资源，我们应从儿童的兴趣和生活经验出发，灵活选取素材进行教学，使学生积极地投入统计知识的学习中。以下我将以"统计"一课的教学案例，结合我校的"合作交流，热心研学"环节谈一谈我的反思。

　　师：过几天我们要迎来小学的第一个"六一"儿童节了，我们准备召开一个联欢会，老师想为大家买一些水果。可是班费有限，只能买2种，买什么好呢？小组讨论、交流。

　　生1：可以用举手的方法来决定买什么水果。

　　生2：可以投票，大家喜欢什么水果，就买什么水果。

　　师：你喜欢什么水果？（生纷纷举手说自己喜欢的水果）

　　师：大家喜欢的水果有这么多，怎么办？请小组讨论。

　　生汇报：用统计的方法，看同学们喜欢第一、第二多的水果是哪两种，就买哪两种。

　　师：好，就用这种方法进行统计。下面大家依次上来，用准备好的星星贴在你喜欢的水果图片上。

　　学生上台用星星贴在自己喜欢的水果图片上。

　　根据统计，黑板上苹果、香蕉的贴纸较多。

　　师：你们看哪两种水果最受人喜欢？这下你们知道买什么水果了吗？（生齐声说）

　　师：那我们就买这两种水果。生活中用统计的方法可以解决很多问题，刚才我们用统计的方法解决"买水果"的问题。今后你们可以运用所学的统计知识去解决生活中的一些问题。

这样的教学片断能贴近学生生活，从学生感兴趣的事例中选取素材进行教学。案例中，教师创设良好的学习情境，让学生从熟悉并感兴趣的"庆六一"开联欢会买水果这件生活中的小事出发，让学生都能积极主动地热心交流。由于班费有限，只能买两种水果，要从同学们喜欢的水果中选取最多人喜欢的两种水果，只有通过统计才能确定买哪两种水果。让学生经历收集信息、处理信息的过程，逐步体会统计的必要性。在这样一个良好的情境中，学生学习的"热心"被调动起来了，学生积极主动地探索、合作、交流，形成热烈的学习氛围，课堂成了学生创造灵感的空间。

新课标强调学生的数学学习内容应当是现实的、有意义的、富有挑战性的，这些内容要有利于调动学生学习的"热心"。教师在课堂上要给学生留有充足的时间和空间，使每一位学生都能有效地参与讨论，发表自己的看法，倾听别人的见解。课堂教学要有师生平等、开放的良好学习氛围，为学生提供畅所欲言的机会，让他们的思维活起来，真正成为学习的主人。案例中，教师本着同学生商量的语气"买什么好呢?""怎么办?"，这样的语气让学生在这种轻松的、自由的、热心的氛围中交流讨论，寻求解决问题的办法。这样的课堂学习氛围浓厚，能使学生积极地投入学习中去。

教师应该充分利用学生已有的生活经验，随时引导学生把所学的数学知识应用到生活中去，了解数学在现实生活中的作用，体会学习数学的重要性，解决身边的数学问题。案例中，教师在提出"开联欢会，由于班费有限，只能买两种水果，买什么好呢?"这里遇到了困难，产生了分歧、争执。教师把握机会组织学生讨论，这个讨论是必要的，也是适时和有价值的。这里融入了小朋友的猜测、验证和交流等数学活动。给予学生充分的自由空间，学生用自己喜欢的方式、方法，大胆地进行探索、创造，寻求解决问题的方法。教师紧密联系生活实际，让学生在统计的整个过程中真心体会到统计的意义和价值。这些都充分体现了学生的数学学习是一个生动活泼、主动的和富有个性的过程。

教材是教师教学的重要依据，但绝不是教师教学的唯一标准。因此在教学中，教师要敢于创造性地使用教材，立足于学生的实际，多从学生的发展出发，调动学生学习数学的"热心"。让学生学有意义、有价值的数学。教师不再是知识的仲裁者、课堂的控制者，而是学生探究学习活动的组织者、引导者和合作者，是学生平等相处的伙伴。当探究进程中出现一系列问题时，教师不急于求成，而是充分信任、肯定学生，通过小组合作交流，放手让学生尽情地发挥自己的热心和聪明才智，规律让学生自主发现，方法让学生自主寻找，思路让学生自主探究，问题让学生自主解决。当学生投入自己乐于探究的活动中，非常乐于用自己的方法来自主探索知识时，就能获得成功的体验。

滚滚长江东逝水，浪花淘尽英雄
（沭阳县人民路小学校园文化小品之溪说名著"三国"）

"三人行，必有我师"

——浅谈英语课堂上小组合作学习构建的有效性

沭阳县人民路小学　郝伟芹

　　我校实施"五心"课堂教学模式以来，"合作交流，热心研学"的学习方式就一直被广泛地应用到我们的英语课堂教学中来。合作研究学习对学生学习兴趣、身心培养及成绩提高等方面都起到了显著的作用，能够真正激发出学生学习的"热心"。但学生在课堂上能否做到很好地合作、研究学习，这很大程度上取决于分组的情况。而能否正确分组则决定"合作交流，热心研学"是否有效。

　　我在教学 Unit 3 Holiday fun 这一课时，先带领学生一起学习了新课内容，在学生掌握了一定的语言技能后，要求学生分小组围绕"How was your holiday?"展开讨论，学生们很快以 6 人为一小组展开交流。我校的学习小组的分组并不是常规分组中按照就近原则分组，而是根据学生英语知识水平和语言技能等采用同质划分或异质划分，这样合作学习的效果很理想。如果老师让学生之间按照座位就近分组的话，学生们由于比较了解彼此，讨论的兴致就会降低，合作学习的效果自然就不理想。

　　合作学习强调的是交互性、互助性、分享性，所以小组搭配得好坏直接关系到小组能否发挥良性作用，决定着学生学习的结果。为了充分调动学生的学习"热心"，更好地发挥小组合作学习的作用，在课堂上我校教师会根据"五心"课堂教学理念采用多种分组方法，除了同质划分或异质划分外，还有以下两种：

　　1. 根据学生意愿分组

　　根据教学内容需要，结合学生的实际情况，让学生自主选择合作对象。尊重学生选择权利的同时，调动学生的情感投入，有利于合作的顺利开展并激发学生的学习兴趣。

2. 根据学习内容分组

根据学习任务的难易程度及任务的不同主题等来划分，如学习能力较强的小组完成难度较大的任务，学习能力较弱的小组完成难度较小的任务，这样能使全班同学都能获得成就感。

教师只有采取灵活机动的分组方式，才能有利于学生学习兴趣的培养和保持，才能有利于教师教学过程的顺利开展，使学生在轻松快乐中学到知识，这样的合作学习才能取得预期的成效。

《义务教育英语课程标准》强调教师是课堂教学的"组织者、引导者和合作者"。教师主导作用的发挥，教学的定向发展有赖于教师对教学活动的组织。

在教学 Unit 7 Chinese festivals 一课时，教师预先布置让学生搜集有关中国节日的资料。在教学中，教师首先带领学生一起学习了关于"Chinese New Year"的传统习俗；接着，教师建议学生组成小组交流"你还了解哪些中国的节日？你能介绍它们吗?"最后，让学生汇报合作学习的成果。

在整个教学活动中，教师注重培养了学生的合作意识和合作能力。在学生汇报时，有一个现象引起了我的关注：学生展示的成果都是各组组员自己在书本里寻找到的或者是自己课前搜集到的资料，然后又在组内和其他成员的资料进行共享整合而成。由此可以看出教师对学生的合作学习进行了有效的组织和帮助。

在"合作交流，热心研学"这个环节，为了使学生的合作学习更有效，教师们都会对合作学习进行有效地组织和帮助。

上课前，每个学习小组经过组员共同商讨后推荐一名组织能力强、学习基础好的学生担任组长，由小组长对小组成员进行分工，并采取轮换制。在学生讨论的过程中，教师会深入到学生中去，倾听学生的讨论并观察各小组的行为，注意学习任务是否已经完成或合作过程中会出现什么问题。

要让学生更有效地进行合作学习，教师应有意识地培养学生的合作学习能力；培养学生搜集资料的能力，确保信息交流的质量，尽量做到防止时间的空耗；给予学生发表观点的机会，教师应精心设计符合学生知识水平的话题，创造机会让他们展示其能力优势；培养学生讨论问题的能力，相互合作的学生的想法可能不完全一样，这就需要讨论，形成解决问题的方案。

我在执教 Unit 7 How much? 这课时，让学生分别扮演"customer"和"seller"组成自由小组表演对话。有一个小组创设了一个顾客与商家讨价还价，最后买卖没有做成的情景，并运用了很多以前学过的知识，教师给予了充分表扬。《义务教育英语课程标准》指出：对学生的评价是从知识、能力、情感态度与价值观等方面进行的……评价的着眼点主要在活动中的合作态度和参与程度……对合作学习进行科学的评价可以使学生更加注重合作过程的行为表现。评价的方法和手段是多种多样的。在合作学习中，教师应用好评价这一手段，帮助学生形成正确的评价观，有效地促进学生的发展。

在小组总结发言时，教师要给出对学生学习结果的评价。对各小组的学习过程进行规范、提升，以便让学生更好地理解，对问题形成一个清晰的认识。

首先是对合作学习小组合作过程的评价。如合作学习成果展示后，师生可共同评出"最佳表现奖""集体智慧奖""共同进步奖"等。这样会使合作学习更积极向上，学生更乐于参与。

其次是对合作学习小组个人的评价。在学生合作学习过程中，对一些学习较差、不常发言的学生，哪怕在合作学习过程中只是表现出积极参与的愿望，教师就应及时地表扬，增强其学习的自信心。

在评价过程中，教师要根据课堂教学情况采取多种评价手段和方法，保护学生的自信心，激发学生学习的"热心"，从而使其对合作学习保持浓厚的兴趣，确保合作学习的有效性。

云亭引鹤诗意起，莺雀登枝挚朋临
（沭阳县人民路小学校园文化小品）

入心篇

天涯地角时有尽，"入心悟学"意无穷

沭阳县人民路小学　郑康康

在新一轮基础教育课程改革的背景下，我校积极探索"五心"课堂教学模式。根据教学目标的需要，制订有利于学生思维发展和兴趣提升的方案。"入心悟学"环节是我校"五心"课堂教学模式的最后一个环节，从表面上看，它是课堂教学环节的最后一个环节，但其本质却是一节课的升华、拓展和提升。对于一堂完整的课来说，"入心悟学"环节的设计十分有必要，它对于学生能力的生成和延展有着十分重要的意义。

美国著名哲学家、教育家约翰·杜威提出："儿童变成了太阳，教育的一切措施要围绕他们而组织起来。"他提出了"儿童中心主义"的教育原则，他认为儿童是教育的起点、中心和目的。这体现在教学中，要求教师行为的出发点和目的都指向学生的成长，教师在课程中考虑学生的个性特征，考虑学生接受的规律，尊重学生的主体地位。因此，在进行课堂"入心悟学"环节设置时，教师应不仅仅着眼于课程结构本身，而应该将环节设置的着眼点投射到学生身上。以学生的具体情况为出发点，以学生的知识和能力的提高为环节设置的指向和目的。

但是我发现在具体的语文课堂教学中，很多老师往往只关注"安心候学"环节的设计，在"安心候学"环节花费很多心思，却忽略了对"入心悟学"环节的思考。其实，我认为"安心候学"环节固然重要，"入心悟学"环节也同样不可或缺，巧妙的"入心悟学"环节，会给人"绕梁三日，不绝于耳"之感。

一、发散式——诱发思考"入学"

语文课堂不是自学，不是随意学习，而是围绕一定的文本内容、围绕一定的目标进行教学。因而语文课堂目标性很强，学生所有的思维都具有集中性，都为实现课堂教学目标而服务。但是这样一来学生只能被动接受知识，思维局限在狭小的圈子里，不能发散。这在一定程度上不利于学生创造性思维的培养。因而教师在教学过程中，在完成教学目标的基础上，可以在"入心悟学"环节适当扩展一下，启发学生积极思考，这对于提升学生的学习能力大有益处。

如在教学《苹果里的五角星》这一课时，本课的教学目标是鼓励学生学会打破常规思维，敢于创造。当学生熟悉课文内容后，我在教学快要结束时提到文中的一句话："是的，如果你想知道什么是创造力，往小处说，就是换一种切苹果的方法。文中的打破常规就是横着切苹果，那么在我们的生活中，打破常规有哪些呢？"为了鼓励学生回答，我灵机一动说了一句："你看，这个粉笔头怎样创新使用呢？"在学生懵懂之时，我顺势一扬手，粉笔头呈抛物线抛了出去："看，还可以做飞镖！"全班哄堂大笑。但是在笑声中学生的思维打开了，他们有的说可以用书脊做尺，有的说可以用桌子拼成床……

"入心悟学"环节不是文本的结束，也不是课堂的结束，而是语文学习的另一种形式的开始。在"入心悟学"环节中运用发散性思维，不仅有助于激发学生的兴趣，加深学生对文本的理解，还能帮助学生打开思维，使他们在课后继续去探索、去求知。

二、拓展式——延伸探究"入学"

相对而言，"大语文"教学范围比较广泛，上到天文，下到地理，无所不包，无所不容。如果教师仅仅围绕文本来教，一来内容有点狭隘，不能体现"大语文"思想；二来学生不感兴趣，导致学习成效较低。语文学习应紧扣文本但不止于课本，课堂教学的终结并不等于语文教学的终结。语文是一门综合性很强的学科，语文教材中的许多知识和课外知识联系紧密，语文的外延就是生活。因此，在设计"入心悟学"环节的时候，教师可以根据文本内容适当拓展教学，拓宽学生的视野，使学生带着课堂上的认知张力，自觉开拓认知空间，进而增强课堂效果。

如在教学《蟋蟀的住宅》一课时，课文主要描写了蟋蟀住宅的特点及蟋蟀是如何建造住宅的。在设计这一课"入心悟学"环节时，为了有效拓展文本内容，培养学生留心观察周围事物的习惯及激发学生探究课外生活的兴趣，我是这样设计的："同学们，今天我们学习了《蟋蟀的住宅》，了解了蟋蟀住宅的特点，自然界中还有许许多多的生物，你了解它们吗？它们的住宅有什么特点呢？请你根据生活实际条件观察一种自己熟悉的小动物，并把这种小动物是如何建造住宅的给大家说一说，你们有兴趣吗？"在语文课堂教学中，教师不要把下课铃声作为课堂教学的终结，而是要让学生带着问题走出课堂，有效拓展文本。在这个课例里，正是因为有了教师对教学的适当拓展，才能不断激发学生探究科学奥秘的兴趣，学生在探究实践活动中体验到了观察的乐趣，这有利于学生语文素养的全面提升。

三、归纳式——总结升华"入学"

归纳式是语文课堂教学中常用的一种设计方式，正如唐代散文大家韩愈所云"记事者必提其要，纂言者必钩其玄"。在学习了全篇课文后，教师要带领学生对本课知识要点和难点进行梳理和总结。教学采用归纳式的"入心悟学"设计可以起到加深学生记忆及总结升华的作用。

如《鲸》这篇课文，无论是内容还是表达形式都很优美。在设计这一课的"入心悟学"环节时，为了让学生学会运用文章中的表达方式描写对象，使学生既获得知识，又具备学习能力，实现阅读与运用的双赢，我是这样展开教学的："同学们，这节课我们学习了《鲸》，知道了鲸有多长、多重，明白了鲸是哺乳动物，鲸的种类及鲸的生活习性。那么，作者为什么能够把鲸描写得这样具体、形象、生动，让我们爱读呢？那是因为作者运用了列数字、作比较、举例子等说明方法，使鲸在我们的头脑中留下了深刻的印象。如果你想让自己的文章表达得清楚明白，在平时的写作练习中就要多运用课文中的写作手法。"在这个教学过程中，教师针对说明文的特点，主要采取了归纳式的结尾方式，一方面使学生对本课内容有了整体的认识；另一方面把课文的表达方式和课文内容结合起来，使教学条理清楚、层次分明，实现由迁移运用到总结升华的教学作用。

四、提问式——激发兴趣"入学"

利用设置悬念来启发学生的学习兴趣，使学生产生强烈的求知欲，就如章回体小说一样，看完了这一回，总想急于了解下一回的内容。如特级教师于永正执教《望月》时，在学生分角色朗读后，就是这样设置悬念的："（文章）写得美，读得也美。法国著名雕塑家罗丹曾经说过一句话：'美是到处都有的，对于我们的眼睛，不是缺少美，而是缺少发现。'比如月亮吧，'今人不见古时月，今月曾经照古人'，从古至今都是这一个月亮，但是那么多作家、诗人笔下的月亮为什么都不一样，但却都那么美呢？今天的作业就是：在有月亮的晚上，同学们观察一下月亮，再观察一下周围的景物：山、树、人、房屋都是什么样。你仔细观察，用心幻想，你的笔下一定会有一篇篇优美的文章诞生，于老师期待着。"像于老师这样的结束语，用期待的话语，以读促写，既增强了学生对语文学习的渴求，又使学生把因下课铃声而行将关闭的思考的闸门再次打开。

语文课堂教学"入心悟学"环节的艺术说到底，是教师的知识、智慧、感情及课堂应变能力的综合体现。"入心悟学"环节要悉心设计，要有精彩的结局，但又没有固定的模式和标准，它需要我们认真地去探索，细心地去总结，灵活地去运用。但不管采用何种方法，语文课堂教学结尾要能突出重点、解决难点、总结规律，使知识系统化、条理化；开拓学生视野，激发学生思维，发展学生智力，帮助学生积累新知识，不断扩大学生的知识领域。

总之，一节精彩的语文课，不仅要有扣人心弦的"安心候学"环节，环环相扣、紧紧衔接的过程，还要有余味无穷的"入心悟学"环节。因此，语文教师必须"创设余音缭绕的气氛，让学生带着美感下课堂，带着继续探索的心理下课堂"。为了达到这一效果，语文教师不仅要在课堂上传授知识，还要十分重视语文课"入心悟学"环节的探索。于漪老师说：教语文，最主要是把学生的心抓住，使他们产生一种孜孜不倦、锲而不舍的学习愿望。教师应深入钻研教材，不断探索教学艺术，让课堂教学如花绽放。只有这样，才能使语文课堂达到"课已尽而意无穷"的教学效果。

拓展应用巧设计，水到渠成入心来

沭阳县人民路小学　陈婷婷

一、"入心"环节提出的理论来源

《义务教育英语课程标准》指出："义务教育阶段英语课程的总体目标是培养学生初步的综合语言运用能力，并通过英语学习促进学生的心智发展，提高学生的综合人文素养。"综合语言运用能力的形成建立在语言技能、语言知识、情感态度、学习策略和文化意识等诸方面整体发展的基础之上。这五方面相辅相成，共同促进综合语言运用能力的形成与发展。然而由于智力因素、学习环境、家庭教育及自身学习态度等，学生在英语学习上的差异十分明显。这就要求我们在日常教学中能够从多个维度，用多种方法、活动，使学生了解英语、热爱英语，入心领悟英语，并能"用英语做事情"。只有英语学习入心了，才能去实践，才能"用英语做事情"。

20世纪30年代初，维果斯基首先将"最近发展区"（Zone of Proximal Development，ZPD）这一概念引入儿童心理学的研究，提出"良好的教学应走在发展前面"的著名论断，并指出，教学的着眼点就是要看到儿童的明天，即"判明儿童发展的动力状态"。他认为儿童的发展有两种层次：实际发展层次与潜在发展层次。实际发展层次就是皮亚杰提出的儿童发展阶段，不同的年龄阶段有不同的能力，由一定的已完成的发展系统所形成的儿童心理机能的发展水平，如儿童已经完全掌握了某些概念和规则；潜在发展层次则是在借助成人帮助或与同伴合作的情况下，所能达到的解决问题的能力。这两种发展层次表现为儿童的现有水平和即将达到的发展水平。这两种水平之间的差距，就是"最近发展区"。每个个体的基本能力（实际发展层次）和发展区（潜在发展层次）都不同。最好的教育应该要考虑到个体的差异，如果教师或家长有针对性地让儿童尝试一些他能力以外的事物，同时又在他的发展区之内，则可以促进儿童的有益成长。所以，维果斯基强调教学不能只适应发展的现有水平，而应适应"最近发展区"，从而走在发展的前面，最终跨越"最近发展区"而达到新的发展水平。因此，在日常教学中，在原有的知识结构上，进行适当的拓展延伸，着眼于儿童的"最近发展区"，为学生提供带有适当难度的内容，调动学生的积极性，发挥其潜能，使学习入心，还是很有必要的。若只是照本宣科，就会有一部分同学出现"喂不饱"的现象，那岂不是误人子弟？当然拓展的深度应是"最近发展区"的范围，符合儿童的身心发展规律。学习首先要入心，最终目的是应用，如果不考虑学情，只一味拓展，学生学习则不会入心，教学效果也是空谈，所以在拓展的度上还应好好把握，这样才能更好地达到"入心悟学"的效果。

发展性教学理论（Developmental Teaching）是由苏联教育学家、心理学家赞可夫提出的。该理论强调教学要促进儿童的一般发展，而不仅仅局限于认识能力的发展；要求使学生理解学习过程，教给他们学习的方法；强调使所有学生都得到发展；注重研究学生的兴趣、动机等内部诱因；主张让学生过丰富的精神生活等。因此在课堂中，我们的教学不能出现"满堂灌"的现象。若不能从孩子的兴趣出发，不能调动其积极性，只是一味死记硬背，则促进不了孩子的心智发展，"入心悟学"的效果也将大打折扣。因此，在"拓展应用，入心悟学"环节，我们还应注意学习兴趣的调动，情感的升华，这对学生的德育方面也起到一定的引导和促进作用。

英语学科的核心素养包括语言能力、思维品质、文化品格和学习能力四个维度。语言能力就是用语言做事的能力，涉及语言知识、语言意识和语感、语言技能、交际策略等。思维品质是思考辨析能力，包括分析、推理、判断、理性表达、用英语进行多元思维等活动。文化品格重点在于理解各国文化内涵，比较异同，汲取精华，尊重差异等方面。学习能力主要包括认知策略、交际策略和情感策略。英语学科素质教育的内容，主要是让学生通过听、说、读、写等方面的语言实践活动去发展英语语言能力，培养良好的心理品质和思想道德品质。英语教学应强调使学生形成以交际能力为核心的英语语言运用素质。教师应注意调动学生的非智力因素，营造一个能进行交际实践的学习环境，并充分利用现有的教学手段，努力扩大学生的知识面，让学生学习入心，并帮助学生建构自己的自主学习模式，正所谓"授人以鱼，不如授人以渔"。

学习迁移理论是学习理论的必要组成部分。一般来说，学习迁移是指一种学习对另一种学习的影响，或已经获得的知识经验对完成其他活动的影响。建构主义的迁移观认为，所谓学习迁移，实际上就是认知结构在新条件下的重新建构。这种建构性的学习强调旨在使学习者形成对知识的深刻理解，与我们的"入心悟学"环节不谋而合。迁移不仅发生在知识和技能的学习中，还体现在态度与行为规范的形成中；不仅表现为先前学习对后继学习的影响，而且表现为后继学习对先前学习的影响；这种影响可以是积极的也可以是消极的。当然，教学中应注意利用正迁移达到"入心悟学"的效果，消除负迁移。在课程设置、教材的组织、教学方法的选择上都要注意学习迁移的作用。

我认为，要想"拓展应用，入心悟学"环节设计得恰到好处，合情合理，教师在进行教学设计的过程中，就要吃透每个单元各学习板块的教学内容和目标及单元总体的教学目标，准确地把握课程标准，对每个单元的各个板块要有统筹安排的能力和策略。

二、小学英语的教学特征

（一）教学方法多样

由于小学生的年龄较小，在实际的教学过程中，如果教师仅仅只是进行传统理论知识的讲解，很容易使其丧失学习的兴趣，对此，教师在实际的教学中要采用多样的教学方法来调动学生的学习积极性，通过新颖的教学模式及方式来引导学生学习，从而提高英语教学的有效性。

（二）英语教学贴近生活

对小学生而言，在小学阶段他们还没有养成自主学习的习惯，也还未形成属于自己的系统的学习方法，因此在学习英语的过程中难以对一些单词及句子有一个理解与记忆。所以，在小学英语的学习过程中，学生所接触到的英语大都是以学习生活、家庭生活和社会公共生活为主。

（三）小学英语探究性强

小学阶段对于学生后续的学习与发展有着重要的作用，而小学阶段的重要目标即培养学生自主学习能力。基于这一目标，小学英语还具有探究性强的特点，学生所使用的教材都具有一定的探索性，在课堂上经过教师的引导可以让学生去探索知识，从而让学生逐渐养成自主思考的能力。

三、教学中实践"拓展应用，入心悟学"遇到的障碍

（一）教材问题

如今，很多小学教育单位所使用的英语教材类型多种多样，但教学内

容比较单一，如我们使用的译林版教材，自2012年投入使用，至今已有八个年头。除个别板块内容略有改动，其余皆是原版印刷。这和英语这门语言的应用变化步伐不能很好统一，存在着一定的滞后性，这对学生知识的获取有着很大的影响，也在一定程度上阻碍了学生能力的发展。

（二）语言环境的缺失

目前，纵观我国小学教育英语教学的实际情况，很多学校的英语教学都缺乏一个语言环境。包括我们学校的很多教师在实际的教学过程中习惯用汉语向学生传播知识，学生在课上及课后都缺乏说英语的机会，这使学生的学习能力难以得到有效的提高，因此难以达到"拓展应用，入心悟学"的教学要求。

（三）学生基础问题

英语，不同于我们的母语汉语。学生在习得一门外语时肯定不能像汉语一样得心应手。在"拓展应用，入心悟学"环节，我们要注意照顾到不同层面的学生，因此在拓展的度上把握不好，就会出现后进生"吃不消"，优等生"喂不饱"的现象。

四、如何在小学英语教学中高效开展"拓展应用，入心悟学"环节

（一）丰富课程资源，拓展英语学习渠道

新课标指出：语言学习需要大量的输入。丰富多样的课程资源对英语学习尤其重要。英语课程应根据教和学的需求，提供贴近学生、贴近生活、贴近时代的英语学习资源。教材是实现教学目标的重要材料和手段。在教学中，教师要善于根据教学需要，对教材加以适当的取舍和调整。如在执教四年级上册 Unit 5 Our new home (Story time) 的第一课时，在"拓展应用，入心悟学"环节，我通过一段小视频介绍自己的家，从而引出学生介绍自己的家，此环节即结合 Checkout time 板块教学，将其内容调至前面，以实现更好的"入心悟学"效果。同时我们还可以创造性地开发和利用现实生活中鲜活的英语学习资源，积极利用音像、广播、电视、书刊、网络信息等，拓展学生学习和运用英语的渠道。如2020年新冠肺炎疫情的暴发，导致学校全面停课。我校谨遵教育局部署，立马组织并有序开展线上教学服务。利用钉钉、企业微信、腾讯会议等办公软件进行线上直播教学，真正做到了"停课不停学"的要求。学生通过上直播课这种新颖的方式学习，

积极性很高，为新学期的学习奠定了良好的基础。此外，为了达到"拓展应用，入心悟学"的效果，我校还组织骨干教师对各科教材知识点进行整理和编写，积极开发了校本教材——《慧心之本》。这本书的利用，大大提高了学生的学习效率。学生学习入心，知识运用得心应手。

（二）重视教学目标，巧设趣味活动

教学目标是开展课堂拓展活动的指航灯，若是偏离了目标，再好的教学活动也难以取得预期的教学效果。很多教师为了凸显拓展活动的趣味性，绞尽脑汁设计多样化的趣味活动，却忽视了"初心"，缺乏明确目标，流于形式。正所谓，忘"初心"，难"入心"。其实，趣味活动不在数量，而在质量。趣味活动设计巧，水到渠成入心来。

例如，在译林版小学英语五年级上册 Unit 1 Goldilocks and the three bears 的教学中，一位执教公开课的教师结合本课的语言训练目标"There is/are..."和课本插图，让学生发挥想象，进行故事的续编，"Goldilocks is afraid. What will she do?"。要求学生分组合作，说一说并画一画故事的后续。学生对此非常感兴趣，整堂课也非常热闹，但大多数小组都在忙着画画，未能展开语言交流。案例中的活动，虽活泼热闹，但是缺乏明确的语言目标，学生在忙画画时，将注意力全集中在如何把故事画得更精美、更丰富上面，忽视了对语言的交流和运用，脱离了语言训练目标。因此，我在教学时对教学环节做了微调，在引导学生开展故事续编时，先提供了丰富的语言示范：Maybe there is a witch. There is magic broom in her hand. /...；随后对事先准备的图片进行粘贴，为故事配上插图，减少了学生因思维的局限性而引起的活动障碍；接着让学生开展小组讨论："What will happen?"，充分运用"There is/are..."展开丰富的想象，打开学生的话匣子；最后让学生将续编的故事写下来，有效发展学生的写作能力，同时要求学生在课后为自己的故事配上精美的插图，并评选出"最佳故事奖"。这样的调整让学生的注意力专注于语言的实际运用，提高了课堂拓展活动的目的性，让学生在活动中有效提升了语言的实际运用能力。

（三）丰富语言环境，创设真实有效的情境

语言的学习不应该是不自愿、被强迫的苦差事，而应是一个自然获得的过程。简单说，语言的学习是"润物细无声"的熏陶。然而，对于我们中国的学生而言，缺乏学习英语的环境，语言的"浸润"和自然学习、自然运用就成为孩子们学习的遗憾。为此，教师在英语教学中应注重情境、语境的创设，选择贴近学生生活、反映学生生活、学习的情境，为学生营造浓厚的学习氛围，促进学生体验式学习，让学生经历知识学习的全过程。例如，进行五年级下册 Unit 2 My favourite season 的教学时，教师可以围绕"我最喜欢的季节"这一话题展开拓展环节。在教授这节课之前，学生已经学过"Which season do you like?""I like... best."。另外，学生也学过了一些户外活动的动词词组，如 go on a picnic、go swimming、pick apples、make a snowman、play in the snow 等。然后，教师再教授新的内容，如 why、because、good、summer、vacation 等常用的单词或短语。五年级的学生已经具备一定的英语基础，学生对贴近生活、符合自己兴趣的东西有很强的好奇心和求知欲。另外，这个年龄段的学生还有很强的表现欲和上进心，他们渴望得到他人的认可。因此，小学英语"拓展应用，入心悟学"环节的设计，既要与学习内容密切相关，也要利于学生的语言学习。情境的创设真实、有效，学生的活动也真实生动、有效入心。

（四）把握拓展深度，关注不同层次学生的需求

苏霍姆林斯基说，每一个学生都是具体的。一个班级中的学生，由于生活环境、学习习惯、兴趣爱好等方面的不同，具有各自不同的特点。新课标的基本理念也指出：要面向全体学生，关注语言学习者的不同特点和个体差异，为每个学生学习英语奠定基础。由于学生在年龄、性格、认知方式、生活环境等方面存在差异，他们具有不同的学习需求和学习特点。只有最大限度地满足个体需求，才能获得最大化的入心效果。因此，在"拓展应用，入心悟学"环节的活动设计要尽可能兼顾到每个学生。所谓"深者得之深，浅者得其浅"，我们要关注不同层次学生的发展需求，在拓展应用活动设计上要把握好"度"，调动学生的积极性，使他们保持学习英语的信心，才能更好地入心。

例如，在设计译林版小学英语六年级上册 Unit 7 Protect the Earth "拓展应用，入心悟学"环节时，针对在现实生活和学习中表达如何为保护地球作贡献时，教师可设置三级目标。一级目标针对"后进生"，可设置图片并注明简单的文字供他们勾选，如 walk to school、take the bus to school... 二级目标为中间生设置说的活动，可提供一些关键词或句，如"To protect the Earth, we can... we can... we can..."，让学生口头表达如何去保护地球。三级目标为优等生设置写和说的活动，如设计一张主题为"Protect the Earth"的海报，配以图片和文字说明，并向同学们介绍你的海报。这三级目标的设置能兼顾到不同层次的学生，"度"把握好了，才能提高不同层次学生的课堂参与度。只有让学生体验到学习英语的乐趣，获得学习英语的成功感

受，孩子才会有兴趣学，才能学好，他们的学习才能达到"入心悟学"的效果，才能在各个阶段的学习中不断进步。

综上所述，在"拓展应用，入心悟学"环节，教师需要考虑各方面的因素，结合教学需要，灵活、创造性地设置教学活动，注重学生英语学科素养的发展与培养。除此之外，教师还应该重视拓展活动的合理渗透，以加深学生对教学内容的印象。只有当学生真正发展语言时，他们才能更好地熟悉和认识语言发展规律，他们自身的语言积累才会更加充实，他们的学习才能达到"拓展应用，入心悟学"的效果。

好好学习，天天向上
（沭阳县人民路小学校园文化小品）

巧妙拓展活思维，入心悟学求真知

沭阳县人民路小学　张中伟

《义务教育数学课程标准》指出："有效的数学学习活动不能单纯地依赖模仿与记忆，动手实践、自主探索与合作交流是学生学习数学的重要方式。"数学课堂中的拓展练习是教学过程中学生动手实践的主要形式，是学生"入心悟学"过程中不可缺少的重要环节，是学生巩固新授知识、形成技能技巧、发展智力的重要手段，同时也是培养创新精神的重要途径。拓展练习不仅可以促进学生思维、品格、身心等智力因素和非智力因素的发展，还可以获得反馈信息，检验学生学习和教师教学的能力，评价教与学的水平，让学生在"热心"环节合作交流后进一步加以思考、整理、加工，并延伸到其他方面加以应用，将加工后的知识进行内化和感悟，形成自身的知识网络和人文素养。总之，学生在拓展中巩固了知识，在应用中思考了知识，在"入心"中内化了知识。

那么在课堂教学中，教师如何进行行之有效的引导，注重知识的延伸与拓展，发散学生的思维能力呢？本人结合自身在教学中的一些实际经验，就如何通过拓展练习达到"入心悟学"，谈以下几点策略。

一、融会贯通，巩固"入心"

所谓数学悟性是指主体在思考问题时，既含简缩逻辑成分，又有直觉洞察、直观猜想、灵感顿悟等非逻辑成分，这类思维活动所体现出的个性心理特征或心理状态，具有超常性，是多种能力有机组合产生的一种突破力，使认识活动跳跃式推进，从而拓宽了思路，从不同角度和渠道通向"入心悟学"的目的。如我在给学生复习"10 以内的加减法"一课时，设计了两张表格，一张是 10 以内的加法，另一张是 10 以内的减法，让学生根据表格的数据及排列的规律来说一说它们的特点，并要求学生能正确熟练地识记这张表格。

这个练习的综合性非常强，要求学生先理解相关的数据，而这些数据还需要通过观察对比来得到。在得到数据后，又要合理利用这些数据的规律，然后进行识记。这一系列的环节，学生已经不能仅仅局限于知道几个简单的数据，也不是仅仅会进行一些简单的计算，而是应该更多地了解算式横向、纵向的联系。这难道不正是我们老师所希望的吗？因此，设计拓展练习要考虑到知识的综合性，让学生能在学习中不断提高解决综合性问题的能力。

因此，在课堂教学中，我们要夯实学生的基础，有目的地拓展练习渗透数学思想，提升课堂教学的有效性，培养和发展学生的思维能力，促进学生的"入心悟学"，我们的数学课堂才能出现百花齐放的美好景象。

二、关注差异，分层"入心"

教师面对的是一个个基础不同、能力不同、性格不同、习惯不同、兴趣不同的个体。所以，面对全体就要考虑每个层面的学生，进行分层练习，促进不同层次的学生"入心悟学"。基础差的学生可以选择做一些知识的理解和运用类的题目，而学有余力的学生可以做一些难度较大的练习。这样设计练习能使每个学生通过不同度、不同量的作业练习在原有的基础上各有收获，都能享受到成功的喜悦，这不就是"拓展应用，入心悟学"吗？设计的拓展练习要分析内容特点，就是要把练习内容纳入数学的整体结构中，练习既要突出重点，又要注意知识的前后联系，尤其是对后继知识的延伸，设计的练习要针对学生的认知规律，就是要遵循学生认知结构形成与发展的规律。所以，设计练习要从针对内容和认知规律出发，合理把握好层次性。

如在教学"小数的简便计算"一课时，在拓展环节我就设计了以下两组对比计算题：

$$27×50×20 \qquad 27×45+73×45$$
$$2.7×50×20 \qquad 2.7×45+7.3×45$$

学生很快地都采用乘法运算定律进行了简便计算，接着我提出："每组题的第一小题是整数四则计算，我们以前已经学过用乘法运算定律进行简便计算，而每组的第二小题是小数四则计算也能采用乘法运算定律进行简算，你们有办法验证一下吗？"

接着学生参与验证，我发现学生都按四则混合运算的顺序做了验证。我肯定了学生的验证方法后，又进而提出是否可以根据算式编一道生活的实例来验证，用生活的实例启发学生的入心思维。接着学生又分别编出应用题，并用了两种计算方法列出算式计算结果加以验证。

再接着设计了巩固深化环节的练习：

第一层次，填一填：

$$0.75×12=12×(\qquad)$$

$$0.125×(0.17×8)=(\qquad)×(\qquad×\qquad)$$

$$0.39×3.6+0.39×5.4=(\qquad)×(\qquad+\qquad)$$

第二层次，比一比，算一算：

25×175×4	0.78×101	5.63×6.34−3.34×5.63
0.25×1.75×40	0.78×10.1	5.63×6.34+5.63×3.66

第三层次，简便计算：

0.4×0.9×0.25	2.5×（20+0.4)
4.7×9.9	0.75×2.8+7.5×0.72

第四层次，选用下列的数填入下列含有"（　　　）"的式子中，组成能运用乘法运算定律进行简便计算的式子。

2.4 、5、1.25 、8、0.75 、7.5 、12.5 、2.5 、0.25 、0.6 、7.5

① (　　+　　)×(　　　)

② (　　　)×(　　　)+(　　　)×(　　　)

③ (　　　)×(　　×　　)

从以上教例可以看到，在拓展环节设计新与旧的对比方式，可以引发学生在参与练习中发挥迁移的作用来简便计算小数四则运算。接着引发学生验证，也是学生参与练习的过程，使新知得到很好的同化。然后有针对性地设计了多层练习。第一层次，进一步熟练运用定律；第二层次，通过对比训练进一步构建了认知；第三层次，要求学生灵活运用定律进行简算；第四层次，让学生运用开放的素材，自编出能较简便计算的算式，使技能得到深化，达到"入心悟学"的效果。

三、联系生活，强化"入心"

数学知识来源于生活，又应用于生活。生活中的现实问题是一切数学学习的源泉和根本。只有把数学知识的学习和解决生活中的实际问题有机联系起来，数学学习才能显示出巨大的生命力，学生在学习过程中也能体会到自己学习数学的价值，增强他们学好数学的信心。因此，在数学课的学习中，教师要有意识地联系学生的生活实际，设计一些生活中的拓展练习，让学生尝试着运用所学的知识去解决，并且指导他们如何寻找生活和数学的联系，从而让学生逐渐养成用数学思维去观察生活的好习惯。

如在学习了"千克和克的初步认识"这个内容后，我给学生布置了一个去超市购物并收集质量信息的作业。练习课上，我首先让学生把从超市所购的自己喜欢的食品质量告诉大家，然后让学生互相交换地掂一掂、拎一拎，感受对方物品的质量。接着，我又让大家拿出各自所带的瓜果蔬菜，请同学们猜一猜这些水果、蔬菜的质量，再用秤称一下加以验证，看看与自己的估计相差多少。以上几个环节让学生充分感知了几十克、几百克、几千克、几十千克的质量，对一些填质量单位的习题也就能迎刃而解了。通过这一系列的练习把抽象的概念具体化、趣味化，把单纯的数学概念引申到生活活动中，从而让学生感受到数学就在我们身边。

这样的拓展练习，与学生的生活实际有着非常紧密的联系。首先，便于充分地调动学生的学习兴趣，激发求知欲，让他们全身心地投入解决拓展性习题的活动之中。学生会感觉到自己不是在学习数学，而是在解决自己的问题。其次，这组练习的设计，紧扣本节课学习的重点和难点，又比书本知识略有提高，正好处于学生思维的"最近发展区"之内，学生根据自身的学习需求，通过努力，完全可以比较轻松地达到。因此，我们在设计拓展练习时，要尽可能地考虑到知识的实际应用，只有这样，学生学到的知识才比较扎实、有效，在"入心悟学"中求得真知。

课堂教学是多姿多彩的智力活动，俗话说"教无定法"，对不同的学生和教材在不同的情况下，我们应该依据学生认识事物和教学的基本规律，根据具体教学目的进行调节、变通，提出并设计适应具体授课情境的方案。"拓展应用，入心悟学"是我校"五心"教学模式的最后一个阶段，也是课堂教学中知识的延伸阶段。如何更好地运用这一教学环节，我们还将砥砺前行。我们将在教学实践中坚持"教中研、研中教"，不断探索完善教学模式，最终把学生由被动接受知识的地位推向自主探索获得知识的舞台，使学生真正成为学习的主人，最大限度地提高数学教学的时效性。"乐起来，更精彩"，相信通过我们的不断尝试与创新实践，我校"五心"教学模式必将结出丰硕的果实！

学习迁移促高效，入心悟学获新知

沭阳县人民路小学　周俊秋

案例主题

教育心理学之学习迁移理论认为学习迁移是一种学习对另一种学习或已经获得的知识经验对完成其他活动的影响。建构主义的迁移观认为，所谓学习迁移，实际上就是认知结构在新条件下的重新建构。在语文教学中，充分运用学习迁移的规律，是提高学习效率的重要手段。

案例背景

学习迁移是一种复杂的心理现象，既受学习材料、学习环境等客观条件的影响，也受学习者智力、年龄、认知结构、认知技能与策略、学习态度与心向、情绪与精神状态等主观条件的制约。要促进学习迁移的发生，对教学的内容需要进行科学的选择，合理处理教学程序，扎实基础知识和基本技能，注意启发学生对学习内容的理解与运用。

"五心"教学模式"拓展应用，入心悟学"这一教学环节，教师根据具体教学情况设计教学内容，促进学习迁移行之有效地发生。若使一种学习能加强另一种学习，"入心"是关键。何为"入心"？《平书·文艺下》："读书作文，以领悟为上。"读书写文章，以领会理解最为重要，如果没能有所领悟，即使十年八年也没有益处；如果能有所领悟，就算时间很短也可以有收获。"入心"就是要求教师运用科学的教学方法，引领学生在一定的时间内完成学习目标，并在掌握已有知识的基础上，促使学习迁移的产生。

《植物妈妈有办法》是部编版小学语文二年级上册的一篇课文，是一首讲述植物传播种子的诗歌，运用比喻和拟人的修辞手法，以富有韵律感的语言，生动形象地介绍了蒲公英、苍耳、豌豆传播种子的方法。从植物妈妈的办法中能感到大自然的奇妙，激发学生了解更多的植物知识的欲望，培养学生留心观察身边事物的习惯。全诗共有五节，按照"提出问题、具体介绍、提示观察"的思路展开，第一节激发学生思考植物用什么办法传播种子，第二至四节分别讲述了蒲公英、苍耳、豌豆传播种子的办法，第五节鼓励学生仔细观察，发现新知识。

📚 案例描述

在教学第五节时，我请学生先找一找这一节里的近义词，再找一找这一节里的反义词，学生很快就找到了一对近义词："很多很多"和"许许多多"，一对反义词："仔细"和"粗心"，之后引导学生，"读了这一小节你知道了什么？"孩子们各抒己见："植物传播种子的方法有很多很多，大自然有许许多多奇妙的知识，需要我们细心观察……"此时我顺势提出："你还知道哪些植物传播种子的方法？"此问题一抛出，孩子们自然而然地在自己的学习小组讨论起来，他们热情高涨，讨论得很热烈。这时我提出小组竞赛的方法，比一比哪个组懂得植物传播种子的方法最多。孩子们纷纷举起自己的小手踊跃发言，争取为自己的小组争光。在学生分享答案的过程中，如果出现有错的地方，我也没有急于指正公布标准答案，而是请其他同学来纠正，这样孩子们回答得仔细，听得也十分认真，课堂的学习氛围积极愉悦。小组竞赛结束，我出示了三张图片，第一幅图讲的是柳树借助风来传播种子，柳树的种子上有白色的毛状物，也就是柳絮，柳絮带着种子随风飘散，落到适宜的环境就生根发芽。第二幅图是长满了樱桃的樱桃园，旁边有小鸟飞来衔走樱桃，樱桃被小鸟吃了，其中的种子由于难以消化，随着小鸟粪便排出体外，就可以传播到其他地方。第三幅图画的是凤仙花，凤仙花的果实在裂开时，果皮向内卷缩，又突然向外伸张，将种子弹出。在图片下方，显示"乘着风""纷纷出发""衔走""排出""蹦着跳着""炸开"等词语，引导学生学着课文的样子，说一说植物妈妈传播种子的方法。孩子们开动脑筋，编写出了不少优美的小诗，如"柳树妈妈有办法，她把孩子裹在毛茸茸的柳絮里，只要有风吹过，孩子们便乘着风纷纷出发。"通过模仿课文的诗句，对课文知识进行拓展，加强了课内外知识的联系，实现了读写的有效结合和语言的迁移运用。孩子们探索知识的兴趣也得到了极大的激发，直至下课铃声响起，孩子们依然兴致勃勃地探讨着。此环节的设计，重在学生自己体会感悟，这样获取的知识才是学生自己的，同时也完成了理解蒲公英、苍耳、豌豆三种植物传播种子的方法，体会"乘着、挂住、炸开"用词的精准性，达到观察植物、了解植物奥秘的教学目标。

案例评析

本案例运用"五心"教学模式，先让孩子们讨论出不同的植物有什么传播种子的方法，运用小组竞赛的方式，将课堂的教学内容与实际生活相关联，既拓展了所学的知识，又激发了孩子们探索知识的热情。接下来的仿照课文写诗的教学环节，又将孩子们的视线转回到课内，此时孩子们的学习热情是饱满的。通过模仿课文的诗句，对课文知识进行拓展，加强课内外知识的联系，完成读写的有效结合和语言的迁移运用这一教学目标，孩子们也真正做到了学习上的"入心"。学生自学自悟所获得的知识是牢固的，获取知识的过程是快乐的，对于学习的兴趣也是持续的。

智力和年龄对学习迁移的质与量都有重要的作用，因为智力体现出学生的概括能力、分析能力和推理能力等。二年级学生由于年龄小，自制力差，贪玩好动，在课堂上很容易走神，影响语文课堂的教学效果。"入心"环节让孩子们观看视频、图片等资料，能够有效吸引学生的课堂注意力。教学过程与实际生活相关联，使得学习迁移在特定的机制下自然地发生。

知识之间、技能之间的共同要素是产生学习迁移的重要客观条件，"入心"环节注重学生掌握扎实的基础知识和基本技能，为新知识和新技能的顺利学习提供了有利的条件。为了能更好地促进学习的迁移，在拓展应用教学中，在旧知识的基础上引出新知识，尽量突出事物间的内在联系，强调新旧知识之间的共同要素。在本环节的教学中，需要加强对语文教材的分析，从教学内容出发，利用生活中的知识开展课堂教学，从而引导学生从生活的角度学习语文知识，并组织学生进行对语文知识的理解和实践应用，提高语文教学的效果。如利用"乘着风""纷纷出发""衔走""排出""蹦着跳着""炸开"等词语，引导学生学着课文的样子，说一说植物妈妈传播种子的方法。孩子们就可以联系实际再结合课文的句式、表达方式等写句子，既激发了学生对大自然的探究兴趣，又复习了上一节课的旧知识。

"入心"做到了以学生为主体，教师则成了课堂的发现者、开发者、欣赏者、组织者和引导者。整个教学片段当中，教师自始至终没有去干涉学生的学习行为，让学生在课堂中交流、讨论。教师只是在规范学生学习行为，维护课堂秩序方面做了适当的引导。学生在课堂上尽情地发言，从课文的字里行间、插图及自己的生活经验中去寻找答案，可以看出学生是思考了、探究了，课堂成了他们学习的演练场，真正体现了学生的主体地位。

影响学习迁移的因素有学习态度与方法、教师的指导方法等，教师有意识地指导有助于学习迁移的积极发生，教师在教学时有意地启发学生总结概括学习内容，注意提高他们的学习策略与学习方法，进行启发式、引导式教学，都会促进学生积极学习迁移的发生。一个学生对某项学习活动的态度，对学习迁移的引发也非常重要。"五心"教学模式引导孩子主动学习，为孩子创设愉快的学习环境，让孩子真正感受到学习的快乐。当学生对学习活动具有积极的态度时，便会形成有利于学习迁移的心境，这样便有可能将已知的知识与技能积极主动地运用到新的学习中去，找出其间的联系，学习迁移可能在不知不觉中发生。

"五心"教学模式，尊重学生的个性，注重学生学习的主体性与主动性，提高学生的学习效率，促进语文课堂的高效，同时丰富了小学语文的教学方法与内容。教学强调教师改变教学方式，重视对传统教学模式的改革，小学语文教学中的学习迁移理论也得到了初步的应用。

丹青不染倾城色，水墨却含淡淡香

（沭阳县人民路小学校园文化小品之迷侬水墨）

能动输出巧运用，入心悟学求真知

沭阳县人民路小学 孙 悦

案例背景

"成长无法替代，教育不是说教，入心才是教育。"这句使我有深刻感触的话被我记录在每本备课笔记的首页中，时刻提醒着我。教师的教不在于全盘授予，而在于随机诱导。学生是未来的社会成员，是未来社会发展的建设者。未来的不确定性要求学生在学习过程中能够自己发现问题、解决问题。因此在教育中，老师应担当引导的角色，一堂课的好坏不在于老师讲了多少，而在于在老师的引导下，学生自己发现了多少，掌握了多少。

英语学习无论在何时何地，其实都是一个语言输入和输出的过程。孩子们通过听和读来进行语言的输入，再通过说和写来进行语言的输出。但由于中国大环境下的应试压力，很多教师在教学过程中都把重点放在了语言的输入，而忽略了语言的输出。长此以往，孩子们还是无法真正地学好英语这门语言，因此语言的输出也很重要。我校"五心"教学模式中的"拓展应用，入心悟学"环节就给孩子们提供了一个很好的语言输出机会。

英语教学的"拓展应用，入心悟学"环节就是让学生在对本课的重点词汇及句型有了一定的了解后，通过一系列有趣的活动，主动地对所学的重点词汇及句型加以训练、思考、整理、加工，并延伸到其他方面加以应用，将加工后的知识进行内化和感悟，形成自身的知识网络及情感态度价值观。

案例描述

以下是我基于自己两年的教学经验而积攒的一些低学段的入心环节教学案例：

（一）从学生感兴趣的活动入手

玩是孩子的天性。根据这一点，在入心环节中设置一些有趣的活动，会让学习事半功倍。

案例1：

译林版小学英语三年级下册 Unit 3 Is this your pencil? Story time 的课堂"拓展应用，入心环节"设计如下：

在教学完 Story time 后，教师将学生的目光聚焦于课文的最后一幅图片，进行拓展。

【活动1】猜一猜。运用本课所学句型"Is that...?"向老师提问并猜一猜 Mike 画的是什么，老师只能回答"Yes, it is. ／No, it isn't."。

本环节可以让孩子们进行语言的输出，并强化训练本单元重点句型"Is that...?"因为此句型较难，所以在第一个活动中，孩子们只需要负责问，回答的任务交给了老师。这样的方式可以很大程度降低孩子们的学习难度，从而提升他们对英语学习的信心。此外，让孩子们动脑筋去猜，还可以提高孩子们的想象力。

此环节非常具有趣味性，可以极大地调动起孩子们的学习兴趣，使课堂氛围变得活跃。

【活动2】读一读，找一找。阅读以下对话，找出 Mike 画的是什么？

A：Mike, what are you drawing?

B：Guess.

A：Is that a ball?

B：No, it isn't.

A：Is that a clock（钟）?

B：Yes, it is. It is a clock. You are right.

继续强化巩固重点句型"Is that...? Yes, it is. ／No, it isn't."。

本环节重点在于培养孩子们的英语阅读能力。虽然三年级还处在英语学习的起始阶段，但根据目前新课标的要求，培养学生的能力仍然是英语教学的首要任务，因此老师们可以在入心环节中适当地增加一些简单易懂的短文来训练孩子们的阅读能力。阅读训练可以拓宽孩子们的词汇量，如 ball（球）、clock（钟）、draw（画画）...

【活动3】我画你猜。教师和一位学生示范，一人画，一人用所学句型猜画的是什么。然后两两合作，一人画一人猜。

在这个环节中，我们已经由第一个活动中的只练习单个句子"Is that...?"变成了练习句型"Is that...? Yes, it is. ／No, it isn't."。难度在层层递增，符合孩子们的学习规律，训练了孩子们语言输出中听和说的能力。

此环节充满了趣味性，孩子们可以真正地"乐学"其中。

（二）正视差异，面向全体学生

案例1的活动适用于大多数英语课堂中的入心环节。但在教学过程中，我发现随着年级的攀升，英语学习内容难度的加大，每个班都会出现很多学困生。对于这些学困生来说，入心环节无疑是一个极大的挑战。《义务教育课程标准（2011版）》指出义务教育阶段英语课程的总目标是："通过英语学习使学生形成初步的综合语言运用能力，促进心智发展，提高综合人文素养。"因此，学生的"发展"是重中之重。教师在课堂拓展活动设计中要控制难度和层次，照顾处于低层次的学生，满足不同层次学生需求，有"层次"地拓展语言结构，一步步推进深度语用，发展学生语言运用能力。为了面向全体学生，尊重个体差异，我在入心环节时采用了分层施教法来改善这种现象，具体案例如下：

案例2：

译林版小学英语四年级下册 Unit 3 My day"拓展应用，入心悟学"环节设计如下：

【Task 1】如果你是 Mike，请介绍自己的一天（My Day）。

（准备好 Mike 的头套、时钟等道具，让学生角色扮演。）

【Task 2】你是一名小记者，你在采访你的好朋友 Mike 的一天，请进行对话。（准备好话筒等道具）

活动：1. 选择 Task 1☆　　2. 选择 Task 2☆☆

学生可以根据自己的实际情况选择 Task 1 or Task 2，选择 Task 1 并完成的同学可以为小组争得一颗星，选择 Task 2 并完成的同学可以为小组争得两颗星。最后累计星星数最多的前三名小组可以获得奖品。

案例2入心环节的活动与案例1对比有很大差异，但本质都在于对课堂知识进行内化与拓展。

案例2中的 Task 1 是让孩子们以 Mike 的视角来叙述自己的一天，以达到复述课文及巩固重点短语的作用，如"I get up at seven. /I usually go to school at seven forty. /I have two lessons in the afternoon. /I usually have dinner at six fifteen."。而 Task 2 旨在通过小组合作或同桌合作编写对话，来巩固训练重点短语及句型，如"When do you get up, Mike? I get up at seven. /When do you go to school? I go to school at seven forty. /When do you have lunch? I have lunch at twelve."。

通过一年的学习，学生的实际水平分了层，学习水平低的学生可以选择难度较低的 Task 1，以第一人称自述，是叙述型语篇。而学有余力的学生可以选择难度较高的 Task 2，输出两两对话的对话型语篇。有层次地选择适合学生自己的语言结构，能使学生的语言运用卓有成效。

但其实无论是 Task 1 还是 Task 2，都有一个共同点，就是它们都有一个各自的情境，不是在单纯叙述所学内容。再加上一些头套、时钟、话筒等道具的帮助，会更好地调动学生的积极性，也会增加学习的趣味性。

活动的最后，通过小组竞争的方式，可以激发学生学习的热情，培养学生的合作精神与交往能力，把学生从被动学习变为主动参加。

案例反思

一切致力于素质教育实践的教师在课堂教学设定认知目标的时候，一定不能忘记苏霍姆林斯基的精湛论述："只有当知识变成精神生活的因素，吸引人的思想，激发人的兴趣和热情的时候，才能称之为真正的知识。"因此，在完成知识、技能目标后，我们绝不能忽视情感目标的落实。但我发现在我讲述的两个案例中，入心环节都没有进行情感升华的活动，这是需要反思和改进的地方。如案例 2 中，教师可以在最后再添加一个活动，给孩子们看一些学生上课打瞌睡的照片，来引出良好的生活习惯是每天健康生活的保障。只有晚上休息好，不熬夜，白天才能更好地学习与玩。

除此以外，我认为小学英语的教学活动的趣味性是很重要的，但在这两个案例中，活动的趣味性都有点不够新颖、有趣。因此，多设计一些有趣的、有效的活动是我今后努力的方向。如案例 1 中，教师可以再添加一个活动：找一位孩子上黑板画出某个物品的部分，底下的孩子根据所画的内容，并利用本节课所学的句型"Is that...？ Yes，it is. ／No，it isn't."来进行举手抢答，猜测黑板上画的物品是什么。这个活动充满趣味性，不仅可以让课堂气氛更活跃，而且可以锻炼孩子们的胆量。

总的来说，"拓展应用，入心悟学"环节作为"五心"课堂教学必不可少的环节之一，对于提升课堂教学的有效性有着重要意义。巧妙的"入心"环节设计不仅能促使学生积极主动地运用所学知识，还能增强学生语感、增强学生综合语言的运用能力和人文素养。教师在设计时，应从整体性、适量性、生活性、层次性和人文性出发，以学生为"主体"，创造性地调动学生参与课堂、运用语言的激情和能力，使小学英语课堂焕发生机活力，为扎实语言运用并提高课堂教学的效果奠基，真正提升学生的综合语言运用能力。

为有暗香，踏雪寻梅

——"入心悟学"在小学数学课堂教学中的生成案例

沭阳县人民路小学　仲梦莹

背景分析

　　德国心理学家艾宾浩斯通过长期的实验，发现知识掌握的牢固程度与智能的发展关系密切，指出只有牢固掌握知识才能转化为学习者的智力、能力。因此，我们在设计练习时要力求把握基础，使练习有助于学生对基础知识的理解和掌握，能够在轻松的教学环境下达到"入心"的良好效果，最终使学生更深刻地理解和掌握知识间的内在联系和本质规律，拓展学生的解题思路，提高学生分析问题和解决问题的能力，实现悟学的教学理念。

　　新课标指出："数学课程应遵循学生学习数学的心理规律，强调从学生已有的生活经验出发，让学生亲身经历将实际问题抽象成数学模型，并进行解释与应用的过程。"学习数学的主要目的也在于用数学知识去解决日常生活学习工作中的实际问题。我校在"拓展应用，入心悟学"环节倡导数学练习设计的实践性，在体验中学习知识，在实践中运用知识、盘活知识，通过实践使之再学习、再探索、再提高，这不失之为一种好的练习方法。

案例分析

　　"确定位置"是苏教版小学数学四年级下册第八单元的第一课。在教学"确定位置""入心"环节时，教师设计了以下几道拓展练习：

　　1. 小试牛刀

　　说一说数对（2，4），（5，3）分别表示第几列第几行。

　　【设计意图】　用数对确定位置，说一说分别表示的含义，达到学以致用的效果，加强学生的学习信心与勇气。

2. 乘风破浪

报数小游戏，符合要求的学生起立，看谁的反应快！

（1）请数对（3，1），（3，2），（3，3），（3，4）符合要求的同学起立。

（2）请数对（1，5），（2，5），（3，5），（4，5）符合要求的同学起立。

【设计意图】 学生在参与游戏的过程中，对于用数对来确定位置又加深了印象。当符合数对（3，1），（3，2），（3，3），（3，4）的同学起立时，学生可以快速地发现站立的学生都在教室的第三列。当符合数对（1，5），（2，5），（3，5），（4，5）的学生起立时，学生发现他们都在第五行。游戏再一次巩固数对的第一个数字表示第几列，第二个数字表示第几行，虽然列数变了，但是行数没变。教师引导学生举一反三，让学生在享受快乐的氛围中加入对知识的理解，真正做到"入心悟学"。

3. 终极挑战

（1）满足数对（▲，4），（4，●）的同学起立。

（2）满足数对（▲，▲）的同学起立。

【设计意图】 首先让学生自己想办法去解决问题，发现题目中的隐含条件。数对（▲，4）只确定了第4行，没有确定列数，所以教室里第4行的学生都满足条件。同样的数对（4，●）只确定了第4列，没有确定行数，所以不能确定到某一位学生的具体位置。教师通过循循善诱的方式引导学生，让学生在每进一步的时候都加入思考，让每一个环节都能做到"入心悟学"。

4. 数学文化

笛卡尔与坐标系的故事

【设计意图】 数学文化的培养，可以使学生建构出数学知识之间的联系，让学生深入地理解数学的本质，达到入心悟学、终身受益的目的。在"入心环节"增加数学文化的培养，有助于学生更好地理解数学的本质。在教学实践中应该始终关注数学的本质特征，避免单纯追求数学学习的知识化倾向，注重能力、思维的培养。在教学中通过对数学文化内涵的学习，学生能够全面感知数学既是一门知识、语言、自然与社会联系的工具，又是思想方法和具有审美特征的艺术的集合体。

📖 案例反思

当前小学阶段的教学方式大多采取"填鸭式"教学，缺乏趣味性，作为老师有责任去改变教学方式，让学生更好地吸收知识和提升生活能力。创新教学方式，老师需要首先明确何为拓展应用练习及如何培养学生"入心悟学"的能力。

（一）巧设难易练习进行"入心悟学"

老师需要在教材基础之上去设计拓展练习题，通过对知识的艺术性处理让枯燥无味的知识活起来，让学生在享受快乐的氛围中加入对知识的理解，真正做到"入心悟学"，达到"乐学"课堂的教学模式。为此老师首先需要去了解小学生的学习习惯、学习能力，然后去钻研教材，重构易于小学生接受的知识体系，结合小学生接受知识的能力及小学生爱玩的天性，在与小学生交流的基础之上去设计题目。

最重要的是设计练习的难度要适中，应该考虑到全体学生的认知水平，过大的难度会让学生在学习中感到困难重重，使他们丧失学习的信心和勇气，不利于学生的发展，这与我校的"五心"课堂是不符合的。在讲解三年级"两、三位数乘一位数"的笔算时，以简单的口算开始，与学生进行口算大比拼，激发学生做题的兴趣。小马虎改错题，教师引导学生分析错误原因进行"入心悟学"，有利于学生在实际计算时避免出现同样的错误，达到了防患于未然的作用，增强了学生的学习兴趣，也让学生进一步养成进行验算的好习惯。

（二）设计闯关游戏进行"入心悟学"

老师在设计拓展应用时需要时刻以授课内容为中心，增加闯关游戏情景预设，从小学生知识学习的需求为出发点，采取多类型的形式，以帮助小学生打开接触新鲜事物的大门，给小学生提供足够表现自己的机会。另外，练习题需要以激发小学生学习热情为主，通过提高题目完成的弹性来充分调动小学生的求知欲和想象力，反馈学生在完成过程中的得失，引导学生形成正确的价值观，学会体验生活和培养创造意识，最终形成良性循环，达到"入心悟学"的效果，让学生爱上学习、爱上思考、爱上生活。

在教学"认识克"时，最后一个环节老师可以为同学们带来一段动画片《巧赔玻璃杯》，增加动画情景，激发学生探究的兴趣。"星期天，小猪和机灵狗一起到花狐饮料屋去喝饮料，小猪不小心打烂了花狐的玻璃杯，花狐想敲诈小猪一笔，要小猪赔偿100个玻璃杯。面对一地的碎玻璃，谁也说不清打烂了多少个玻璃杯。"让学生伸张正义，自由发言，为小猪出主意。最后根据课堂教学重点内容总结出一个巧主意，先称一称一个完好的玻璃杯的质量是200克，再称一称玻璃碎片的总质量一共是1000克，误差忽略不计，让学生算一算小猪应该赔几个玻璃杯，想到 $200×5 = 1000$（克），所以小猪需要赔偿五个玻璃杯，学生在具体的动画情境中解决了问题。

（三）培养创新思维进行"入心悟学"

小学生的抽象思维处于起步发展阶段，在这个时期，小学教育者根据学生的认知规律设计教学方案，为学生创设丰富的教学情境能够很好地唤醒学生已有的情感体验和生活经历，使学生对教学活动产生积极兴趣，萌发深度探究和悟学的欲望，从而为培养学生的自主探索活动奠定基调。当学生遇到问题时，首先让学生自己想办法去解决，在解决不了的情况下，教师再通过循循善诱的方式引导学生，使每一个环节都能做到"入心悟学"。

教学"两、三位数乘一位数"的笔算乘法，主要是解决笔算过程中从哪一位乘起、怎么进位的问题。为了解决这个难点，我在课中安排了口算，在板演题中又要求学生说说计算过程，（先算个位……再算十位……）并且逐步完善板书过程，让学生了解到笔算乘法其实可以拆分成一个表内乘法算式和一到两个乘加算式来进行计算，再通过口答进行强化，化难为易，一步步进行突破，使"入心"环节贯穿整个练习。此外，让学生估一估积是几位数，让学生自己发现进位与不进位的区别。最后设计拓展题，让学生独立思考，重点讲明算理，让所有的学生不仅知其然，还要知其所以然。

（四）联系生活实际进行"入心悟学"

数学知识来源于生活，又应用于生活。教师要有意识地联系学生的生活实际，设计一些生活中的拓展练习，让学生尝试着运用所学的知识去解决，并且指导他们如何寻找生活和数学的联系，让学生切身体会到生活离不开数学。

通过本课题的研究与实践，总结出一套行之有效的拓展题的应用与设计策略，不但能使学生提高学习数学的积极性，使学生的思维得到锻炼与发展，而且还能提高课堂教学的效率，使学生对课堂教学内容的把握、理解更深刻。

入心悟学，学以致用

沭阳县人民路小学　周　会

　　"经世致用"是由著名思想家顾炎武提出的观点，学习要学以致用，学习英语也是如此。为了让学生能够学以致用，我们学校提出了"五心"课堂教学模式。传统的英语教学模式往往一味采取灌输的方式，导致不少孩子学的是"哑巴英语"。随着时代环境的发展，现在的孩子有越来越多的机会可以在生活中用英语进行交谈，显而易见，这种"哑巴英语"的传统模式已经不能满足这个时代大环境的要求。而我们的"拓展应用，入心悟学"环节能够让孩子把所学的语言知识灵活地运用出来，不仅如此，我们还在德育方面对孩子进行渗透，让孩子在不知不觉中受到影响。在教学实践中，我始终贯穿"五心"教学模式，并且不断在教学实践中深入观察、探究反思、实践检验，探究该如何设计"拓展应用，入心悟学"的教学环节，才能让学生在学以致用的同时，受到德育渗透，让真善美走进孩子的心灵。

　　在教学译林版小学英语六年级上册 Unit 7 Protect the Earth 这一单元时，在"拓展应用，入心悟学"环节，我告诉学生要热爱地球，保护环境，让学生用"We should.../We shouldn't..."这两个句式来阐述保护地球，我们应该做什么，而不应该做什么。对于这个问题，学生基本能够用英语简单表达自己的看法，但是课堂气氛不够活跃，没能充分调动学生的学习积极性，也没能让学生真正理解保护地球环境的重要性，没能让学生真正地"入心"。所以我课后深入反思：在"拓展应用，入心悟学"这个环节，该如何设计才能让学生主动起来，让学生真正成为课堂的主人呢？对此，我深刻反思了课堂上我这一环节的问题设计。

　　第二节课前，我查阅了一些相关资料，与同组成员进行了交流研讨，对这堂课的设计又有了一些新的想法，于是我对这一节课进行了调整。课前，我准备了大量的图片、视频，通过多媒体展示，让学生更深入地认识我们的"地球母亲"，以及地球上一些水资源、林木资源、煤炭、石油能源对我们生活的重要性。课前也布置学生查阅相关资料，以便学生更好地了解我们的地球母亲，了解如何做才能保护我们的地球母亲。课前充分的准备让课堂节奏做到有的放矢，想方设法让学生有话可说，让他们能真正参与到课堂中来。

要让学生主动探究，就要让学生想学，就要提升孩子学习的动力。一个孩子要想主动探究，首先要有探究的兴趣。孩子对某一事物产生探究的兴趣，一定是通过主动做一件事获得了成功的喜悦，并受到同学和老师的赞同和鼓励，使得孩子产生满足感和成就感，并且使孩子对这件事产生进一步探究的浓厚兴趣。所以，兴趣和成就感都是产生探究动力的重要源泉。在课上，我让学生展开想象，"如果你拥有超能力，能够与 water、energy、coal、earth、oil、tree、wood、plastic 进行对话，你们之间会产生怎样的对话"？将资源拟人化，这种拟人化的方式，符合小学生的心理特征，因而能很好地让学生融入其中。然后，我将学生进行分组，让学生自由讨论选一种资源进行对话，两人一组，一人扮演地球上的资源，一人扮演人类。如"water" 会说它是人类的生命之源，人类每天都要饮用，也要用水来洗涤东西，没有水人类无法生存。地球上的水分布不均，有的地方水源丰富、绿草如茵，而有的地方水源匮乏、土地干裂（课前让孩子准备了相关图片）。水是如此重要，但是还有不少人在浪费水资源，这让水很伤心。扮演人类的同学向水做出承诺，向水保证我们一定会节约水资源。

在学生讨论的过程中，我适当地引导学生用本单元的重点句型"We should... /We shouldn't..."来进行主题表达。各个小组之间可以选择相同的资源也可以选择不同的资源，讨论结束后每组将选出一对优秀代表来作为本组的代言人，小组之间、组员之间形成竞争，充分调动了学生的学习积极性，从一开始不敢开口说到后来抢着说，这足以证明我在"拓展应用，入心悟学"的环节所做的调整是有用的。人类与资源对话情境的创设，有效地吸引了学生的注意力并帮助学生巩固了新句型，加深了其对课文的理解，用英语进行讨论、表达的过程，训练了学生的语言综合运用能力，小组合作、竞赛的形式充分调动了学生的学习积极性，让学生在教学过程中真正了解地球对我们的重要性，从而倡导学生要保护地球、节约能源、爱护环境。

因此，我反思总结后得出结论，要想上好"拓展应用，入心悟学"这一环节，课前要做好充分的准备，教学要设计出符合小学生心理特征，能充分调动学生积极性，让学生感兴趣、有探究欲望，并且能真正加入进去的活动，只有这样的活动才能让学生做到学以致用。学生积极主动地将书本知识内化成自己的知识的同时，能得到德育方面的教育，在课堂中学会爱地球、爱祖国、爱学校，尊敬师长、团结同学，爱劳动、爱学习、爱生活，做到真正入心。作为英语老师的我们不仅要教好学生的英语，还要加强学生的身心健康发展，促进其德智体美劳全面均衡发展。

七星连地脉，一窍通天关
（沭阳县人民路小学校园文化小品之七星潭、北斗在望）

于案例之中"入心"入行

沭阳县人民路小学　朱丹丹

叶圣陶先生曾说："语文教材无非是个例子，凭这个例子要使学生能够举一反三，练成阅读和作文的熟练技能。"所以，老师把一篇课文教得好，学生应当感到意犹未尽。教师要有针对性地向他们推荐相关的课外读物，使学生的学习向课外、课后延伸，并及时地进行反馈、交流。这样有利于最大限度地去开发课程资源，促进课内外学习和运用的结合，调动学生学习运用语文的积极性，并不断扩大语文学习的视野。

语文课堂教学就如一道道菜肴，课堂教学中的"拓展延伸"就如烧菜用的盐，没了少了，这道菜给人感觉淡而无味，多了乱了则让人无法入口。因此，适度拓展才是真正有效的拓展。

1. 自然拓展

有效的拓展应该是跟文本之间有一种"互文性"的关系。拓展的内容和教学需要达成的目标也应该有一种密切的联系，因此在拓展时，也应该是自然的、不露痕迹的。

古人云"知之者不如好之者，好之者不如乐之者"。在课堂导入时，教师不露痕迹地运用拓展教学往往有助于激发学生的学习兴趣，对整个课堂教学也起到事半功倍的效果。在《可爱的小蜜蜂》教学中，一位教师这样引出问题：

（1）（出示蜜蜂采蜜画面）最吸引你的是什么？为什么？

（2）今天就让我们一起走进一篇描写小蜜蜂的课文《可爱的小蜜蜂》。（齐读）

（3）课题直接告诉我们什么？

（4）这篇课文是我国著名的散文家杨朔写的，它的原文叫《荔枝蜜》，其中原文的开头是这样的。（课件：出示原文的开头，让学生自由读）

（5）同学们，看了这段话，你认为作者对蜜蜂怀着怎样的感情？（不喜欢）

（6）是呀，为什么从开头的不喜欢到这里觉得可爱呢？接下去就让我们一起走进课文。

从上述案例中看出，教者引用了作者原文开头的一段话，让学生从这段话中了解作者对蜜蜂的感情是不甚喜欢的，甚至是带有害怕情绪的。那么为什么作者能从"害怕"到后来觉得"可爱"呢？一次简单的、不露痕迹的拓展，让学生很快产生疑惑，同时也让学生产生探究文本的欲望。

2. 适度拓展

拓展延伸应在立足文本的基础上，突破"文本"的限制，对文本进行有效的拓展与超越，因为教材提供的文本是有限的，正如叶圣陶所说"语文教材无非是个例子"，学生阅读能力的提高和语文学习能力的发展最终必须超越课堂、超越文本。拓展延伸应该围绕课文的主题和教学目标、教学重点和难点。任何离开课文的拓展延伸都是空中楼阁，不着边际的。正如于漪所说："离开文本去过度发挥，语文课就会打水漂。"所以在对课文拓展延伸时，首要的就是深挖教材、紧扣文本，尊重教材的价值取向。

一位老师在解读千古名句"春风又绿江南岸"时，没有单纯地在"绿"字上做文章，而是设计了想象说话环节："……又……江南岸"，让学生仿照诗句展开丰富的想象。一石激起千层浪，由于学生对春天太熟悉了，一至六年级也积累了大量的描写春天的词句，于是他们很快调动了自己的生活体验，唤起相似的记忆，用鲜活的语言，活灵活现地描绘出他们心中江南岸的春天美景："桃花又红江南岸""蝴蝶又舞江南岸""小鸟又唱江南岸"……

就这样，教师没有多余的讲解，更没有采用花哨的课件，而是采用一次简单的说话训练环节，让学生在适度的拓展中明白：在春风的吹拂下，江南又显现出一片绿色的、充满生机的景象。

3. 巧妙拓展

课程资源的有效开发和利用，课内外的适度拓展延伸，可以让语文更加充盈和丰富！教师在课堂上恰当地选择拓展的内容，适当地选择拓展的时间，则有助于唤醒学生沉睡的心灵，拨动学生内心的感情之弦。

我在教学《我们爱你啊，中国》一课时是这样拓展的：

在学习"山河壮丽"这一部分之后，让学生说说自己还知道的祖国著名的风景，然后让学生试着仿照第二自然段写一写。在教学"文化灿烂"这一部分时，教师没有给孩子们讲四大发明、文房四宝、三皇五帝、唐诗宋词……而是利用2008年的北京奥运会，更多地引导学生回忆奥运会开幕式中所出现的中国元素，学生表现得很兴奋。记载中华民族非凡智慧的"四大发明"、美轮美奂的中国画卷轴、浩瀚星河中飞舞的天女、多种多样的戏曲……尽管孩子们说得不是太完整，但是从他们兴奋的脸上可以看出他们更加关注祖国、关心祖国了！祖国灿烂的文化在一次次交流与碰撞中更加深深地印入学生的心中！

这样的拓展方式，是对课文的延伸和拓展，是对课堂教学的总结和提升，进一步丰富了课文的内涵，使学生在拓展中了解了课文的写作特点，使学生在情感体验和人文感悟的同时，语言也进一步得到训练，在教学中真正起到"画龙点睛"的效果。

提倡教育创新的今天，学习语文再也不能局限于课堂，新课程要求语文教学从封闭走向开放，不断引入来自奥妙无穷的大自然、纷繁复杂的大社会的源头活水，让学生在开放的、无比丰富的教学内容中自由徜徉、自由搏击！课堂是语文教育的主阵地，有效的教学拓展会使学生的语文素养有新的提升，使学生学语文的兴趣有新的提高，所以它是语文课不能缺少的环节。而它首先应立足于课堂，再向课外拓展延伸。在课堂中要充分利用这些空间，尽可能地让语文课堂更开放，将教学内容变得更充实，将教学思路变得更宽广，将教学方法变得更灵活。

东风袅袅泛崇光，香雾空蒙月转廊

（沭阳县人民路小学校园文化小品）

入脑入心须知真理甘，学深悟透贵在要践行

沭阳县人民路小学　张明月

　　教学的本质在于"思"，只有对课堂拓展应用教学展开"入心"的思考，才能体现其存在价值。在日常开展小学数学拓展教学过程中，不仅要了解所教数学知识的来龙去脉，明确数学知识发展的走向，从数学专业知识层面挖掘教学的深度，还要对课堂教学实施的具体环节做"入心"的分析与思考，从中发现哪些是值得继续坚持的做法，哪些是需要改进或调整的，挖掘教学实践层面上的深度，对知识提出更深层次的问题，学生的数学思想才能进一步得到完善，学生才能更好地学习到书本上没有的知识，更重要的是学生的数学思维能力能得到提高。这既培养学生自主探究的能力，还有助于学生日后的学习和生活，达到"入心悟学"的效果。

　　拓展教学还应有一定的宽度。即拓展教学要有广阔的视野，这就要求教学不能仅仅局限于一个知识点、一节课或一个单元的内容。有效的教学不仅能从数学知识的发生、发展角度去思考，更能从儿童学习需求的实际去研究。这样的教学才有延展性，它既能深入到数学知识的本源，又能触摸到儿童数学学习的脉搏，实现以宽阔的视野为背景，突出课堂"拓展延伸，入心悟学"的效果。

　　数学知识的拓展，要求教师既尊重教材又不拘泥于教材内容，在教材现有知识呈现的基础上，适度调整、整合和拓展，从现实生活和学生的实际需要出发，使学习内容在更为现实和广阔的背景下获得充实、深化和提高，最大限度地满足学生入心学习的愿望，体现"用教材教，而不是教教材"的理念。

　　从例题和书本练习不难看出，一节课学生学得太"轻松"了，轻松到人人没有"问题"，这种没有"问题"的课堂让我产生了一些思考。

　　1. 学生会了，为什么还要教？整节课的学习节奏，如果打一个形象的比喻，像条平滑的直线，没有什么起伏。因为全班的孩子对"整体与部分"理解得非常透彻，课中找不到对他们来说的难点，更谈不上思维的挑战，

课堂达不到入心状态。课堂上不论是学生的回答，还是具体的操作反馈，几乎没有出现过错误。试想下，一个在学生学习过程中不出现任何错误的学习内容，还有必要让学生按部就班地学吗？这不仅浪费学生的学习时间，还使学生在潜移默化中"矮化"自己。

2. 学生会了，教什么内容？教师在上课之前一定对学生的学情做过一些了解，如果知道学生当前的认知水平已达到相应的水准，就没有必要让学生在课堂上学习了。面对这样的情况我们怎么办呢？可以教一些什么呢？我想可否对学习内容做一些"伸展"练习，即向纵深做些发展。一方面，可以向学习内容的宽度上考虑；另一方面可以向学习内容的深度上考虑。宽度上的考虑可以丰富学生的表象积累，增强感性认知；深度上的考虑可以有效地提升思维含量，调动不同层次的学生思维都能得到发展。本节课教师完全可以把所学的内容整合起来，学生完全有能力，也有时间深度了解学习内容。这样安排后，课堂拓展延伸教学内容不仅有厚度，而且更有深度与层次。这样，学生的思维才会有横向发展，更会有纵向的提升，课堂才真正达到"拓展应用，入心悟学"的效果。

3. 学生会了，教师做什么？课堂是一个动态的活动场所。虽然，教师上课前都制定了教学方案，但教学方案只是自己的一种设想，这种设想仅仅只是种预设，它需要与动态的课堂对接，如果双方差异小，动态的课堂与静态的预设之间自然会产生和谐的共振效应，教师完全可以在自己预设的范畴内展开拓展教学，此时，学生学习的受益会最大化。如果双方的差异较大，教师的预设与动态课堂之间冲突明显，此时，如果教师仍然按照自己的预设展开教学，必然会产生课堂的不和谐，学生要么"吃不饱"，要么就"吃不了"。因而，教师在开展让学生"入心悟学"的教学过程中，应根据学生的学情适时地拓展教学，努力使每一个层次的学生思维处在"愤悱"之中，让他们在走进课堂与走出课堂之间，真正入心思考数学。

"入心悟学"应从学生学会入手，展开更广泛范围内数学学习的思考，而不是仅仅局限在书本知识的教学上。以点带面的教学，可以帮助教师清醒地认识到，在日常教学工作中，如何正确应对不同层次的学习内容，以及处理问题的方式、方法。

数学思维模块的拓展致力于拓展学生的"入心悟学"的思维能力，这是拓展式数学课堂教学的核心。数学思维拓展要求以问题为主线，既注重思维方法的训练，注重合理推理和演绎推理的联系和适当的问题变式应用，又注重学生差异，分层分类进行不同程度的拓展。在课堂教学中，教师要充分尊重学生的不同思维方式,给学生创造展示自我的机会。学生只有入心学习,才能使开发并拓展数学思维成为可能。

"人之为学,不日进则日退。"学生在课堂上要认真学,坚定"我要学"和"要我学"的信念,唯有学深、学透、学懂,入脑、入心、入骨,才能使学习真正有所获、有所成、有所为。

重温唐诗宋词,读元明清诗赋

(沭阳县人民路小学校园国学长廊)

综合篇

"五心"呵护童真，想象激活童趣

——以《我是一只小虫子》一课为例

沭阳县人民路小学　周红娟

背景分析

随着新课程的实施和素质教育的大力推进，《关于基础教育改革与发展的决定》中提出的基本教学理念在教学实践中已得到充分落实，大家关注较多的是课堂教学结构、形式上的转变，而鲜少将课堂教学的内涵——意识形态层面的思想、态度、精神方面的转变融入整个学习能力的提升范畴。在此背景下，我校对学习主体的学习意识提升、能力内化转换等方面展开研究，积极构建以"安心候学""动心入学""静心自学""热心研学""入心悟学"为一体的新型教学模式——"五心"课堂教学法。该模式是以"自主学习"和"合作学习"理论为指导，以"教师为主导、学生为主体、课堂训练为主线"的三大原则为框架，从老师、学生、教材三大要素入手，重点解决传统教学模式中教法、学法、练法的局限性问题，培养学生的自学、乐学、会学品质，达到寓教于乐的教学目的。

案例描述

教学内容：

部编版二年级下册第11课《我是一只小虫子》第二课时

教学目标：

1. 正确、流利、有感情地朗读课文。

2. 读懂课文内容，能就感兴趣的部分和同学交流。

3. 感悟小虫子生活得有意思，明白要以积极、乐观、向上的心态去面对生活。

教学重点：

有感情地朗读课文，体会小虫子的快乐。

教学难点：

感悟小虫子生活得有意思，明白要以积极、乐观、向上的心态去面对生活。

教学过程：

（一）师生共情，安心候学

1. 游戏：做韵律操，跟着汉字儿歌来找一找身体上带有"月"字旁的字。这节课，我们继续学习第11课。生齐读课题，师贴课题。

2. 过渡：出示小虫子图片。瞧，这只小虫子又来了，它还给我们带来了哪些词语呢？出示与小虫子身体部位相对应的词语。指名读。开火车读。

【设计意图】　心理学家弗洛伊德指出："游戏是由愉快原则促动的，它是满足的源泉。"游戏是学生最乐于接受的形式，也是学生积极参与教学活动的一种有效手段。所以在开课伊始我设计了一个"做韵律操"的课前小游戏。在欢快的音乐声中，我带领孩子们通过做韵律操，跟着汉字儿歌找到身体上带有"月"字旁的字。"做韵律操"小游戏不仅是对上节课学习带有"月"字旁的生字进行巩固，更是一种拉近教师与学生之间距离的有效手段。这样做，在不着痕迹中，引领孩子做好课堂探索的准备，让孩子在似有若无的境界中准备好课堂学习，让教学达到"踏雪无痕"的境地，达到"课未始，趣已生"的境界，让课堂教学更加妙趣横生。

（二）激趣质疑，动心入学

1. 激趣：通过上节课的学习，我们知道课文讲的是一只小虫子的自述。我的伙伴们都说当一只小虫子，一点儿都不好。而我却觉得当一只小虫子，还真不错。师相机贴小虫子和伙伴们的图片并板书：一点儿都不好，还真不错。

2. 质疑：此刻，你们心中有哪些疑问？生质疑。师相机梳理学生疑问。

3. 过渡：就让我们带着心中的疑问再来读一读这个故事，请同学们轻轻地打开语文书到第51页。

【设计意图】　孔子说过："知之者不如好之者，好之者不如乐之者。"兴趣是最好的老师，语文教学的关键在于激发学生兴趣，帮助学生构建阅读知识体系。而且小学生的情感极易受环境气氛和他人情感的感染而产生共鸣。基于这点，开课之初，在引读课题之后，我在黑板上贴出一只精美的小虫子和伙伴们的图片，精美的图画一下子就吸引了学生的注意力，这样做不仅营造了轻松的氛围，把学生带入了情境，还激发了学生学习本课的兴趣。通过填空题顺势复习上节课的学习内容，引导学生说出伙伴们觉得做一只小虫子"一点儿都不好"和我却觉得当一只小虫子"还真不错"。并相机板书"一点儿都不好"和"还真不错"，让学生带着问题进入本课的学习，有效地梳理课文脉络。生动的黑板贴图，让学生的"童心"就像花儿一样在课堂上盛开了。

（三）主动探究，静心自学

1. 学生探究：

教师出示自学要求：自由朗读课文第 1~2 自然段，用"＿＿＿"画出伙伴们认为当一只小虫子一点儿都不好的原因，并想一想他们的心情是什么样的？

2. 学生汇报学习收获。

3. 教师根据学生汇报，相机出示：苍耳实物，瞧，这就是全身长满了刺的苍耳。请学生到前面来摸摸看？什么感觉？学生摸苍耳说感觉。小虫子要是看不准地方，屁股会被苍耳刺痛的。师补充板书：刺。

4. 学生汇报：教师相机追问："昏头昏脑"你是怎么理解的呢？你什么时候会有这种感觉？学生联系实际理解昏头昏脑的意思。小虫子为什么昏头昏脑？师补充板书：淹。

5. 学生汇报：教师相机出示小鸟图：瞧，这是毛茸茸的小鸟，这是刚长出的小草。"茸"的上面是草字头，小鸟刚长出来的毛就和刚长出的小草一样软软的，可是伙伴们为什么不喜欢它？师补充板书：吃。

6. 指名学生读 1~2 自然段。

7. 小结：小虫子的屁股会被苍耳刺痛，被小狗的尿淹昏，不知道哪一天就被小鸟吃掉，他们的生活处处充满了——危险。师补充板贴：危险。

8. 男女生分角色读 1~2 自然段。师引读：我的伙伴们都说："当一只小虫子，一点儿都不好。"

【设计意图】 在阅读教学中，为了让课堂更有童趣，我进行了这样的教学设计：在学生充分地阅读之后，再组织学生交流阅读感受。在交流的过程中通过实物展示，学生亲手摸一摸刺人的苍耳，让学生切实体会到苍耳会刺痛小虫子的感受。通过联系生活实际理解词语"昏头昏脑"，学生充满童趣的回答，让课堂充满了欢声笑语，从而明白小狗的一泡尿会把小虫子淹昏，让学生真真切切地感受到"当一只小虫子，一点儿都不好"。然后，采用指名读、男女生赛读等方式，通过形式多样的朗读，指导学生把这种感受通过朗读展示出来。这样，学生就能在充满乐趣的课堂中深入阅读，抓住文中的关键词，深刻地感受到做一只小虫子一点儿都不好。

（四）合作交流，热心研学

合作探究（一）

1. 过渡：不过，我觉得当一只小虫子，还真不错。还真不错表现在哪呢？请同学们默读课文第 3~7 自然段：用"﹏﹏"画出"我"觉得当一只小虫子还真不错的句子。把觉得小虫子的生活有意思的地方在小组内交流交流。

2. 教师提醒：默读要做到"三不"：不出声、不动唇、不指读。

3. 小组汇报学习收获。

4. 小组汇报第 4 自然段。师追问：小虫子的动作多可爱啊！你注意到几个动词了吗？让我们学着小虫子伸个懒腰，洗洗脸，擦触须，跳一跳！师补充板贴：伸、洗、擦、跳。

5. 角色扮演：孩子们，现在你们就是那只可爱的小虫子，让我们一起来感受惬意的生活吧！师播放视频。教师相机采访学生：小虫子你生活得怎么样？生说感受。

6. 指名学生读。

7. 出示特快列车图片：特快列车，坐过吗？小虫子的特快列车是小狗。小虫子的特快列车可是免费的呢！你知道什么叫免费吗？引导学生理解免费的意思。小虫子跳到小狗的身上，这可是免费的特快列车。小虫子要是舒服地躺在花朵上，这又是免费的什么呢？小虫子还会做哪些有意思的事情呢？同桌之间互相说一说。

8. 指导学生说话训练。指导朗读，多么丰富的想象啊，这段文字就像诗一样的美，自己先练一练。配乐女生一起读。

9. 小结：小虫子在草叶上伸懒腰，用露珠洗脸、擦触须，还能跳到小狗身上去旅行，所以我觉得当一只小虫子还真不错。

【设计意图】 在让学生体会"当一只小虫子，还真不错"时，我先指导学生通过默读的方式找出文中的相关语句，然后把自己找到的句子在小组内进行交流。在学生充分交流后，让小组派出代表面向全班进行汇报。在交流第 4 自然段时，我引导学生注意动词的使用，让学生学着文中小虫子的动作，从在草叶上伸懒腰、用小露珠把脸洗干净、把细长的触须擦得亮亮的、跳上免费的特快列车等动作中体会到当一只小虫子真有意思。然后，再配上音乐让学生边想象画面，边加上动作读一读。学着文中小动物的动作读书，激发了学生的想象。本单元的教学重点是"运用学到的词语把想象的内容写下来"。如何关注文本本身，如何选择合适的词语来引导学生展开想象。考虑再三，本文围绕小虫子有意思的生活展开描写，所以在这一部分的教学中遵循本单元的语文要素，利用本课生词"免费"引导学生展开想象小虫子有意思的生活，在想象中指导说话。在讲道：小虫子跳到狗的身上，到很远的地方去旅行。这可是免费的特快列车啊！我适时地抓住机会，引导学生仿照文中的句子来训练学生的语言表达。通过图片的引导，利用填空的形式让学生练习表达。我按照由易到难的梯度出示填空题：小虫子舒服地躺在花朵上，这可是免费的____呀！小虫子还会去做哪些有意思的事情，这又是免费的什么呢？再出示第二道填空题：小虫子____，这可是免费的____呀！在出示填空题的同时出示相关图片，这样做既切合了学生的学情，降低了难度，又让学生能发挥想象，表达清楚，学会了句式的运用。

合作探究（二）

1. 小过渡：小虫子的生活有意思还体现在哪？有哪些小伙伴呢？这三个小伙伴中，你觉得谁最有意思，跟大家说说。

2. 小组汇报：

预设一：生交流屎壳郎。出示屎壳郎图，屎壳郎从来不看路，倒着走。一定要小心了，别被它撞伤。补充资料：屎壳郎爱滚粪球，被称为自然界的"清道夫"。

预设二：生交流螳螂。出示螳螂图，为什么觉得它有趣？螳螂它名字的左边都是"虫子旁"，自己本身就是虫子，还喜欢吃虫子，它总想把我吃掉，小虫子一点儿都不怕，只要跳起来就没问题。

预设三：生交流天牛。出示天牛图，天牛的脾气不太好，看到我，总是想顶我一下。小虫子怎么跟天牛大婶打招呼？请生学一学。

3. 出示说话练习：用"伙伴们，大家好！虽然我们会被____，但是我们可以____。"的句式，来劝劝觉得当一只小虫子一点儿都不好的小伙伴。

4. 听儿歌：这些有意思的小伙伴，被编成了小儿歌。咱们来听一听，唱一唱。听完小儿歌我们再来读，相信一定能读出不一样的韵味。指生读，男生一起读。

5. 小结：虽然我会被屎壳郎撞，螳螂吃，天牛顶，生活处处也充满危险，但我仍然觉得当一只小虫子——还真不错。他真是一只什么样的小虫子？学生汇报。师相机板书：快乐。

【设计意图】　在学到小虫子也会被屎壳郎撞、螳螂吃、天牛顶这一段教学中，让学生体会到"这只小虫子的生活也处处充满了危险，但我仍觉得当一只小虫子还真不错"时，引导学生说出这真是一只乐观的小虫子，接着让学生们当这只乐观的小虫子，用"伙伴们，大家好！虽然我们会被____，但是我们可以____。"的格式来劝劝觉得当一只小虫子一点儿都不好的小伙伴。没有想象就没有创新，这样的训练有了抓手，不仅可以丰富课堂内容，而且还能培养学生的想象能力和语言表达能力。

（五）拓展应用，入心悟学

1. 过渡：所以小虫子说，我喜欢当一只小虫子。小虫子快乐的时候，它会怎么做？使劲叫哇叫，其实它是在唱歌呢！你们快乐的时候会怎么做？如果你在夜晚听见草地里的歌声，引读——你就一定能找到我！

2. 追问：孩子们，从这只小虫子身上你学到了什么？

3. 小结：一只小虫子在面对危险时都能做到如此的快乐，在以后的生活或学习中，老师希望你们也能像小虫子一样快乐地去生活，乐观地去面对，那么我们的生活，就会处处充满阳光。师相机板书：乐观。

4. 书写：我们学语文不仅要读好书，还要写好字，接下来我们就来写两个生字"股""净"，先来看"股"这个字，怎么记它呢？怎样才能写好它呢？生说书写注意点，师范写"股"，书写口诀：膝下为胫，膝上为股，股就是人的大腿，伸出手和老师一起书空。月做形旁瘦又长，殳做声旁在右方。横撇一捺要舒展，左右协调要谦让！

5. 观察："净"字怎么记？写的时候该注意什么？师范写"净"，书写口诀：两点呼应，刀部居上，横画均匀，竖钩挺直立中央。注意写字的姿势，坐姿端正，书本放正。在描红册上描一个写一个。

6. 评价：请生评，看一看小朋友写的字，书写漂亮的字上打上五角星。指着课题，同学们，还记得这只小虫子吗？回家后把这个故事讲给爸爸妈妈听听。老师还想推荐一本绘本故事给大家，故事的名字叫《我喜欢自己》。

【设计意图】 在这堂课中，我让学生亲近文本，与文本碰撞，让学生与文本进行了"零距离"的心灵对话。当学生说一说、劝一劝小伙伴以后，自然而然地引出：你觉得这是一只怎样的小虫子？学生有的说是开朗的小虫子，有的说是幸福的小虫子，还有的说是乐观的小虫子。"乐观对待生活，生活便充满阳光"的故事内涵水到渠成地被解开。儿童的"个性"与情感在语文课堂中尽情地流淌。

📝 教学感悟

  《我是一只小虫子》是作家张月的一篇自述性散文，虽然作者是以一只小虫子的视角来感受生活认识世界，但整篇文章都洋溢着"童真童趣"的轻松愉悦，这也正是作者在这一作品中想要表达的主题——无论何时何地，我们都应该保持积极阳光、向上豁达的人生态度，保留如童真般纯粹的对生活与自然，甚至是生命的热爱之情。这样的深层次的思想精髓让二年级的孩子去体悟真的不是一件容易的事。此时，我们就要寻求一个恰当的切入点，以此来连接孩子们与文本之间的直接感应，让他们能够更快捷、更直观地感到文本传递的显性与隐性的信息。这就需要借助于"文字"这一媒介了，应该说，任何的作品阅读体验都是从外显的文字渗透到内隐的思想感情。本单元以"童心"为主题，以"运用学到的词语把想象的内容写下来"为教学重点，旨在培养学生丰富的想象能力和语言运用能力。如何把单元主题——"童心"与语文要素——"想象"有机融合，课后我及时回顾了整个课堂，感悟如下：

  童心是不掺杂任何虚假的纯真，是人内心中的一念之本，是那瞬间萌动的天真。如果失掉童心，便是失掉真心，失去真心，也就失去了做一个真人的资格，而人一旦不以真诚为本，就永远丧失了完整的人格。其实，童心就是人之初的性本善，它有真善美的耀眼光芒；也有纯直白的洁净透亮，所以，它是我们成人世界的向往，也可以说是人生境界的自我超越。你拥有一颗童心，你的周身由内而外地就会散发出一种令人温暖的吸引力，你的人生也将大智若愚般地拥抱更多快乐。

  要想让学生葆有童心，首先，我们必须放下身段，尊重孩子，学会从孩子的视角解读文本，只有转换角色，你才能更真实地了解孩子眼中的世界，孩子的观点是什么样的。所以，要想让孩子感受到文本里那纯真的童心，我们就必须以孩子的视角对文本进行解读。其次，孩子的思维特点具有形象性、具体性，认识事物从感知开始，而感觉器官参加得愈多，认识也就愈加鲜明、确切。因此，要想让孩子们感受童趣还要注意想方设法激活"童心"，如实物、图画、视频、音乐等直观教学手段的介入。另外，情境创设也能滋润童心，李吉林有言"言语的发源地是具体的情境"，尊重儿童文化就要从儿童生态的角度出发，创造适合儿童文化发展的环境，倾心营造与儿童心灵相通的情境，让滋润儿童语言、生命发展的阳光跳进课堂。除此之外，创设轻松愉悦的氛围，也能触发学生对童心的感知，让课堂充满童真童趣，我们应该给孩子们创设愉快而宽松、平等而和谐的课堂气氛，让孩子们尽可能地放飞自我，真情表达，促使其童心尽情绽放。我想，若教师能够做好以上几点，学生们定能在儿童文学的世界里自由穿行，在妙趣横生的课堂上尽情地放飞自我，奇特而自由的想象与表达也定然不是奢望了。

品名家典范，赏万卷书香
（沭阳县人民路小学图书馆一角）

道法课堂开出"五心"之花

沭阳县人民路小学　张正祥

背景分析

　　课堂是学校教育教学的主阵地，也是实施课改的主阵地。"为了每一位学生的发展"是新课程改革的核心理念，科学地设计小学课堂教学模式，体现学生的主体地位，调动学生学习的积极性，使学生乐学、会学，逐步提高学生的综合素养，是全面推进素质教育的关键。在新课程理念的指引下，我校立足自身的校园"乐"文化、学生身心发展的规律及相关教育教学规律，构建了"五心"教学模式。

　　"五心"课堂教学模式的教育理念是："乐学"，先"学"后"研"再"教"。孔子云"知之者不如好之者，好之者不如乐之者"。教师的主要责任不在于教，而在于引起学生情感共鸣，帮助学生学。教师要发挥引领作用，改变传统教学模式，还课堂于学生，使学生在快乐中学习。

　　在《让我们来寻根》一课中，首先让学生了解在我们生活的地球上，有几条与人类文明相关的古老河流，它们是四大文明古国的发源地。点出在四大古国中，中国不仅有辽阔而神奇的土地，丰富而灿烂的文化，而且历史悠久，让我们去寻找她的源头，寻找中华民族的祖先。在历史年表中，至少在170万年前祖国就有了早期人类的足迹，中国是最早进入人类文明的国家。教材图文并茂，故事生动，一一向学生娓娓道来，非常适合小学生的年龄特点。

案例描述

教学内容：

五年级上册第11课《让我们来寻根》第一课时。

教学目标：

（1）通过"寻根的故事""我是中国人""歌曲欣赏"等活动渗透爱国

主义教育，培养学生的民族自豪感和爱国热情。

（2）通过讲述人类起源的神话传说让学生了解我国上下五千年的民间文化。

（3）让学生了解人类的进化过程，看到中华大地早期人类进化的轨迹；引导学生了解先民生活的情景，激发学生对考古的兴趣。

教学重、难点：

培养学生的民族自豪感和爱国热情。

1．课前准备

（1）有关海外侨胞归国探亲的事例，搜集有关人类起源的神话传说。

（2）歌曲《绿叶对根的情意》《龙的传人》《我的中国心》《中国人》，动画《盘古开天辟地》。

（3）课件：从古猿人到人类的进化过程、元谋人门齿、北京人头部复原像和山顶洞人头部复原像的图片。

2．教学过程

（1）师生共情，安心候学——歌曲熏陶，引出课题

课前三分钟播放《绿叶对根的情意》，听孩子们谈谈对这首歌的感想。

【设计意图】 ①歌曲让孩子静下心来准备进入上课状态，达到安心候学的目的。②从图片中绿叶和根的关系联想出我们的根，并触发我们有着共同的根，带着这样的情怀从而导入到本课中达到"师生共情，安心候学"的目的。

（2）激趣质疑，动心入学——为什么寻根

师：从古至今，中国人都有着强烈的根的意识，思念故土的情怀。耳熟能详的诗歌可以为证。

生背诵《回乡偶书》。

师："参天之木，必有其根；怀山之水，必有其源。"人老了都希望回到故乡，"树高千丈，落叶归根"，许多海外侨胞在垂暮之年都要回祖国探亲、安度晚年。这就是"寻根"。他们为什么要这么做呢？

生带着问题，走进课本，寻找答案。

【设计意图】 由耳熟能详的诗歌、诗词，联想出古今中外无数的游子们都在寻根，这是为什么呢？从而达到"激趣质疑，动心入学"的目的。

板书：第11课《让我们来寻根》

过渡：不仅古时候远离故土的游子们怀抱"寻根"之心，不远万里求根，现在的游子们也是如此，就让我们读读这些感人的故事。

（3）主动探究，静心自学——阅读寻根故事，体悟眷根之情

学生自由读三则报道。

师：同学们接着看老师从课外找的关于寻根的故事。这一切无不说出了——族谱历历溢清香，故园萋萋寻根脉，"树高千丈，落叶归根"的寻根情怀。

师：同学们，海外游子不远万里来寻根是为了什么？他们归国时的心情会怎样？

指名学生说说自己的观点。

师：是的，我们都是中国人，都有一颗赤诚的中国心，让我们一起感受和跟唱萦绕在无数中国人心头的这首歌曲《我的中国心》。

（出示课件播放——《我的中国心》）

师：看到这么多海外华侨来到中国寻根，你们有什么感想？

生积极抒发自己的感想。

师总结：作为一名中国人，我们心潮澎湃，热血沸腾，让我们高唱一首《中国人》，向世界证明我们将永远屹立在世界的东方！

（播放 MTV《中国人》）师生齐唱。

【设计意图】 本环节通过学生自读三则报道，承接上面寻根的情愫，并进一步引发孩子们的思考为什么来寻根，当时的心情是如何的，并由此升华到我们本课的一个重点，我们都有一颗赤诚的中国心，从而增强学生们的爱国主义情感，同时也达到了"主动探究，静心自学"的目的。

师过渡：作为一名中国人，我们感到骄傲和自豪；作为一名中华儿女，我们也应该了解我们五千年的文明甚至更早的故事。老师很想知道咱们中国人最早的祖先是谁，自古以来，人们一直思索着这个问题。古代，由于缺乏科学知识，人们只能凭借想象，创造出许多有关人类起源的神话传说。老师这里就有一个盘古开天辟地的故事。请看：《盘古开天辟地》动画片。

师：盘古开天辟地的故事我们都知道，神话故事里说是盘古创造了人间万物。哪位同学来具体地说说？

好学的孩子知道利用好我们手中的资源——指名读课本。请几个学生来说说。

师：除了盘古氏，你还知道哪些关于人类起源的神话传说？

《女娲造人》《亚当和夏娃》，请学生讲讲这两个故事并填写在课本的横线上。

生：女娲用她灵巧的双手捏就了一个个的小泥人，于是就有了"龙的

传人",就有了今天的我们。

师过渡：当然，神话传说只是人们想象出来的，那么经过多年的寻根，我们人类的祖先，究竟是谁呢？

（4）合作交流，热心研学——人类的祖先是谁

师：同学们，据说，在一亿多年前地球上就有了生命。经过漫长时间的进化，地球上出现了古猿。进化论说人类最早的祖先是从古猿进化而来的猿人，又经过千百万年的劳动逐渐演变、进化、发展成为现代的人。想知道古猿是怎么变成人的吗？（生：想！）好，让我们一起来走进这个神奇的过程。

课件演示：从古猿到人类的进化过程。让学生小组内模仿片段中的动作，并从中感悟变化过程中的一些关键点并准备下一阶段的知识竞赛。

师：请大家认真观察这幅图片，看谁有一双慧眼能迅速地找到人类演化过程中的变化。

生回答：

直立行走：这可是从猿到人演变中的一个重要环节。

身体更加的强壮：这能让人类更好地适应大自然的生活。

头部的变化：所以今天的我们才能如此充满智慧。

装饰：已经能够分清美丑，有了一定的审美能力。

制造工具：这是人类与其他动物最本质的区别，那就是能使用工具从事生产劳动。

师：你们的观察很有价值。掌声在哪里？

（师补充：武器也是工具的一种）

师：看来同学们都是火眼金睛，找得又准又快。敢不敢做一回考古学家，来一次考古知识竞赛？

（生：敢！）

师：好！那让我们四个小组来比一比哪一组是最棒的！请看题（课件出示），开始你的第一轮考古之旅，注意不要急着说出你的答案，请小组组内讨论并派代表回答。

第一轮竞赛。

师：同学们真棒！看来这一轮在同学们眼中是小菜一碟啊，不知道第二轮能不能成为你们的拦路虎。我们先结合课本和这幅图片来开始你们的第二轮考古，同样请组内讨论，然后给出你们的答案。

第二轮竞赛。

师：同学们真棒！看来你们个个都有成为考古学家的潜质。

【设计意图】　本环节由《盘古开天辟地》的动画过渡而来，从而引发学生的思考"人类到底是怎么来的，我们最古老的根是什么"，从而激发学生的学习积极性，再由视频片段资料——古猿到人的进化过程，进一步让学生在不知不觉中就学习到了人类的进化过程，并由此设计了考古知识竞赛，让学生们以小组竞赛的形式，激发他们的学习热情、团结协作能力、语言表达能力等，同时达到"合作交流，热心研学"的目的。

师：同学们，当我们惊叹人类的巨大变化时，当我们面对考古学家展示出的伟大发现时，我们深感：考古学家的伟大！贾兰坡就是一位伟大的考古学家，同学们谁来给我们分享下他的故事？

学生分组读这个小故事。并互相探讨以下问题：你对考古有兴趣吗？长大了想当考古学家吗？

生：想！

同时积极阐述自己内心的想法。

（5）拓展应用，入心悟学——乐曲渲染，延伸寻根情结

师：不管是寻根的海外华侨，还是追寻远古印记的考古学家，他们都有着一个共同的信念，那就是——我们是龙的传人！正是因为这个信念，我们才能紧紧地联系在一起，才能不管身在何方都有动力回到家乡、回到祖国，就让我们一起来唱响这首《龙的传人》！（师生齐唱）

课外延伸：远古时代，由于缺乏科学知识，人们不会用火，没有劳动工具，没有饭吃，没有衣服穿，先民们是如何生存的呢？请同学们查阅相关资料。

【设计意图】　本环节总结该课所学知识，进一步升华学生们的爱国主义热情，达到"入心悟学"的教学效果，同时提出了新的问题，拓展学生的思维空间，实现了"拓展应用"的教学目的。

板书设计：

让我们来寻根

根在哪里？

祖先是谁？

案例反思

本节道法课令我颇有感触，在整个教学过程中都有了一番新的体验和认识：首先，"安心候学"环节，我用舒缓的曲调很好地让学生由课间的活跃转

变到凝神备学的状态，而且所选歌曲的歌词与课文有直接联系，很好地引起学生的共鸣。其次，认识到教师对教材的钻研和教师本身的丰富学识的需求，这样在"动心入学"的问题设计上才能有针对性、梯度性，才能自然平顺地让学生进入"静心自学"的环节中去。同时教师只有对教学目标紧紧地把握，充分利用教材的设计思路，才能更好地把握中心，解决课堂即兴生成的问题，使"热心研学"活跃而不乱。最后，社会科技发展迅速，这也要求教师要与时俱进，掌握更多新见闻，拥有敏锐的社会观察能力。在教学的过程中，教师发挥"穿针引线"导向作用，学生分小组进行"合作探究，自主学习"，构建了多向互动的师生关系和和谐的教学关系，激发了学生的学习兴趣，有效地把学生吸引到课堂学习活动中来，真正地成为学习的主人。教师只有成功地驾驭课堂教学，在"拓展应用，入学悟学"的教学环节中才能做到游刃有余。

但是，也有以下两点值得我去思考：

1. 道德与法治课属于开放的课堂，应该让学生敢于在教学过程中质疑。虽然学生在交流、汇报中都有话可说，课堂气氛活跃，但学生自学意识不强，有问题不敢问老师，还是习惯老师的讲授，处于老师"套"学之中，因此需要在老师的牵引下进行。此外，需要培养学生发现问题、解决问题的能力，以及上课认真倾听学生发言的好习惯，只有做到真正地有疑，才能动心。

2. 教师没有将评价贯穿于教学活动的全过程，仅在学生调查汇报时做出了多元性的评价，而忽视了展示过程中活动的评价，没有尊重每一个学生所应享有的权利和独特的价值，没有让每一个学生都感受到成功的喜悦，忽视了学生自信心的培养。

总的来说，这节课让我受益匪浅，对今后的道法教学也有了很大的启发和促进。

课堂教学是多姿多彩的智力活动，俗话说"教无定法"，针对不同的学生和在使用不同的教材的情况下，教学方法应该是灵活多样的，而不应该是一成不变的。为此，我们依据学生认识事物和教学的基本规律，各环节的具体操作内容和方式，还可以根据具体教学目的进行调节、变通，设计并提出适应具体授课情境的方法，如交流时学生之间的"交心"，师生之间的"会心"，讨论时的"欢心"等，都是我校"五心"教学模式的外延。我们将在教学实践中坚持"教中研、研中教"，不断探索完善教学模式，最终把学生由被动接受知识的地位推向自主探索获得知识的舞台，使学生真正成为学习的主人，最大限度地提高语文教学的时效性。"乐起来，更精彩"，相信通过我们的不断尝试与创新实践，我校"五心"教学模式必将结出丰硕的果实！

十二生肖岁交替，一纪春秋年更新

（沭阳县人民路小学校园文化小品之十二生肖）

生本主义活课堂，"五心"模式促发展

沭阳县人民路小学　冯佳佳

案例背景

苏霍姆林斯基说："让学生体验到自己亲身参与掌握知识的过程，乃是唤起学生对知识感兴趣的重要条件。"我们都知道，兴趣是最好的老师。为使广大学生在课堂中乐学善思，学有所得，我校提出了"五心"这一课堂教学理念。这一理念倡导教师们根据"五心"教学模式在课堂中想方设法调动学生的学习兴趣，使学生们全身心地徜徉在知识的海洋中，得到更加全面的发展。语文教学也不例外，老师们只有紧紧抓住学生们的心，才能切实提高学生们的语文素养。二年级学生阅读文本的时候，经常会停留在读懂内容和探究内容的乐趣上，而很少去主动体会文本的词句所表达出来的趣味，从而难以对语文学习产生兴趣。针对二年级学生这一学情，结合我校的"五心"教学理念，二年级语文教研组精心打磨了部编版二年级上册《我要的是葫芦》一课的教学，根据大家听课评价反馈来看，这节课的教学效果非常好。

案例主题

教学改革开展得如火如荼，高效的课堂教学已经成为一种迫切的需要。如何激发学生的学习兴趣，如何使学生学会主动学习、合作学习、迁移学习，这是我们教学研究的主要方向。我校提出了"五心"这一教育教学理念，目的是让学生们乐于学习，高效学习。为了更好地践行这一理念，我校教师们在教育科研过程中摸索总结出了"五心"教学模式，并争相付诸教学实践。近年来，我校学生在"五心"课堂的滋养下学习也取得了长足的进步。下面我就将部编版小学语文二年级上册《我要的是葫芦》第一课时的教学案例呈现出来，供大家参考。

案例内容

《我要的是葫芦》 第一课时

[师生共情，安心候学]

师：你们看，这是什么？（师拿出葫芦丝）

生：葫芦丝！

师：都认识啊，对，它还能发出好听的声音，你听。

师表演一小段葫芦丝

众生鼓掌

师：谢谢小朋友们，让你们放松一下我就很开心了，那我们准备好上课了吗？

生：准备好了！

师：好，上课！小朋友们好！

生：老师好！

师：请坐！

师：孩子们，刚才老师吹的这个葫芦丝是用什么做的知道吗？

生：葫芦！

师：（出示PPT葫芦这个生词）谁来读？请你来。

生：葫芦。

师：真好，芦在这里读轻声。你也来读。

生：葫芦。

师：小朋友们一起读。

众生读：葫芦。

[激趣质疑，动心入学]

师：你们有没有见过挂在藤上的葫芦？

生：见过！没见过！

师：哟，有的小朋友见过，有的小朋友没见过。你看，这就是。（出示PPT）我请一个小朋友上来指一指。葫芦藤在哪呀？（男孩子，你来）

男孩上台指画

师：你给大家读读这个词！

男孩：葫芦藤。

师：这个藤字读后鼻音你注意到了，谁再来读读？

师：你读。

生：葫芦藤。

师：藤，后鼻音，跟老师读。

生：藤。

师：连起来读。

生：葫芦藤。

师：就这样。你读。

生：葫芦藤。

师：真好听！小朋友都来读一读。

众生读：葫芦藤。

师：哎呀，葫芦的作用可大了，它不仅可以做成葫芦丝，加工成各种各样的工艺品，它还可以装水，装酒。嫩的时候还能够炒起来吃呢，怪不得有一个人说——（板书题目）

生：我要的是葫芦。

[主动探究，静心自学]

师：声音真好听，那这个人究竟得到葫芦了吗？让我们赶紧走进这个故事，请小朋友自己去读读课文，注意把课文读正确，开始吧。

众生自由读课文，师走动看进度

师：哇！小朋友读书的声音真好听，诶，你们知道吗？这篇课文我们还可以把它变成一本有趣的连环画（出示PPT），看，这就是连环画的封面，我们一起来合作，讲讲这个故事，好不好？

生：好！

师：老师先来开个头，从前，有个人种了一棵葫芦，他每天都要去看几次。有一天他看见叶子上爬着一些蚜虫，心里想：谁来接着说？你来。

生：有几个虫子怕什么！

师：真好，读对了。谁再来说，你来！

生：有几个虫子怕什么！

师：那个人盯着小葫芦，自言自语地说——

生：我的小葫芦，快长啊，快长啊！长得赛过大南瓜才好呢！

师：你看，他多心急啊，谁也来说一说？你来。

生读

师：是呀，一个邻居看见了对他说——

生：你别光盯着葫芦了，叶子上生了蚜虫，快治一治吧！

师：真好啊，小朋友你们看，这个词都会读吗？（出示生词卡片）

生：盯着。

……

师：会不会做这个动作？

生：会！

师：请你盯着老师看。

师：就是像这样，眼睛瞪得大大的，看着一个地方，一眨也不眨。就叫——

生：盯着。

师：难怪盯是——

生：目字旁的！

师：好，我们把它再送进故事当中，谁再当邻居说一说。

生：你别光盯着葫芦了，叶子上生了蚜虫，快治一治吧！

师：瞧，多热心的邻居呀！可是，那个人听了觉得很奇怪，他说——

生：什么？叶子上的虫还用治？我要的是葫芦。

师：还有很多小朋友也想说，请一位，你来。

生读

……

[合作交流，热心研学]

师：同学们，刚才听了这个故事，你有什么想说的吗？请你来。

生：为什么葫芦这么快就死了呢？

师：是呀，你觉得很奇怪，你也想说。

生：为什么那个人不听邻居的劝告？

师：是呀，你不理解。同学们，我们听了这个故事，有很多不明白的地方，学了整篇课文之后啊，相信你的问题能够得到解决。咱们来看看，咱们刚才在讲这个连环画故事的时候，你有没有发现缺了点什么呀？（出示PPT）

生：缺了第一幅图。

师：哟，缺了第一幅图啊，我们把它补上好不好？

生：好！

师：要想画好这幅画，就要读好这段话。（出示PPT）小朋友自己在位子上先练习练习。

众生读

……

师：读着读着你有没有发现，这一段有两个字，字形很像。谁找到了？

师：哦，发现啦，你读。

生："挂"和"哇"！

师：呀，你的眼睛真尖。拿出生字卡片，那它们长得这么像，你有什么办法区别它们呢？给老师出出主意好吗？你来说。

生："挂"的偏旁是提手旁，"哇"的偏旁是口字旁。

师：为什么是这样的呢？

生：因为"挂"要用手挂。

师：一起做动作。（生做挂的动作）

生："哇"要用嘴巴说。

师：来，一起来！

众生说"哇"

师：哎哟，你的这个办法可真好啊，那能不能把这两个字换一个偏旁，变成别的字？

生：我想换成女字旁，变成"娃"。

生：我想换成虫字旁，"蛙"。

师：哟，小朋友识得字真多，还能换吗？你来。

生：我要换成三点水旁。

师：那是什么呢？是水洼的"洼"，这个字你都知道，真不简单。

师：小朋友，老师把你们刚才说的话编成了一首儿歌，想不想读读。（出示PPT）自己先读读。

众生读

师：好，刚才老师发现这个小朋友拍起了节奏读。现在我们一起来，打着节奏一起来读读这首儿歌。会很有意思。

师生共读：张口一声哇，用手往上挂。有水是水洼，女孩爱娃娃。捉虫能手小青蛙，小—青—蛙！

师：真好听，起立，我们还可以给它配上节奏。你想加上动作做也可以，好吗？

师生配乐读

师：真开心，请坐吧。孩子们你们看，这里的"挂"和"哇"还是我们今天要写的字呢，你觉得写这两个"土"要注意什么？你来说。

生："挂"和"哇"右边上面的土，最后一横要写在横中线上。

师：你提醒得非常好。还有要提醒的吗？你说。

生：它是一个左窄右宽的字。

师：你的这个提醒也很重要。

生：就是土的一横要拉长。

师：好的，现在我们把这个"挂"送进田字格里。大家一起来。先写提手旁，这边两个土，这横写在横中线上。好，"哇"的写法和"挂"差不多，小朋友们自己能不能把它写好？

生：能！

师：那请你找到"挂"和"哇"，把这两个字分别写一个，注意你的写字姿势，头要正，背要直，脚放平。

师走动检查

……

师：写好的小朋友把笔收起来。好，同学们，你们一定等不及了，我们赶紧来画这幅插图吧。请小朋友读读这段话，再跟你的同桌商量商量，你看看咱们的葫芦架搭好了，要在上面画些什么呢？你去读读，再和同桌商量一下，开始。

……

［拓展应用，入心悟学］

师：是呀，看着落了一地的小葫芦，邻居的小孩也忍不住编了一首儿歌说它呢。请小朋友自己去读读这首儿歌。

生自由读

师：会读吗？请一位小朋友读给大家听，谁来呢？请你来！

生：一棵藤上挂着几个葫芦娃。那个人盯着葫芦笑，有了蚜虫不治，葫芦娃落光啦，落光啦！

师：瞧她读得多好，我发现，这首儿歌里的生字她都会认了。小朋友，请和你的同桌一起，两个人都来认一认下面的生字。

师：都会了呀，那我们把它们都送进儿歌，一起读读看。

众生读儿歌

师：你看儿歌里的这个"棵"字，也是我们今天要学习写的生字，你有什么办法记住它呢？

生：我用换一换的方法来记住这个"棵"，一棵树旁边的叶子上有果子就是"棵"。

师：好的，而且你的方法还可以帮他的儿歌变一变。木，树木上面结果子，就是"棵"，是吧。好，我们把这个"棵"送进田字格，伸出小手，

221

跟老师一起写（师示范写字）先写一个木字旁，右边写一个果，注意这个横写在横中线上，撇和捺像裙子不要拖地。好，请小朋友把这个棵字写到练习纸的田字格里，注意你的写字姿势。

师：大家写好了吧，现在就请小朋友们再来读读这首儿歌。

生齐读儿歌

师：其实这首儿歌我们也可以变成歌来唱一唱。起立，你听，音乐响起来了，预备齐——

生唱儿歌

……

师：你可以加上动作，声音响一点。

生唱儿歌

师：好的，小朋友们请坐，今天这节课呀，我们学习了三个生字，还认识了好多新的字。请你们回家后把我们今天新学的这个故事讲给爸爸妈妈听好吗？

……

案例结果

新《义务教育语文课程标准》指出：小学语文应当立足于促进学生的发展，注重人文性和工具性的和谐统一，促进学生语文素质的发展。因此，让学生在想象中创新，在体验中积累，就成了这节课的设计依据。结合我校的"五心"教学理念，我精心组织了《我要的是葫芦》第一课时的教学。首先，课前谈话时，教师吹奏美妙的音乐让学生认识葫芦丝，了解葫芦丝是由葫芦做成的，学生很自然地进入了安心候学的状态。然后再让学生联系实际说一说有没有见过挂在葫芦藤上的真葫芦，很少接触农村生活的孩子对这个问题产生了疑惑和兴趣，自然地让学生动心入学。接着教师抛出一个问题导学：这个人究竟得到葫芦了吗？让学生带着问题静心自学，自主阅读课文。在学生自读全文之后，再用连环画讲故事的形式，师生共同合作探究，热心研学，探究这个人没得到小葫芦的原因。最后通过读儿歌来拓展应用，用优美的诗歌感染孩子们，让其入心悟学，孩子们也顺理成章地明白了葫芦和藤、叶子、花朵有着密切的联系。本节课以"五心"教学理念为指导，达到了预期的教学效果。也希望更多的"五心"教学模式的案例能在发展学生语文素养方面发挥具体的作用。今后我们将把之前成功的经验广泛应用于我们的教学实践中，为学生的长远发展做出不懈努力。

![案例评析图标] **案例评析**

　　兴趣是学生参与学习的动力，兴趣得到了激发，教学效果才会得到提高。低年级的小学生思维仍具有形象思维的特点，思维活动更多是依靠感知和具体形象来完成的。本课教学的《我要的是葫芦》就是教师引领孩子们在"五心"课堂中的一次愉快而有意义的探索活动。课前我先利用优美的音乐引出葫芦丝和学生进行谈话，做到"师生共情，安心候学"。上课伊始，我会问学生有没有见过真正的葫芦，激趣质疑，让孩子们动心入学。接着用一个问题"那个人最后得到葫芦了吗？"来让学生"自主探究，静心自学"。本节课的重点是在"合作交流，热心研学"这一环节，我把课文故事创作成连环画来让学生热心研学，引导学生在小组讨论中探究那个人没有得到葫芦的原因，这样让现实生活与书本知识联系的"通道"被"打通"，孩子们的想象被激发，他们先有了体验，最后"拓展应用，入心悟学"环节的创编儿歌活动再把这种快乐的情感体验迁移贯穿到故事学习的全过程中，使学生产生情感共鸣。这样的活动不仅为孩子们理解故事内容做了铺垫，也激发了孩子们的灵感和智慧，这是他们快乐童年、诗意人生的开始，学生们在意犹未尽的状态下结束了本课的学习，他们对故事所蕴含的道理也有了更深层次的感悟。这节课我自始至终渗透"五心"理念，老师乐教，学生乐学，短短的一节课在大家的欢声笑语中结束了。在"五心"理念的引领下，学生全身心地投入学习活动，他们的观察能力、想象能力、口头表达能力和朗读能力都得到了相应的提高，这样的课堂是高效的、开放的、快乐的。学生在编儿歌记生字、根据连环画讲故事、读儿歌悟道理等各种亲身体验的基础上入心感悟文本、升华情感。我校的"五心"模式也体现了教师对学生语言发展和学习特点的尊重，希望我校的老师们能够砥砺前行，在今后的教育教学实践中能将这一理念继续发扬光大。

畅游数学之海，享受乐园时光

沭阳县人民路小学　周　娜

课堂是学校教育教学的主阵地，也是实施课改的主阵地。新课标关注的不仅仅是知识与技能，还包括过程、方法、情感、态度和价值观。在数学教学中，我们不能仅通过教和学的方式进行转变与贯彻实施，因为过程、方法和情感、态度、价值观是无法由简单的教与学的方式获得，此时，数学本身蕴含的文化，也应成为我们关注的对象。

📚 案例描述

"分数的初步认识"

教学内容：

苏教版三年级上册"分数的初步认识"第一课时

教学目标：

1. 使学生结合具体情境初步认识分数，能用实际操作的结果表示几分之一。使学生认识分数各部分的名称，能正确读、写几分之一这样的简单分数，并学会运用直观的方法比较这类分数的大小。

2. 结合观察、操作、比较等数学活动，引导学生学会和同伴交流数学思考的结果，获得积极的情感体验。

3. 使学生体会数学来自生活实际的需要，感受数学与生活的联系，进一步产生对数学的好奇心和兴趣。

教学重点：

初步认识几分之一，知道几分之一表示的含义。

教学难点：

知道几分之一表示的含义。

教学过程：

（一）师生共情，安心候学

师： 同学们，你们喜欢郊游吗？小明和小兰去郊游，他们俩准备了一些食品。想一想，这么多好吃的食品怎样分才能让他们俩都满意呢？

【设计意图】 "师生共情，安心候学"这个环节，我通过激趣谈话问学生，把一些食物分给2个学生，怎么分大家才公平？根据学生的已有经验明确分数是建立在平均分的基础上。引导出每份分得同样多，数学上叫作"平均分"，这也是分数产生的一个必要条件。

（二）激趣质疑，动心入学

1. 初步认识几分之几。在平均分苹果、矿泉水和蛋糕的环节，利用白板进行指导教学。

（出示蛋糕图）引导：把一个蛋糕平均分成了2份，其中的一份就是"半个"。

指出："半个"用分数表示就是二分之一。（板书：二分之一）

2. 明确二分之一的写法。先写中间的横线，然后在横线的下面写2，表示把这一块蛋糕平均分成了2份，最后在横线的上面写1，表示半个是其中的一份。

【设计意图】 "激趣质疑，动心入学"这个环节是在学生理解了平均分的基础上，结合学生的生活经验引出了"一半"，通过质疑，学生发现"一半"不能用自己学过的数字来表示，自然产生了对新知识探索的欲望。

（三）主动探究，静心自学

1. 自学分数每一部分的名称。

2. 请同学们举起右手和老师一起书空：先画一条短横线，表示平均分，它叫分数线（师边说边板书）。平均分成两份就在分数线的下面写"2"，我们叫它"分母"；每人分到的都是两份中的1份，就在分数线的上面写"1"，它叫分子。（师板书：二分之一）

$$\begin{array}{ll} 1 & \cdots\cdots 分子 \\ \text{—} & \cdots\cdots 分数线 \qquad 读作：二分之一 \\ 2 & \cdots\cdots 分母 \end{array}$$

学生在桌子上书空"二分之一"的写法，同桌间互相说一说分数各部分的名称。

3. **师小结：** 我们在写分数的时候要先写分数线，再写分母，最后写分子。读分数时先读分母，再读分子。（学生齐读）

生练说、写的同时,教师说几个分数让学生在练习本上写出来,并让学生在白板上板演。

4. 说分数名称和读分数练习:教师出示分数,学生说一说各部分的名称并读出分数。

【设计意图】 "主动探究,静心自学"这个环节主要是让学生从已有的知识经验出发,探究分数产生的实际意义。由"分月饼"的日常生活情境引入,学生运用生活经验,得出把"一块月饼"平均分成两份,每人得到一半。借助实物演示把"一半"由一个具体的量抽象成一个数,使学生初步了解了分数概念,建立了新的认知平衡。同时在学生认识分数的基础上,通过介绍分数各部分名称,进一步引导学生理解分数的意义。

(四)合作交流,热心研学

1. 提问:半个蛋糕是这块蛋糕的1/2,另外半个蛋糕是这块蛋糕的几分之几呢?

小组合作交流,并讨论以下内容:

(出示一张正方形纸,把它的1/2用涂色的方法表示出来。)

追问:这几种折法都不同,涂色部分的形状也不同,为什么涂色部分都是这张纸的1/2?

结合学生的交流强调:不管怎样对折,只要把这张纸平均分成2份,每份都是它的1/2。在学生用圆片找二分之一环节,利用希沃移动进行展播汇报。

【设计意图】 "合作交流,热心研学"这一环节主要是让学生初步建立二分之一的概念和表象。引导学生抓住本质,进行适度抽象概括"只要把物体或图形平均分成两份,其中的1份就是二分之一"。随后又进一步迁移联想五分之一、六分之一、七分之一、八分之一、十分之一……在潜移默化中将学生的思维引向更深的思考,有效培养了学生的抽象思维能力。

2. 动手折四分之一

在学生用长方形纸找四分之一环节,利用希沃移动进行展播汇报。

进一步要求:你还能折出一张纸的1/4吗?

学生尝试操作后指出:把一张纸平均分成2份,每份是它的1/2;把一张纸平均分成4份,每份是它的1/4;把一张纸平均分成8份,每份是它的1/8。

师小结:同样的图形,用不同的折法表示出了相同的分数。

【设计意图】 这个环节主要让学生自主认识更多的分数,通过独立思考、动手操作、小组交流等方式,将知识进行适当的迁移和拓展。学生从各自的兴趣、需要和认知起点出发,展现知识的形成过程。在"为什么不同的折法都能用四分之一表示"的追问下,引导学生渐渐明晰"折法"不同不是分数的本质属性,而"平均分成几份""表示这样的 1 份才能用几分之一来表示"才是分数的本质属性。

3. 比较分数的大小。

(1)学生拿出刚才折的正方形,比一比二分之一和四分之一谁大谁小。学生用手中折好的图进行比较,并在小组内说一说理由。(生汇报)

(2)**师小结**:分子是 1 的分数比较大小的方法:"分数的分子是 1,分母越大分数越小;分母越小分数越大。"

【设计意图】 "合作交流,热心研学"这个环节主要是探究分数作为数的属性,直观比较分数的大小。引导学生将操作活动与语言表达、发展思维有机结合起来,结合学生表示的分数进行大小比较,巧妙利用生成的学习资源,在比较中加深对分数的认识。

(五)拓展应用,入心悟学

1. 完成"想想做做"第 2 题。

指出:只有把一个图形平均分成 4 份,每份才是这个图形的 1/4。

2. 完成"想想做做"第 3 题。

先让学生在书上填一填,并交流填写分数时的思考过程;再要求他们结合图形比较 1/3 与 1/6 的大小。

3. 完成"想想做做"第 4~5 题。

4. 完成"想想做做"第 6 题。

先让学生在长方形中表示出种番茄的部分,再要求他们在长方形中依次表示出种黄瓜和辣椒的部分。

5. **师总结**:同学们说得真不少。对,分数在我们的生活中是无处不在的,它与我们的生活有着密切的关系。今天这节课我们认识了几分之一。在今后的学习中,我们还要继续走近分数,了解分数,去探索有关分数更多的奥秘。

6. 作业

(1)在家里或者超市里,找一找今天所学的分数。

(2)关于分数,还想研究哪些内容,可以查阅书籍资料,或者通过网络查找一下。

【设计意图】 "拓展应用,入心悟学"这个环节通过由浅入深的练习,巩固对几分之一的理解和写法。让学生在生活中找出不同的分数，在操作的过程中让学生体会表示出了不同的分数，从而得出份数不同，取的份数不同，分数也就不同，深化分数的意义，培养学生的创新思维。

教学反思

"分数"是三年级学生新认识的一类数，我在教学过程中贯彻了我校的"五心"教学模式，注重从学生已有的知识经验出发，联系实际，通过丰富的操作活动，加强对分数的初步认识。本课我力求做到师为主导，生为主体，积极调动了学生学习的积极性，放心大胆地把整个课堂交给学生，让所有学生在"乐"中学到知识。课后，我及时回顾整个课堂，做出了以下反思：

（一）师生共情，安心候学

《义务教育数学课程标准》指出："数学教学活动中，要创设与学生生活环境、知识背景密切相关的，又是学生感兴趣的学习情境，让学生在观察、操作、猜测、交流、反思等活动中逐步体会教学知识的产生、形成与发展的过程。""师生共情，安心候学"这个环节，我通过课前分蛋糕，引起学生思考："你能帮他们公平地分一分吗？"，唤起学生对"平均分"的直觉，还能不能用我们学过的1、2、3、4这样的整数表示呢？那该用怎样的数表示？激发了学生的学习欲望，当有些物体的数量不能用整数来表示时，需要用到一个新的数——分数来表示。在"分蛋糕"的问题中，很自然地从整数过渡到分数，也为新授部分做好了铺垫。

（二）激趣质疑，动心入学

此环节教学时，我从学生熟悉的"分蛋糕"入手，让学生试着分一分，进一步明确"平均分"是怎么分的，学生在分的过程中，发现了三种不同的分法。教师结合分得的结果说明其中的一半就是它的二分之一，很自然地将分数产生在平均分基础上的事实展现在学生面前。而不同的折法，则直观地让学生体会到，不管怎么对折，只要是平均分成2份，每一份就是它的二分之一。

（三）合作交流，热心研学

在认识蛋糕的二分之一之后，学生对分数已经有了一定的认识，建立了分数的概念。紧接着问学生，还想认识几分之一呢？学生会说出很多分数，并且明白分数有无数个。最后让学生选择喜欢的图形折出不同的分数，为学生提供开放的思维空间，让他们联系已有的经验和数学知识，得到更多的分数，充分展示学生思考、探索、交流的活动。学生折完后，展示三个不同图形的四分之一，不同的图形为什么都可以表示四分之一呢？根据之前学习二分之一的经验，他们知道，它们都是把图形平均分成了四份，图形不同是没有关系的，只要平均分成了四份，每一份就都是它的四分之一。通过比较，同学们留下了这样的印象，要表示几分之一，怎样对折没关系，什么图形没关系，只要把一个东西平均分成若干份，表示这样的一份就是它的几分之一。

（四）拓展应用，入心悟学

学生在认识了分数以后，让学生欣赏一些美丽的图片，让学生体会到分数就在我们身边，培养了学生观察、概括的能力。

本节课为学生提供了大量的实践活动，学生能亲身体会到数学知识的形成过程，加强了学生对数学知识的理解。但同时也存在很多问题。首先是教学评价欠缺。学生汇报完后不能及时地给予评价，评价语言单一，不能很好地调动学生的积极性。其次，在小组汇报环节，学生还沉浸在小组活动中，没有鼓励性的语言让他们认真倾听，导致课堂上学生自己做自己的。最后，没有放手让学生去探索、去总结。所以，在今后的教学中，我尽量给学生思考、交流、探索的空间，引导学生去体验、感悟知识的形成过程，并给予学生多样化的评价，使数学学习不再枯燥、乏味。

乐学乐教，"五心"课堂

沭阳县人民路小学　张春建

课堂教学是学生学习文化知识的重要一环。如果课堂教学组织得好，教师调动起学生的积极主动性，学生的兴趣被激发，这就是一节高效的课堂。反之，课堂教学枯燥乏味，毫无体验感，学生的学习主动性很可能就被压抑，从而导致课堂效率低下。所以，数学教师掌握一定的教学艺术，并能熟练运用，使学生重拾对数学课的兴趣就显得尤为重要。

所谓教学艺术是娴熟地运用综合的教学技巧技能，按美的规律而进行的独创性教学实践活动。教学艺术是唤起学生学习兴趣、产生学习需要的艺术；是启迪智慧、完善人格的艺术；是具有创造性的教学活动。这才体现出真正的育人本质。德国教育家第斯多惠认为："教学的艺术不在于传授本领，而在于激励、唤醒、鼓舞。"这句话说得深刻至极。教学的本质还是在于育人，只有激发出他的求知欲，唤醒他对学习的兴趣，教授他学习的方法，才能做到事半功倍。正所谓"授人以鱼，不如授人以渔"。

三维教学目标的提出，把对学生进行情感教育放到了一个重要的位置，是正确而又与时俱进的。所以，真正的教学艺术应该重视对学生的情感教育。我们数学教师更应该把多样的教学艺术融入课堂教学中，激发出学生的学习兴趣，增强学生的求知欲，使他们在快乐中受到熏陶感染，从而掌握教学目标，真正实现高效课堂。本人从事教学工作以来，主张教师乐教，学生乐学。下面我从几个方面简要地谈谈"五心"课堂，如何把握课堂教学艺术，提高课堂教学质量。

一、安心：课前谈话使学生安心，教师精心准备几道口算题，让学生的心思转到数学课堂里

学生是学习活动的主体，要使他们真正成为学习的主人，就应该培养他们的自主精神，让他们自觉地投入数学学习活动中来，以便积极主动地探索知识，使主体作用得以发挥和体现。那么，在数学课堂教学中，如何

发挥学生的主体作用？我们知道，数学教学过程是师生信息传递，情感交流的双向过程。所以在数学教学过程中，营造民主和谐的氛围，创设激发学生主动探索的情景，使学生满怀热情、积极主动地参与学习活动是发挥学生主体作用的可行方法。为此，在数学课堂教学活动中，我们首先要营造民主和谐的师生关系，教师要相信学生、热爱学生，从而让学生喜欢教师，进而喜欢自己的数学课；其次要尊重学生的主体人格，让学生在数学学习中敢提问敢发言，形成一种情趣融融、民主和谐的教学氛围；还要鼓励和引导学生主动地参与到教学活动中，使课堂充满生气和活力。

二、动心：精心设计问题，给学生创新的机遇，让学生动起来

问题是思维的核心。教师只有提出了有一定深度的问题，才能引发学生的积极思维，才能培养学生的创新能力。所以教师备课的重点就是设计好有效的问题，能起到纲举目张的作用。如在讲"行程应用题"时，我利用了这样一个生活中常遇到的问题：甲乙两地有三条公路相通，通常情况下，由甲地去乙地我们选择最短的一条路（省时，省路）；在特殊情况下，如果最短的那条路太拥挤，在一定时间内由甲地赶到乙地我们就选择另外的一条路，宁肯多走路，加快步伐（速度），来保证时间（时间一定，路程与速度成正比）。从数学角度给学生分析这个问题用于"行程应用题"，是路程、时间、速度三者关系的实际应用。其实对于小学数学中的许多知识，教师只要去认真地分析教材，精心地设计问题，充分相信学生，让学生自己去探索，绝大部分知识学生都是可以通过自己的努力掌握的。学生在积极探索的过程中，不仅能使学到的基础知识得到应用，解决问题的能力得到培养，更重要的是也能摆脱长期依赖教师传授的学习模式，自主学习，积极探究，充分培养不断创新的精神，从而渐渐形成创新的活力。

三、静心：以练习设计为艺术，促进数学能力的发展

认知心理学认为："学生的学习过程是一个把教材知识结构转化为自己认知结构的过程。"有效的练习可以推动这个过程的顺利完成。课堂练习不是对所学新知的简单重复，而是要成为学生掌握知识、形成技能、发展能力、培养兴趣的广阔天地。教师要用练习设计的艺术吸引学生的心，使他们有锻炼和展示自己才能的机会。学习了排列组合，我设计了"小鸡吃米"的故事情节，让学生在笑声中加深了对分数的理解。学习了概率，我设计了在多项答案中选择正确答案的环节，培养了学生全面地看问题的能力，

加强了他们思维深刻性和敏捷性的训练。丰富多彩的练习深深地吸引着同学们，学生在"英雄用武"中增强了兴趣、发展了思维、培养了毅力。

四、热心：小组合作学习课堂教学，给予空间，让学生自由地活动

新课程改革积极倡导学生开展自主学习，并通过学生的各种有效学习合作，引导学生互相启发、共同探究。也就是说，在三种学习方式中，自主学习是学生合作学习、探究学习的基础和前提，探究学习是学生自主学习、合作学习的目的，而合作学习是促进学生自主学习、探究学习的有效途径。基于此点，小组合作学习就自然成为新课程教学中应用得最多的教学组织形式。小组合作学习实质是提高学习效率，培养学生良好的合作品质和学习习惯，小组合作学习的重点在于小组合作是否有效，也只有有效的小组合作，才能使课堂达到高效。

提供时间，给学生创新的机会。给学生创新的时间是培养学生创新能力的关键。如果将课例中的教学环节改成教师展示，学生睁大眼睛看，这样"填鸭式"的教学模式只会让学生被动地接受，更不要说培养创造能力了。

创新需要时间，更需要空间。学生只有在活动的过程中才能感悟出数学的真谛，才能逐渐养成创新的习惯，才能培养创新的意识和能力。离开了空间、离开了活动，创新能力的培养就成了无根之木、无源之水。所以教师要像上述课例中那样，给学生创设一个良好的活动空间，让学生在这个空间中去发现、去探索、去创造。在讲授新知识之前，教师可提问本课所用到的旧知识作为过渡，以旧引新，以旧促新，促使学生积极参加教学双边活动，突破难点，达到顺利完成本课教学任务的目的。

五、入心：为学生留下思考的时间

好的课堂教学应当是富于思考的，学生应当有更多思考的余地。学习归根结底是学生自己的事，教师只是一个组织者和引导者。学习的效果最终取决于学生是否真正参与到学习活动中，是否积极主动地思考，而教师的责任更多是为学生提供思考的机会，为学生留有思考的时间和空间。最简单的一个指标是教师提问以后是否给学生一定的思考时间，至少留几秒钟的时间让学生想，而不是急于下结论，判定学生会还是不会。特别是那些需要较深入理解和需要一定的创造性才能解决的问题，更要让学生有一

定的思考时间。

　　总之，学生创新思维能力的培养是历史赋予我们这一代教育工作者的使命，为了我们的社会，为了我们孩子的未来，给学生一点创新的时空吧！只要我们从每一堂课、每一个练习设计、每一个提问做起，培养学生的创新思维能力就不会是一句口号。

　　数学教学是让学生变得高尚和聪明的艺术，希望能够通过数学课堂教学艺术的提升，让数学课堂鲜活高效起来，着实提高学生的数学素养。

万卷书中寻妙语，千张笑脸觅知音
（沭阳县人民路小学图书馆一角）

科学探究路，"五心"润无声

——"五心"教学法孕育高效科学课堂

沭阳县人民路小学　王一飞

　　教科版二年级上册材料单元的第 4 课"神奇的纸"，虽然实验材料很容易准备，学生对纸也不陌生，但是我仍然进行了充分的准备，备教材、备学生、备教法学法，准备充分的实验材料。该课教学从欣赏各种各样的折纸开始，学生在欣赏的过程中慢慢静了下来，安心候学；在出示一张普通的 A4 纸后，用一句"怎样加工这张纸让它拥有更神奇的本领？"一下子使学生对亲自动手加工纸动心了；在加工一张纸的过程中，学生静心操作，主动探究纸的奥秘；在组织比较和体验纸前后性能变化的环节，学生热心观察、讨论、交流，观察表达能力得到进一步提高；最后交流纸的这些变化在生活中的应用等，激发学生继续改变材料、发现材料更多性能的探究欲望。

一、欣赏折纸，安心候学

　　根据第 4 课的教学内容、目标，我制作了一些精美的折纸 PPT，课前两分钟播放给学生看，学生在欣赏的过程中流露出新奇的神色，注意力渐渐被有趣的折纸吸引，安心地欣赏着折纸。看后我问有何感受，他们你一言我一语地说起来，逐步进入学习状态。

二、思考折纸，动心入学

　　在教学第一板块——聚焦时，我让学生根据自己的原有认知经验说说普通纸的特点，再引发学生思考：有什么办法能让纸具有更多的本领？激发了学生的探究欲，很多孩子说出了自己的想法，对能否亲自动手折纸动心了，为接下来的动手实践指明了方向。

三、动手折纸，静心操作

课前备学生时，我发现绝大部分学生会折纸，但折得不规范，个别还不会折，因此，在明确改造纸的方法之后，我先示范折瓦楞纸的方法，再让学生动手折一折。折后观察纸的形状等变化，猜测被折后的纸可能会有什么新本领，并与同桌交流。由于折纸前进行了示范，学生静心操作，所以学生折纸折得很顺利、很规范，整个环节比预期时间提前了一两分钟完成，让我对备学生的重要性有了更深的认识。

四、验证折纸，热心实验

用"折一折"这种方法改变纸的形状后，引领学生用对比观察的方法研究纸被改变后的形状、性能发生了怎样的变化。先在观察中发现纸的新变化，通过观察两种纸的侧面，发现普通纸和瓦楞纸分别是一字形和波浪形。而纸的新功能则是通过对比实验来发现的，共分三步。第一步：按一按（将普通纸与瓦楞纸分别平放在桌面上，用手轻轻按一按普通纸和瓦楞纸，认真体验手心的感觉，比较弹力）；第二步：放一放（取两个盒子，中间隔开一定的距离平放在桌面上，先将普通纸放在两个盒子上，接着由轻到重将物品回形针、铅笔、订书机依次放在纸的正中间，看纸能否承受得住及能承受多重的物品。测完普通纸后，再去测瓦楞纸能承受多重的物体。一边实验一边记录，比较承载力）；第三步：摸一摸（用普通纸贴着装有热水的杯子感受冷热程度；换用瓦楞纸，再次感受冷热程度，比一比有什么不一样，比较隔热能力）。

学生对这几个实验很感兴趣，尤其热心于第二步放一放的步骤，不但放了我给的三样物品，他们还找了其他物品尝试，他们对瓦楞纸的承重能力大为惊讶，还没等我引导就在小组内热心地讨论起来，甚至有的小组争得面红耳赤。这个环节虽然有点乱，但学生兴趣高涨，求知欲强烈，如果以后能让学生明确表达、倾听要求，相信效果会更好。

五、评议折纸，入心悟学

纸加工后性能的变化，学生通过观察看得见，动手摸一摸能感觉得到，但纸在生活中有哪些应用？学生对此没有太多生活经验。于是，我以实物的形式让学生按一按、放一放、摸一摸，帮助学生体会纸加工后具有的新本领。

在拓展延伸环节，采取引导学生在纸上用刷油的方法改变一张纸，然后探究这张纸具有的全新功能。让学生的科学学习从课堂内走向课外，从书面走向生活，让科学知识入脑，科学精神入心，科学素养得到提高。

教学反思

在说一说纸的特点时，学生能够说出纸的颜色、形状、易折叠，但是学生会钻形状这个牛角尖，不断说出：长方形有四个角、有四条边等，这个地方耽误了一些时间，还需要在我的引导下，才能够说出纸容易破、遇水会湿、纸的厚薄等本质特征。

"按一按"这一步骤，学生不能直接说出瓦楞纸有弹性、能弹回，他们最多说到的就是：刺刺的、一棱一棱的、不能直接接触桌面……对于有弹性、能弹回这个特点还需要在我的引导下才能说出。

对于二年级的学生来说，折瓦楞纸不是难事，但是我让学生自主折纸，有横竖两种折法，在"放一放"这一步骤，两种折法会对纸的承重能力产生不同的影响。

与教材配套的学生活动手册中，"放一放"步骤中的瓦楞纸和普通纸分为"能支撑"和"不能支撑"一行两种选择，但是我认为这样划分不太准确，普通纸依旧能支撑像回形针那样的较轻物体，瓦楞纸上放过重的物体也不能支撑，因此我在授课时，把它改为三行，分别对应三种物体，让学生分别用回形针、铅笔、订书机来尝试，较轻的回形针能够被普通纸支撑，瓦楞纸能够支撑回形针、铅笔、订书机。学生通过这三种材料对比实验真实地感受到普通纸和瓦楞纸的不同。

以前一直用老版教材教学中高年级，现在用新教材教学低年级，当与二年级小朋友互动，试上课的时候发现：以前习惯的语言表达方式学生听不懂，引导学生回答问题，实验前的指导等所花费的时间较多，整节课较为仓促。后来我把折瓦楞纸及实验材料的准备都放在课前，整节课最后空余了的一点时间用来和学生一起进一步探究瓦楞纸。

在教学低年级科学的这段时间里，虽然我对低年级学生的了解还是不足，但是我通过坚持用"五心"教学模式进行备课、上课、反思，进步还是很大的，学生对科学学习越来越热心，科学素养也得到明显提高。

基于"五心"模式的小学音乐课堂审美实践

沭阳县人民路小学　韩　笑

背景分析

"师生共情，安心候学"是我校"五心"课堂教学模式的第一环节，是指在正式上课前，在确保学生安全的前提下，教师利用身边一切资源进行有利于调整学生身心、激发师生最佳学习状态的各种活动。对于我们的音乐课，这个环节就显得尤为重要。"激趣质疑，动心入学"是学生真正进入课堂的标志，也是教学环节设计中的重点。新课标施行后，它的教学理念也逐渐受到广大教师的重视，音乐课标指出，音乐课是人文学科的一个重要领域，是实施美育的重要途径之一，这一环节就是音乐课的灵魂，决定着学生是否真正地走进音乐课堂。"学习任何知识的最佳途径是由学生自己去发现，因为这种发现，理解最深，也最容易掌握其中的规律、性质和联系。""乐学"理念下的"五心"课堂教学努力促使学生在快乐中学习，在交流中学习，在研学中成长。在教学中，"入心悟学"是将课堂知识的应用迁移到学习能力的训练，实现学以致用的环节。让学生在小组合作交流后对所学知识进行进一步的思考、整理、加工，并迁移到其他方面加以应用，将加工后的知识进行内化和感悟，形成自身的知识网络和人文素养。

教材描述

音乐课程是九年义务教育阶段面向全体学生的一门必修课，音乐课程性质主要体现在三个方面：人文性、审美性、实践性。课程基本理念是以音乐审美为核心，以兴趣爱好为动力，强调音乐实践，鼓励音乐创造，突出音乐特点，关注学科综合，弘扬民族音乐，理解音乐文化多样性，面向全体学生，注重个性发展。学生通过音乐课程学习和参与丰富多样的艺术实践活动，探究、发现、领略音乐的艺术魅力，培养学生对音乐的持久兴趣，涵养美感、和谐身心、陶冶情操、健全人格；学习并掌握必要的音乐基础知识和基本技能，拓展文化视野，发展音乐听觉与欣赏能力、表现能力和创造能力，形成基本的音乐素养；丰富情感体验，培养良好的审美情趣和积极乐观的生活态度，促进身心的健康发展。音乐与相关文化是音乐课人文学科属性的集中体现，是直接增进学生文化素养的学习领域，有助于扩大学生音乐文化视野，促进学生对音乐的体验与感受，提高学生音乐欣赏、表现、创造及艺术审美的能力。这一教学内容虽然在某些方面有自己的相对独立性，但在更多的情况下，又蕴含在音乐欣赏、表现和创造活动之中。因此，这一领域教学目标的实现，应通过具体的音乐作品和生动的音乐实践活动来完成。

教学案例

案例1：

《小雪花》这一课是苏教版二年级教材中的一首歌曲，这一课的教学目标是：初步养成良好的歌唱习惯，能用自然的声音演唱《小雪花》；能积极地参与各种音乐学习活动，体验到与他人合作的乐趣，使音乐创造和合作能力有所提高。

课前点击课件，播放音乐《雪绒花》，做课前律动。

师： 同学们，在这寒冷的冬天，请同学们和老师一起舞起来吧！

师： 老师今天给大家带来了一个谜语，出示课件：叫花不是花，夏天不见它，寒风吹来时，飘落千万家。

生： 雪花。

师： 同学们真聪明，一下子就猜到了。

生： 因为谜语里的描述和图片很像。

师： 是的，谜底就是雪花（师出示图片）。小雪花美吗？

生： 美！

师： 那小雪花长什么样子呢，它有几片小花瓣，它是什么味道的？今天让我们一起走进小雪花的童话世界！

【设计意图】 课前《雪绒花》的律动，拉近了老师和同学之间的距离。在音乐律动中，同学们是放松的、忘我的、愉快的，和同学们一起律动，把爱传递给他们。用猜谜语的方式更能吸引他们的注意，课前与学生进行共情交流，这有助于消除师生间的距离感，使师生在相互依存、相互理解中打开合作的大门，为我们展开全面的课堂教学做好准备。同时恰当的、合理的共情交流可以延伸为课前的导入，使师生自然、轻松地走进课堂。"师生共情，安心候学"环节有利于创造和谐、有序、充满活力的课堂教学气氛，真正地给予学生全面发展的机会。

师：同学们，当天空下起雪的时候，你们最喜欢做什么？

生1：堆雪人。

生2：打雪仗。

生3：滑雪。

师：老师也很喜欢堆雪人，今天我们的音乐课上也来了一位雪人，但是这个雪人它很可怜，它已经被太阳公公融化成了三个部分，现在需要同学们完成三条节奏挑战，即可帮助小雪人恢复身体，你们愿意接受挑战帮帮它吗？

生：愿意！

师：你们真是乐于助人的好孩子。

课件出示三条节奏：

×× × ×｜×× × —　　　　　（雪人帽子）

×× ×× ×｜×× ×× ×0　　　（雪人的头）

×× ×× ×× ｜ ×× × —　　　（雪人的身体）

师：同学们真厉害，一点都难不倒你们。小雪人非常地开心，为了感谢你们的爱心，它还给你们带来了一段优美的歌词，让我们来读一读！（按照节奏读歌词）

【设计意图】　用"堆雪人"的小游戏来帮助孩子学习歌曲中的节奏型，孩子们更容易接受，同时也更能激起孩子们的爱心和乐于助人的意识，使其更加动心。学生的心是善良的，当心灵被触动时，自然有感而发，动心的目的是学、是成长。动心激发就是要让学生在师生交往的情境中受到心灵刺激，对将要学习的内容产生兴趣，进而对学习动心。尊重人的内部自然，使生命得到激扬，这是教育的"根"。

案例2：

江苏靖江民歌《打麦号子》是苏教版四年级上册的歌曲，歌曲为民族徵调式，全曲共有24个小节。本首歌曲充分体现了劳动号子在老百姓的日常生产活动中的用途，那么如何从音乐本体入手让学生感受到劳动号子的典型特征？怎样让学生品味出号子的独特韵味？又该用什么教学手段让学生唱好《打麦号子》，体验劳动的愉悦之情？这需要在"主动探究，静心自学"中不断去发现。在教学过程中，我将歌曲分成几个部分，让同学们能够运用自身的主动性，去寻找歌曲所要表现的内容。

为了引入做铺垫，教学从学生实际生活的游戏出发，让学生在快乐的学习中体验到号子的"一领众和"的演唱形式。

师：农民劳动时一边干活一边喊什么呀？

生：号子。

师：谁来学一学呢？

生边做动作边模仿

师：哎呀，你模仿得好极了。

【设计意图】 用这样的情绪调动让同学感受号子的概念，让同学想想身边有哪些地方可以用到号子。本课的重点是能用"一领众和"的形式，带领学生用热情的歌声演唱歌曲《打麦号子》。

师：现在老师已经感受到了丰收的喜悦，让我们一起来欣赏歌曲《打麦号子》。

1. 初听歌曲回答问题。

师：听一听歌曲采用了怎样的演唱形式？

生：有领唱有合唱，是"一领众和"的演唱形式。

2. 再听歌曲说一说歌曲可以分成几个部分？说说你的理由。

3. 再听歌曲说一说歌词有什么特点？

4. 分步学唱歌曲。

（1）学唱第一部分，要求合的部分加上教师要求的动作。（打麦子）

（2）学唱第二部分：A. 听老师范唱中八和后八旋律，仔细听，旋律上有什么特点？（旋律基本相同）B. 出示歌谱，寻找相似乐句。C. 对比演唱相似乐句开头的不同之处。

【设计意图】 学习任何知识的最佳途径是由学生自己去发现，因为这种发现，理解最深，也最容易掌握其中的规律、性质和联系。在学生自己亲自体验过打麦号子时的动作后，学生才能真正地静下心来融入歌曲本身，在歌曲学唱中通过老师的进一步引导，学生一步一步体会"一领众和"的演唱方式，轻松自然地学唱了歌曲的前两个部分。

案例3：

《水乡歌儿多》是一首抒情的儿童歌曲，歌曲为单二段曲式，八三拍小调，全曲具有小船摇曳的动感。学唱时应准确把握曲中的休止符，并注意唱出三拍子的韵律感。衬词"哟罗喂"的反复出现，增添了水乡的生活气息。本节课的教学目标是让学生在听、唱、动、演等活动中充分体验水乡歌曲的美，在导入部分已经用关于家乡的歌曲进行了听赏，学生在听完导入歌曲后对民歌已经有了部分了解，于是我紧接着就开始进行《水乡歌儿多》的歌曲教学。

在教学过程中，我先运用了"听"的方法。在初听歌曲时，怕学生听得不认真，我给他们留下了问题。

师：歌曲的情绪是怎样的？

生：喜悦、热情洋溢的。

其实这个问题特别简单，我原本是想再留另外一个难度大点的问题，但是考虑到部分学生无法完成就进行了更改。所以在第二次听歌曲时，我问了一个相对难一些的问题。

师：歌曲的演唱顺序是怎样的？

大部分学生都能找出一些音乐记号来理顺歌曲的演唱顺序，个别同学也可以在同桌的帮助下理清顺序。在学习一首歌曲前，首先要了解歌曲的演唱顺序，接下来才能进行教学。

师：歌曲给人的感觉是婉转悠扬的，那么它是通过哪些方式表现的呢？

对于学生来讲，这些音乐记号的演唱有些难度，所以我先让他们找出有哪些记号，然后我再对音乐记号进行示范演唱。

师：在旋律中，作曲家用了一字多音、连音线、波音、休止符，所以歌曲听起来婉转悠扬。

为了让学生进一步巩固歌曲，我让学生进行了角色扮演。一组为主人，一组为客人，在唱到"哟罗罗喂"的时候，加上打招呼的动作，声情并茂地演唱，让他们有一种置身其中的体验。

【设计意图】 在演唱这些陌生的记号前，学生是觉得有难度的，但是在我带领着他们将音符演唱以后，他们很自然地能将波音记号演唱出来。认识一个新的记号并且能够演唱，他们的表情也显得轻松一些，这也是让我欣慰的地方。接下来的连音线和一字多音的部分他们都能够在听歌曲之后学会演唱，并且把一字多音的地方唱得很圆滑，值得表扬。我问学生一个问题：像这样有休止符的连线，我们究竟应该唱连还是应该唱断呢？学生很果断地告诉我，声断气连，这是在之前的教学中教过的。有时候一些乐理知识学生记得不是很牢固，所以就要求我们老师在日常的音乐课堂中多提多教，这样他们才能记住这些知识，学生在后期的学习中也会省时省力。

案例反思

小学音乐教育是学生综合发展的重要一环，音乐不仅可以陶冶情操，也是表达情感的重要途径之一，还可以促进小学生身心健康发展，放松心情。小学音乐教学在提升小学生艺术审美能力的同时，还会影响小学生的"三观"及内在品德的形成。其实无论是怎样的教学方法，都需要明确学生的主体地位，以学生为核心，老师再从旁解读，给予及时的帮助。同时，老师教的内容需要学生虚心接受，将老师教的知识转化为自己的知识，通过"安心、动心、静心、热心、入心"等方式让学生掌握律动、融入场景、培养情感，将学生自主学习的比重放到最大。

乐游原上春风来，千树万树梨花开

（沭阳县人民路小学校园文化小品之乐游园）

"五心"课堂，引领学生"动"起来

——水平一"立定跳远"教学与思考

沭阳县人民路小学 葛 伟

背景介绍

为了准备今年的基本功比赛，我在学校体育组老师们的帮助下精心设计了一节二年级的"立定跳远"课，这节课是根据我校的"五心"课堂教学模式所设计的。本节课教学环节设计新颖、环环相扣，不仅让听课老师耳目一新，学生也都能被老师的课堂情绪所感染，融入课堂中。由此也证明此课在"五心"教学模式基础上的设计是成功的！下面我和大家分享一下本课在设计上的一些心得，剖析在上课的过程中出现的问题。

设计心得

（一）师生共情，安心候学

安心即指安定的心情，心情安定。《墨子·亲士》中有这样一句话"非无安居也，我无安心也"，意思是并非没有安定的居所，而是我没办法心情安定。小学二年级的学生身体正处在迅速发育时期，他们的直观思维能力较强，具有活泼好动的特点，但注意力容易转移，自控能力差，既有成功与进步的喜悦，也有失败与退步的痛楚。那怎样才能让他们"安心"？那就要让他们按老师的要求去做。那怎样才能让学生遵守老师的要求呢？这就要建立起学生对老师的信任。所以在课的开始，强调课堂常规、师生问好、明确本节课的教学目标等都要求教师要与学生融为一体，学生才能建立对教师的信任。我经常运用儿童化语言，用一些鼓励的话语或者和学生们分享小故事与他们做朋友，建立彼此信任的关系。这正是第一个环节的"师生共情"。那么接下来老师提出的要求学生都会认真遵守，为后面课堂的控制、队伍的调动等打下良好的基础，也为接下来的环节做好铺垫。只有学生"安心"了，接下来的环节才能更好地开展下去，所以说此环节是"五心"环节中的基础。

（二）激趣质疑，动心入学

体育教师在对低年龄段学生进行教学时会遇到很多困难，要想上好、上活低年龄段的体育课是有一定难度的。特别是在组织教学方面，有的教师会感到束手无策，因而严重影响教学质量，教学任务也很难完成。但学生有一种好奇心和新鲜感，喜欢比赛、喜欢做各种游戏，模仿能力和直观思维能力都很强，是学习运动技术的大好条件。所以在这个环节中引入情境教学，以森林开展运动会为主题，带领学生出发去森林。以下是利用"森林运动会"这一情境展开的对话。

师："同学们，老师刚刚接到一个通知，要邀请同学们去参加一场森林运动会，同学们想参加吗？"

生："想！"

师："那么现在，你们就是一个个小动物了。但是，森林的位置离我们现在的位置还有很远的距离，需要我们跑步出发才能在规定的时间到达，下面跟着老师跑步出发吧！"（伴随着音乐，在跑步中加入"小动物回家了"游戏）

……

师："同学们，就在我们快要到达森林的时候突然有一座大山挡在了我们的面前，我们需要翻越这座大山才能最终到达我们要去的森林，跟着老师一起翻越这座大山吧。"（舞蹈：大王叫我来巡山）

师："同学们，经过我们的跋山涉水终于到达了森林，原来森林中在举行一场跳远比赛。那么同学们开动我们的小脑筋想一想在森林中有哪些动物是跳跃能手，是跳着行走的呢？"

生："袋鼠、兔子、青蛙、蚂蚱……"

以四个小动物给4组学生命名，进行游戏"动物蹲"。

在跑步结束以后紧接着又带领学生跳一段舞蹈作为热身活动。利用"森林运动会"这一情境激起学生的兴趣，但课的开始并没有告诉学生本节课到底要学习什么。此时，就会有学生提出疑问接下来要干什么？小学生尤其是低年龄段的学生对任何事物都是充满好奇心的，始终让他们抱着这种心态就可以使他们的学习兴趣有增无减，这就是此环节的"激趣质疑"。经过跑步、游戏、舞蹈等几个部分的活动，学生的热情和积极性都被充分调动了起来。他们带着激动的心情和好奇心在期待着下一个部分是什么,这就是"动心"。接下来学生才明白这节课的学习内容是跳远,虽然知道了学习内容但没有马上投入该内容的学习,而是又进行一个"动物蹲"游戏。"动物蹲"游戏的设计是为了抓住学生课堂上的注意力,更重要的是锻炼学生的下肢力量。在立定跳远中,对于下肢力量有着严格的要求,只有把下肢力量锻炼好才能够更好地学习立定跳远,并且在学习中不会对自己造成伤害。该部分的设计使学生进入"入学"这一阶段,整个环节中学生们一直保持着这份"动心"。

(三)主动探究,静心自学

师:"同学们,你们能不能自己模仿一下这些动物是怎么跳的,尝试一下怎样能够跳得更远。"

引导学生自主尝试,在跳的过程中开动脑筋,自主尝试并思考,进行多种跳跃练习,从中找出本课练习的主教材,此过程就是学生的"主动探究"。在引导出正确的立定跳远姿势以后,老师做正确的立定跳远姿势,下一步再带领学生一步一步地学习这一技术动作。首先做两个接力游戏,第一个游戏:"空中接力运货物"。游戏方法:将事先准备好的器材(方形饮料瓶)让学生以立定跳远的上摆动作向后传递,脚跟抬起,双手伸直将瓶子举到最高点并从背后传递给下一个同学(每次传递两个)。此游戏的目的是练习立定跳远的上摆动作。第二个游戏:"海底隧道运货物"。游戏方法:身体重心前倾,膝盖弯曲双手向后伸直将货物传递给下一个同学。此游戏的目的是练习立定跳远的下摆动作。下一步骤是练习原地向上起跳,传授口诀"一高,二摆,三跳远"并带领学生集体练习。原地练习以后,让学生在练习中尝试让瓶子不发出声音(瓶子中装有少量玉米)。在学生尝试探究以后,请学生来回答怎样能做到瓶子不发出声音,再引导学生通过瓶子不发出声音掌握动作的连贯性。这个练习的设计正是基于本环节的"主动探究"。

到了这个环节,学生就会明白自己在老师一步步地引导下不知不觉掌握了该技术,接下来就可以让学生自己练习。这就是"静心自学"。

(四)合作交流,热心研学

等学生自主练习一段时间以后,接下来就让学生自己合作,每个学生有2个瓶子,先是前后2名同学合作,利用4个瓶子组合成一定高度的障碍物,向前跳远的同时要越过此障碍物,目的是跳过一定高度的障碍物让学生学会腾空收腿掌握本课重、难点。下一个练习就是前后4个同学合作利用

8个瓶子接在一起组合成一定的距离，4个人轮流来挑战。此环节中先2个人一组合作，再到4个人一组合作，这就是同学们自主的"合作交流"。在2个人一组再到4个人一组的合作中学生们都积极配合、相互协作，这正是"热心"。在老师的引导下，同学们充分发挥他们的想象力将手中的瓶子自由组合成各种高度、各种造型的障碍物，组合成各种长度来挑战，这正是他们的"研学"。

（五）拓展应用，入心悟学

本节课的学习内容已经学完，此环节的设计最主要是利用本节课的所学内容来做拓展。我利用本节课的所学内容做了一个游戏，该游戏的设计既要符合体育中身体得到全面锻炼的理念又要符合该环节的"拓展应用"，所以设计了"蚂蚁搬家"这个游戏。游戏方法是双手从背后撑地，上身与地面平行，将瓶子放在肚子上，向后爬行到指定地点后起身向前跳过三个障碍物后将瓶子运送到指定位置。本节课的学习内容既较大强度地锻炼了学生的下肢，又锻炼了学生的上肢，符合体育课堂的理念，在游戏中加入的跳过障碍物动作又体现了该环节"拓展应用"的理念，最后组织好学生播放舒缓的音乐带领学生做原地的放松活动使学生对本节课的学习内容"入心"。

总结反思

体育课作为向学生传授体育的基础知识、让学生掌握体育的基本技术、形成一定的运动技能、发展体育的综合素质与能力、提高身体健康水平的一种基本形式，其教学的形式与方法也同样地不再具有唯一性，因此，改革体育课传统的教学模式已是体育教学面临的一项首要任务。这节课就是改变传统的教学模式，以我校的"五心"课堂教学模式为基础来设计的。以下是对这节课在实施教学中出现的问题的总结与反思：

（一）"五心"课堂的体育课教学设计应注重学生的自主学习

体育课堂教学中学生的注意力最难抓住，自主学习中的学生的注意力更难集中，自主学习又是体育课堂中的重中之重。自主学习在时间、空间和学习方法上都体现一个"放"字，那怎样才能做到"放"得有组织、有秩序？那就要抓住学生的注意力，确保学生在自主学习的时候能够随时听到听懂老师的指令。"五心"课堂中"安心""动心"环节的设计就是激发学生的学习兴趣和吸引学生的注意力。"立定跳远"一课在设计时充分利用三年级学生的模仿能力和想象力，让学生产生兴趣并抓住他们的注意力以此来培养学生体育运动的"触觉"。

（二）"五心"体育课堂的教学过程要体现学生的自主学习

课堂教学是学生自主学习的主阵地，"立定跳远"一课，从教学内容上看体现了知识性、技巧性、实效性的有机整合。自主学习集中在"静心"和"热心"两个环节中。我在教学中注重学生间、师生间的展示、对比、评价，将自己融入学生中成为他们的一员，同时我让学生分组结伴，在相互促进、相互欣赏中一起提高动作的技术，让学生在小组学习过程中，积极创想、合作探究，进行立定跳远的练习。大家在良好的氛围中，调动了积极性。

（三）出现的问题

在"立定跳远"一课的实践反思中，我感到对教材的重点把握还不够深入，尤其是在讲解知识点的语言上还需要更加精炼，把技巧简单化，还要进一步学习、研究、探索，要激发学生兴趣，引导学生自主学习的教学策略，在教学过程中进一步引导、关注学生，使学生得到知识的积累、能力的提高和情感的升华，让学生在学习的过程中不再感到单调、有负担，同时提高学生对体育锻炼的自我搭配能力。

数风流人物，还看今朝

（沭阳县人民路小学校园文化小品之东方红广场）

借"五心"之力，思道法课堂所得

沭阳县人民路小学 沈明园

我校以"快乐生长"为校风，以"寓教于乐"为教风，以"乐学善思"为学风，在此基础上，打造了"五心"教学模式。道德与法治是一门以儿童社会生活为基础的综合课程，我校的"五心"教学模式同样适用于这一学科。让学生们在学会知识的同时，获得快乐的成长经验，以此促进学生的身心健康发展。

一、安心：收拾情绪

安心候学是让学生在热闹的课间活动后快速地安静下来，进入等待学习的积极状态。教师可以根据学生的实际情况及教学的需要等因素采取最佳候课的方式，并确保候课的教学价值。利用开课前的两分钟左右时间，教师可以跟学生谈论最近的学习状况、谈论现实生活中的新闻事件，也可以听听歌曲、做做手指操等。我在执教部编版道德与法治四年级上册第六课"我的家庭贡献与责任"一课时，恰逢感恩节，我问学生："你们知道感恩节的由来吗？""你会如何感恩你的父母？想对你的父母说些什么或做些什么呢？"当我们班一个同学站起来讲感恩节由来的时候，其他同学都坐得端端正正，认真倾听。小学阶段，孩子们都喜欢听故事，因此在这一期间应当确保安心候课本身的吸引力，在吸引学生注意力的同时有效改善课堂教学氛围，促使学生可以积极参与。收拾好学生及教师的情绪，以最佳的状态开始新的课程。

二、动心：吸引兴趣

好的导入是一座桥梁，它连接着新旧知识，是道路上的指示牌，指引着正确的方向。恰当的导入能够迅速集中学生的注意力，激发学生的求知欲，营造和谐的师生关系。由此可见，恰当的导入对一节课是否能够达到预期的教学目标起着非常重要的作用，对道德与法治这一学科教学的可持续发展也能起到积极的作用。在教学部编版道德与法治五年级上册第 9 课"古代科技　耀我中华"一课时，我用 PPT 出示了古代科学家的照片，让学生猜他们都是谁？学生们顿时热情高涨，无论猜得正不正确，大家都纷纷参与到课堂中。还有的学生把其中一个科学家所取得的成就说出来了。这时候，我再问学生："今天这节课，你们有哪些想问的吗？"学生们顺势提出很多有价值的问题，如我国古代还有哪些著名科学家？他们都有哪些发明？外国科学家都有哪些？等等。俗话说"兴趣是最好的老师"，调动学生的好奇心，学生们不由得对接下来的课堂充满期待，力争找出这些问题的答案。

三、静心：充分思考

我们在教学中，有时候提出问题后，没有留给学生充分的思考时间，总是迫不及待地等着学生的答案。其实，教师应该学会等待，让热闹的课堂沉寂下来。世间万物不尽相同，受先天的遗传素质、后天的社会环境及家庭教育的影响，我们的学生也是丰富多样的，每个人都有权规划自己未来发展的蓝图，即使发展再慢的孩子，也拥有实现自己梦想的愿望，因而我们绝不能按照某种硬性的、看似科学的"标准"对学生进行分类，也不能按照我们的规范来约束他们，否则就是对他们个体独特性的侵犯。所以，在教学中，我们要承认学生的差异性，尊重学生的个性，重视学生在学习过程中的独特经验，提倡鼓励学生个性化地理解问题、解决问题，尊重学生提出的个人见解。在教学部编版道德与法治五年级下册第 3 课"弘扬优秀家风"一课时，我让学生静下心来读一读林觉民、聂荣臻和查茂德的三封家书，并提出问题："读了这三封家书，你体会到了哪些家风？"因为有的家书学生读起来很困难，所以我提示了一些重点字词，帮助他们理解。在给学生充分的思考时间后，有的学生说："林觉民愿意牺牲自己的一生替天下人谋求永久的幸福。"有的学生说："查茂德有先天下之忧而忧，后天下之乐而乐的情怀，愿意为革命而牺牲自己的生命。"学生各抒己见，最终体会到革命先辈们为国家不计得失、牺牲自己的伟大精神。学会等待，课堂才会真正充满活力，学生学到的知识才是最透彻、最难忘的。

四、热心：合作共赢

小组合作学习不仅能调动学生的学习动力，还能培养学生的合作精神和创新精神。因而，教师在日常的教学过程中，要积极指导学生进行小组合作学习，促使各个层次的学生都能够在宽松愉悦的环境中学习知识。在轻松愉悦的学习氛围中，学生们既能学到知识，又能锻炼表达能力。如部编版道德与法治五年级上册第6课"我们神圣的国土"，本课教学的重、难点就是让学生知道祖国幅员辽阔并且台湾是我国不可分割的一部分，祖国的领土神圣不可侵犯。为了突破教学的重点与难点，我大胆放手，组织学生玩拼图游戏：每小组根据中国省级行政区域图，分工记一记各区域的具体位置。把原本离我们很远的地方缩小到一块版图之中，让学生们自己去发现。学生很乐于记忆，把一块块拼图拼到地图上。继而出示台湾的美丽风光，结合历史事件与学生分享，学生由此体会台湾自古以来就是中国的领土，任何人、任何势力都不能把台湾分割出去。再把台湾这块拼图拼到我国的版图之中，学生在经历把抽象知识变为易于接受的生动的实践活动的过程中，他们的思维始终处于积极、活跃、主动的状态，教学难点迎刃而解。整个课堂成了学生发展能力、培养思维的主阵地，组内成员在交流合作中产生共赢的效果，学生们感受到了学习的快乐、成功的喜悦。

五、入心：学以致用

"入心"是将学生本节课所学的知识进行归纳整合并能学以致用的一个环节。学生在这一过程中，知识与能力、情感态度价值观得到进一步的升华。如在教学部编版道德与法治四年级上册第9课"正确认识广告"这一课时，学生在对广告有所了解后，我设计了这样一个问题："请你们当一回广告设计师，在设计广告之前要确定好主题，围绕主题进行设计。"学生通过思考，都在纸上留下了自己设计的广告，如"牙刷广告：一毛不拔""臭豆腐广告：臭名远扬，香飘万里"。教师引导学生确定好本次广告设计的主题，给学生指明了方向，这样，广告设计的范围也就缩小了。学生能够将学到的知识创造性运用，融会贯通，本节课的学习效果也就达到了。

总之，利用好我校的"五心"教学模式，使我受益匪浅。课堂成为孩子们快乐的源泉，学校成为孩子们快乐的海洋，孩子们的笑声荡漾在校园的每个角落。